JE SAIS QUE VOUS MENTEZ !

L'art de détecter ceux qui vous trompent

Du même auteur :

Dalai Lama, La Voie des émotions, entretien avec Paul Ekman, City Editions, 2008

Darwin and Facial Expression : A Century of Research and Review, Malor Books, 2006

Why Kids Lie : How Parents Can Encourage Truthfulness, Penguin, 2001

Unmasking the Face, A Guide to Recognizing Emotions From Facial Expressions, Malor Books, 2003

Emotions Revealed : Recognizing Faces and Feelings to Improve Communication and Emotional Life, Times Books, 2003

Handbook of Cognition and Emotion, John Wiley & Sons, 1999

What the Face Reveals, Oxford University Press, 1998

The Nature of Emotion : Fundamental Questions, Oxford University Press, 1994

Handbook of Methods in Nonverbal Behavior Research, Cambridge University Press, 1982

Emotion in the Human Face, Pergamon Press, 1972

PAUL EKMAN

JE SAIS QUE VOUS MENTEZ !

L'art de détecter ceux qui vous trompent

Traduit de l'anglais (États-Unis)
par Pascal Loubet

Michel LAFON

7-13 boulevard Paul-Émile-Victor – Île de la Jatte
92521 Neuilly-sur-Seine Cedex
www.michel-lafon.com

Sommaire

Chapitre 3

Chapitre 4

Chapitre 5

Introduction

Nous sommes le 15 septembre 1938 et l'une des plus infâmes et fatales tromperies est sur le point de se produire. C'est la première entrevue d'Adolf Hitler, chancelier d'Allemagne, et de Neville Chamberlain, Premier ministre de Grande-Bretagne. Le monde entier attend, conscient que c'est peut-être là le dernier espoir d'éviter une deuxième guerre mondiale. Six mois plus tôt, l'armée allemande a envahi l'Autriche et l'a annexée à l'Allemagne. L'Angleterre et la France se sont contentées de protester. Le 12 septembre, trois jours avant l'entrevue avec Chamberlain, Hitler exige qu'une partie de la Tchécoslovaquie soit annexée à l'Allemagne et incite le pays aux émeutes. Il a déjà mobilisé en secret l'armée pour attaquer la Tchécoslovaquie, mais ses hommes ne seront prêts qu'à la fin du mois.

S'il peut empêcher les Tchèques de mobiliser les leurs pendant quelques semaines de plus, Hitler aura l'avantage de la surprise en attaquant. Pour gagner du temps, il dissimule ses projets à Chamberlain, lui donnant sa parole que la paix sera préservée si les Tchèques accèdent à ses exigences. Chamberlain se laisse prendre : il tente de convaincre les Tchèques de ne pas mobiliser leur armée tant qu'il reste une possibilité de négocier avec Hitler. Après son entrevue avec le chancelier allemand, Chamberlain écrit à sa sœur : « Malgré la dureté impitoyable que j'ai vue sur son visage, j'ai eu l'impression que c'était un homme en qui on pouvait avoir confiance une fois qu'il avait donné sa parole[1]. » Défendant sa politique cinq jours plus tard dans un discours au Parlement, Chamberlain explique que ce tête-à-tête avec Hitler lui permet d'affirmer qu'il « est sincère[2] ».

Quand j'ai commencé à étudier le mensonge il y a quinze ans, je ne me doutais pas de la pertinence qu'aurait mon travail concernant cet épisode de l'histoire. Je pensais qu'il serait seulement utile à ceux qui travaillent avec des patients atteints de maladies mentales. J'ai entrepris cette étude du mensonge quand les praticiens auxquels j'enseignais mes découvertes me demandèrent si les comportements non verbaux pouvaient révéler qu'un patient mentait[3]. Un patient qui ment ne constitue généralement pas un problème, mais cela en devient un quand, admis à l'hôpital pour une tentative de suicide, il affirme se sentir beaucoup mieux. Chaque médecin redoute d'être trompé par un patient qui se suicide une fois autorisé à quitter l'hôpital. Cette inquiétude soulevait une question tout à fait fondamentale sur la communication humaine : l'individu peut-il, même lorsqu'il est particulièrement bouleversé, maîtriser les messages qu'il émet, ou bien son comportement non verbal trahit-il ce que ses paroles dissimulent ?

J'ai recherché des exemples de mensonges dans les films de mes entretiens avec des internés en hôpital psychiatrique. Je les avais enregistrés dans un tout autre but – isoler expressions et gestes qui pouvaient aider à diagnostiquer la gravité et le type de trouble mental. Maintenant que je me concentrais sur la tromperie, il me sembla voir des signes de mensonges dans de nombreux films. Le problème était d'en obtenir la certitude. Un seul cas ne laissait aucun doute – à cause de ce qui s'était passé après l'entretien.

Mary était une femme au foyer de quarante-deux ans. La dernière de ses trois tentatives de suicide était très sérieuse. C'était seulement par hasard qu'on l'avait trouvée avant qu'elle ne succombe à une overdose de médicaments. Son passé n'était guère différent de celui de nombreuses autres femmes traversant la crise de la quarantaine. Les enfants avaient grandi et n'avaient plus besoin d'elle. Son mari était préoccupé par son travail. Mary se sentait inutile. Lorsqu'elle fut admise à l'hôpital, elle n'était déjà plus capable de s'occuper de sa maison, dormait mal et passait la plupart du temps à pleurer. Durant les trois premières semaines de son séjour, elle reçut un traitement médical et suivit une thérapie de groupe. Elle semblait très bien y réagir : son humeur s'éclaira et elle ne parlait plus de se suicider. Lors de l'un des entretiens filmés, Mary déclara au médecin qu'elle se sentait beaucoup mieux et demanda à bénéficier d'une sortie pour le week-end. Avant de recevoir cette autorisation, elle avoua avoir menti pour l'obtenir. Elle voulait toujours se suicider. Au bout de trois mois de plus à l'hôpital, l'état de Mary s'améliora réellement, mais elle fit une rechute un an plus tard. Par la suite, elle sortit de l'hôpital et resta apparemment en bonne santé pendant plusieurs années.

L'entretien filmé avec Mary dupa la plupart des psychiatres et psychologues novices et même beaucoup des plus expérimentés auxquels je le montrai[4]. Nous l'étudiâmes durant des heures en le repassant maintes et maintes fois, examinant chaque geste et expression au ralenti pour tenter de déceler le moindre signe de mensonge. Lors d'une courte pause avant que Mary ne réponde à une question du médecin sur ses projets d'avenir, nous vîmes au ralenti une brève expression faciale de désespoir, si fugace que nous l'avions manquée jusque-là. Une fois que nous eûmes l'idée que des sentiments dissimulés pouvaient être visibles lors de ces très fugitives *micro-expressions*, nous cherchâmes et nous en trouvâmes de nombreuses autres, systématiquement couvertes immédiatement après par un sourire. Nous découvrîmes également un *micro-geste*. En disant au médecin à quel point elle gérait bien ses difficultés, Mary avait parfois un début de haussement d'épaules – une esquisse, inachevée. Par exemple, sa main tournait légèrement sur elle-même, ou bien ses mains restaient immobiles, mais elle haussait brièvement une épaule.

Il nous sembla voir d'autres indices non verbaux de mensonge, mais étions-nous certains de les avoir découverts ou bien les imaginions-nous simplement ? Impossible de trancher. Un comportement parfaitement innocent semble suspect lorsqu'on sait que quelqu'un a menti. Seule une mesure objective, non influencée par le fait de savoir si le sujet ment ou non, pouvait confirmer nos découvertes. En outre, beaucoup de sujets devaient être étudiés afin que nous soyons certains que les indices que nous décelions n'étaient pas propres à chacun. Ce serait plus simple pour celui qui essaie de déceler un mensonge si les comportements qui le trahissent chez un individu donné étaient également présents chez un autre dans les mêmes circonstances ; mais les signes de mensonge étaient peut-être spécifiques à chaque individu. Nous conçûmes une expérience modelée sur le mensonge de Mary, dans laquelle les sujets seraient fortement motivés pour dissimuler des émotions négatives intenses éprouvées au moment de prononcer le mensonge. Alors qu'ils regardaient un film très dérangeant montrant des scènes d'interventions chirurgicales sanglantes, nos sujets devaient cacher leurs véritables sentiments (désarroi, douleur, répugnance) et convaincre un interlocuteur (qui ne voyait pas le film) qu'ils étaient en train de regarder un documentaire sur de belles fleurs.

Moins d'un an passa – nous étions encore au début de nos expériences – lorsque je fus contacté par des gens qui s'intéressaient à un tout autre type de mensonge. Mes découvertes et méthodes pouvaient-elles être utilisées pour confondre des Américains suspectés d'être des espions ? Au cours des années, à mesure que nos découvertes sur les indices du mensonge entre patients et médecins paraissaient dans des publications médicales, ces contacts se firent de plus en plus nombreux. Était-il possible de former les agents de sécurité des cabinets ministériels afin qu'ils puissent repérer un terroriste ou un assassin d'après son comportement ou ses gestes ? Pouvions-nous montrer au FBI comment entraîner des officiers de police à mieux discerner le mensonge chez un suspect ? Je ne fus plus surpris quand on me demanda si je pouvais aider des négociateurs à déceler les mensonges de leurs interlocuteurs ou si j'étais en mesure de dire d'après des photos de Patricia Hearst, prises alors qu'elle participait au hold-up d'une banque, si elle était consentante ou forcée.

Enfin, l'intérêt devint international. J'ai été contacté par des représentants de deux pays amis des États-Unis et, après une conférence en Union soviétique, par des officiels se présentant comme les envoyés d'un « institut électrique » chargé d'interrogatoires.

Je ne fus guère flatté de cet intérêt, craignant que mes découvertes ne soient utilisées à mauvais escient, acceptées sans critique et utilisées avec un peu trop de zèle. J'estimais que les indices non verbaux du mensonge ne seraient pas souvent évidents dans la plupart des tromperies criminelles, politiques ou diplomatiques. Ce n'était qu'une intuition. J'étais incapable d'expliquer pourquoi quand on me posait la question. Pour cela, je devais apprendre la raison pour laquelle les gens commettent parfois des erreurs quand ils mentent. Les mensonges ne connaissent pas toujours un échec. Certains sont prononcés sans difficulté. Les indices comportementaux de tromperie – une expression faciale qui dure trop longtemps, un changement momentané d'intonation – ne se produisent pas systématiquement. Il se peut qu'aucun signe ne trahisse le menteur. Pourtant, je savais qu'il y avait des indices de tromperie. Les menteurs les plus déterminés peuvent être trahis par leur comportement. Savoir quand un mensonge atteint son but et quand il échoue, comment repérer les indices de tromperie et quand il est inutile d'essayer, impliquait de comprendre les différents types de menteurs, de mensonges et de *détecteurs* (c'est-à-dire les individus qui parviennent à percevoir le mensonge).

Le mensonge de Hitler à Chamberlain et celui de Mary à son médecin étaient tous les deux des tromperies mortelles, dont la vie même était l'enjeu. Ces deux individus dissimulaient leurs projets et affichèrent au moment de mentir des émotions qu'ils n'éprouvaient pas. Mais les différences entre leurs mensonges sont énormes. Hitler est un exemple de ce que je qualifierai plus loin de menteur-né. Et outre cette faculté innée, il avait une pratique bien plus accomplie de la tromperie que Mary.

Hitler avait également l'avantage de tromper quelqu'un qui désirait être dupé. Chamberlain était une victime consentante qui désirait croire au mensonge de Hitler, croire qu'il n'envisageait pas une guerre à condition que les frontières de la Tchécoslovaquie soient redessinées selon ses exigences. Sinon, Chamberlain aurait été forcé d'admettre que sa politique d'apaisement avait échoué et même affaibli son pays. Dans un domaine proche, la politologue Roberta Wohlstetter parvint à cette conclusion dans son analyse du mensonge dans la course à l'armement. À propos des violations allemandes du traité naval anglo-allemand de 1935, elle déclarait : « Le trompeur et le trompé ont chacun à gagner en laissant l'erreur persister.

L'un et l'autre ont besoin de préserver l'illusion que l'accord n'a pas été violé. La crainte anglaise d'une course à l'armement, si habilement manipulée par Hitler, mena au traité naval, dans lequel les Anglais (sans consulter les Français ni les Italiens) révisèrent le Traité de Versailles ; et cette même crainte anglaise empêcha Londres de reconnaître ou même percevoir les violations de ce nouvel accord[5]. »

Dans de nombreux cas de tromperie, la victime ne tient pas compte des erreurs du menteur, elle accorde le bénéfice du doute à son comportement ambigu, contribuant à consolider le mensonge afin d'éviter les terribles conséquences de sa découverte.

En ne reconnaissant pas les indices d'une liaison de son épouse, un mari peut au moins retarder son humiliation et la possibilité d'un divorce. Même s'il admet implicitement l'infidélité, il se peut qu'il renonce à dévoiler les mensonges de sa femme pour ne pas avoir à convenir devant elle de sa tromperie ou pour éviter une dispute. Tant que rien n'est dit, il peut encore avoir l'espoir, si ténu soit-il, qu'elle n'ait peut-être pas de liaison.

Toutes les victimes ne sont pas aussi consentantes. Parfois, il n'y a rien à gagner à ignorer délibérément un mensonge. Certains détecteurs ne remportent la victoire qu'en dévoilant un mensonge parce qu'ils n'ont rien à perdre dans cette action. Le banquier qui accorde un crédit et le policier ne perdent que s'ils ont un enjeu, et tous deux savent très bien confondre le menteur et le sincère. Souvent, la victime gagne et perd en étant trompée ou en dévoilant le mensonge ; mais l'équilibre n'est pas toujours aussi net. Pour le médecin de Mary, l'enjeu était mineur s'il croyait à son mensonge : si elle n'était plus déprimée, il aurait le mérite de l'avoir guérie. Dans le cas contraire, la perte était minime pour lui. Contrairement à Chamberlain, la carrière tout entière du médecin n'était pas dans la balance ; il ne s'était pas publiquement engagé, malgré le défi, à un jugement qui pouvait se révéler erroné si le mensonge de sa patiente était découvert. Il avait beaucoup plus à perdre en se laissant abuser qu'il n'avait à gagner si elle ne mentait pas. En 1938, il était trop tard pour Chamberlain. Si Hitler n'était pas digne de confiance, s'il n'y avait aucun autre moyen d'arrêter son offensive qu'une guerre, alors la carrière de Chamberlain était terminée, et la guerre qu'il pensait pouvoir empêcher allait commencer.

En dehors des motifs que pouvait avoir Chamberlain de croire Hitler, le mensonge de ce dernier avait des probabilités de réussir, car aucune émotion intense ne devait être dissimulée. La plupart des mensonges échouent parce que l'indice d'une émotion cachée apparaît.

Plus l'émotion impliquée dans le mensonge est intense, plus le nombre d'émotions différentes est élevé, plus le mensonge risque d'être trahi par une « fuite » comportementale.

Hitler n'éprouvait certainement aucune culpabilité, émotion qui est doublement problématique pour le menteur : non seulement des signes de culpabilité peuvent fuiter, mais le tourment qu'elle engendre peut conduire le menteur à commettre des erreurs afin d'être pris en flagrant délit. Hitler ne pouvait éprouver de culpabilité en mentant au représentant du pays qui avait imposé depuis son enfance une défaite militaire humiliante à l'Allemagne. Contrairement à Mary, Hitler ne partageait aucune valeur sociale importante avec sa victime : il ne la respectait ni ne l'admirait. Mary devait dissimuler des émotions intenses pour que son mensonge réussisse. Elle devait réprimer le désespoir et l'angoisse motivant ses envies suicidaires. Et Mary avait toutes les raisons de se sentir coupable de

mentir à ses médecins : elle les aimait, les admirait et savait qu'ils voulaient seulement l'aider.
Pour toutes ces raisons et d'autres encore, il est généralement bien plus facile de repérer des indices comportementaux de tromperie chez un patient suicidaire ou un conjoint volage que chez un diplomate ou un agent double. Mais diplomates, criminels ou espions ne sont pas tous des menteurs accomplis. Ils commettent parfois des erreurs. Les analyses que j'ai faites permettent d'évaluer les possibilités de repérer les indices de tromperie ou de fausseté. Le message que j'adresse à ceux qui désirent détecter les mensonges politiques ou criminels n'est pas d'ignorer les indices comportementaux, mais d'être plus prudent et conscient des limites et opportunités.

Si certains indices comportementaux de tromperie sont avérés, ils ne sont pas définitivement attestés. Mes analyses des motifs et techniques de mensonge et des circonstances d'échec des mensonges corroborent les preuves apportées par les expériences sur le mensonge des récits historiques et de la fiction. Mais nous n'avons pas encore eu l'occasion de voir si ces théories passent l'épreuve d'expériences supplémentaires et du débat critique. J'ai décidé de me lancer dans l'écriture de ce livre, parce que ceux qui essaient de détecter les menteurs n'ont pas ce temps. Lorsque les enjeux d'une erreur sont élevés, il existe déjà des tentatives pour repérer les indices non verbaux de tromperie. Des « experts » non familiers de toutes les preuves et de tous les arguments proposent leurs services comme détecteurs de mensonges lors de la sélection de jurés et d'entretiens d'embauche. Certains policiers et opérateurs de détecteurs électroniques dits « détecteurs de mensonges » sont formés à repérer les indices non verbaux de tromperie. La moitié de l'enseignement qui leur est proposé est fausse. Les douaniers

reçoivent une formation spéciale pour repérer les indices non verbaux des contrebandiers.
J'ai appris que mon travail était utilisé dans cette formation, mais mes demandes répétées pour examiner les manuels ont été vaines. Il est également impossible de savoir ce que font les officines de renseignement, car leur travail est secret. Je sais qu'elles sont intéressées par mes recherches, car le ministère de la Défense m'a invité il y a quelques années à venir expliquer ce que je considérais comme des possibilités et des risques. Depuis lors, j'ai entendu dire que le travail était en route et appris les noms de certaines des personnes qui en étaient chargées. Tantôt les courriers que je leur ai adressés sont restés sans réponse, tantôt il m'a été répondu qu'aucune information ne pouvait m'être donnée. Je suis inquiet à propos de ces « experts » qui mènent leurs activités à l'abri de l'œil du public et des critiques de la communauté scientifique. Cet ouvrage leur fera clairement comprendre, à eux comme à ceux pour qui ils travaillent, ce que je considère comme des possibilités et des risques.

Le but de cet ouvrage n'est pas de s'adresser uniquement à ceux qui sont concernés par les mensonges aux conséquences fatales. Je suis désormais convaincu qu'étudier comment et quand les individus mentent et disent la vérité peut permettre de comprendre beaucoup d'interactions humaines. Rares sont celles qui n'impliquent pas la tromperie ou au moins sa possibilité. Les parents mentent à leurs enfants sur le sexe afin de leur éviter d'apprendre des choses pour lesquelles ils ne les estiment pas prêts ; tout comme leurs enfants, une fois adolescents, dissimuleront leurs aventures sexuelles parce que les parents ne les comprendraient pas. Les mensonges existent entre amis (mais votre meilleur ami ne vous le dira pas), professeur et élève, médecin et patient, mari et femme, témoin et jurés, avocat et client, vendeur et acheteur.

Mentir est une caractéristique si centrale de l'existence que mieux la comprendre éclaire presque toutes les affaires humaines.

Certains frémiront face à une telle déclaration, car ils considèrent le mensonge comme répréhensible. Je ne partage pas cette opinion. Il est trop simple de décréter que personne ne doit jamais mentir dans aucune relation ; pas plus que je ne prescrirais de démasquer tous les mensonges. La chroniqueuse Ann Landers voit juste lorsqu'elle déclare à ses lecteurs que la vérité peut être utilisée comme un coup de masse et infliger des informations cruelles. Les mensonges peuvent être tout aussi cruels, mais pas tous. Certains mensonges, beaucoup moins nombreux que ne le prétendent leurs auteurs, sont mus par l'altruisme. Certaines relations sociales sont appréciées en raison des mythes qu'elles préservent. Mais aucun menteur ne doit trop facilement présumer que sa victime désire être trompée. Et aucun détecteur ne doit trop facilement s'arroger le droit de mettre au jour tous les mensonges. Certains mensonges sont inoffensifs, et sont même parfois une preuve d'humanité. En révéler certains peut humilier la victime ou un tiers. Mais tout cela doit être étudié plus en détail et une fois que de nombreuses autres questions auront été discutées. Pour commencer, il convient de définir le mensonge, d'en décrire les deux formes fondamentales et de découvrir les deux espèces d'indices de tromperie.

Chapitre 1

Mensonge, fuites et indices de tromperie

Huit ans après avoir démissionné de ses fonctions de président, Richard Nixon niait avoir *menti*, mais reconnaissait que, tout comme d'autres politiciens, il avait *dissimulé*. Selon lui, c'est nécessaire pour obtenir et conserver un poste de gouvernement. « On ne peut pas dire ce que l'on pense d'Untel ou Untel parce qu'il se peut qu'on ait à l'utiliser. On ne peut formuler son opinion sur les dirigeants du monde parce qu'il est possible que l'on ait affaire à eux plus tard[1]. » Nixon n'est pas seul à éviter le terme « mensonge » quand il est justifié de ne pas dire la vérité.

Les comportements peuvent changer. Jody Powell, ancien secrétaire de presse du président Carter, justifie certains mensonges : « Depuis le jour où le premier journaliste posa la première question difficile à un représentant d'un gouvernement, savoir si un gouvernement a le droit de mentir a toujours fait l'objet d'un débat. Il en a le droit. Dans certaines circonstances, le gouvernement n'en a pas seulement le droit, mais l'obligation. En quatre ans à la

Maison-Blanche, j'ai connu deux fois ces circonstances. » Il décrit ensuite un incident durant lequel il dut mentir pour éviter « une grande peine et beaucoup de gêne à un grand nombre d'innocents ». L'autre mensonge qu'il reconnaît consista à dissimuler les projets de sauvetage des otages américains en Iran.

Ma définition du mensonge comprend le fait de dire des choses fausses ou de dissimuler des choses vraies. Il est facile de qualifier de menteur un individu s'il est détesté, mais très difficile d'utiliser ce terme ou des euphémismes s'il est apprécié ou admiré. Bien des années avant le Watergate, Nixon était l'incarnation même du menteur pour ses opposants démocrates – « Achèteriez-vous une voiture d'occasion à cet homme ? » – alors que son talent pour la dissimulation ou l'habillage des faits était loué par ses admirateurs républicains comme une preuve de savoir-faire politique.

Cependant, ces questions n'ont pas de pertinence vis-à-vis de ma définition du mensonge ou de la tromperie (j'utilise ces deux termes de manière interchangeable). Beaucoup d'individus – par exemple, ceux qui fournissent à leur insu une fausse information – ne sont pas dignes de foi sans pour autant mentir. Une femme qui souffre de l'illusion paranoïaque d'être Marie Madeleine n'est pas une menteuse, même si ce qu'elle prétend est faux. Donner à un client un mauvais conseil en matière d'investissement n'est pas un mensonge, sauf si le conseiller sait qu'il l'est quand il le donne. Quelqu'un dont l'apparence véhicule une fausse impression ne ment pas nécessairement. La mante religieuse qui se camoufle pour ressembler à une feuille ne ment pas, pas plus qu'un homme dont le front haut suggère une intelligence plus grande qu'il n'en possède.

Il est d'ailleurs intéressant d'étudier l'origine de tels stéréotypes. Le front haut indique probablement, bien que de manière erronée, un gros cerveau. Le stéréotype des lèvres minces indiquant la cruauté se fonde sur le fait avéré que les lèvres se rétractent en cas de colère. L'erreur consiste à se fonder sur le signe d'un *état* émotionnel temporaire pour juger d'un *trait* de personnalité. Un tel jugement implique que les individus aux lèvres minces sont ainsi parce qu'ils les serrent en permanence sous l'effet de la colère ; mais des lèvres minces peuvent également être un trait physique héréditaire et permanent. Le stéréotype des lèvres épaisses indiquant la sensualité provient de la même manière du fait exact que les lèvres s'épaississent sous l'afflux de sang lors de l'excitation sexuelle, et débouche sur un jugement erroné concernant une caractéristique permanente ; mais là aussi, des lèvres épaisses peuvent être un trait facial naturel[2].

Un menteur peut décider de ne pas mentir. Fourvoyer la victime est délibéré : le menteur a l'intention de l'induire en erreur. Le mensonge peut ou non être justifié, selon le menteur ou la communauté. Mais l'individu qui ment choisit de mentir ou de dire la vérité et connaît la différence entre les deux[3]. Les menteurs pathologiques, qui savent qu'ils mentent, mais ne peuvent pas maîtriser ce comportement ne correspondent pas à mon critère. Pas plus que les gens qui ignorent qu'ils mentent, ceux que l'on dit être victimes de leurs propres illusions.

Si je ne discute pas l'existence de menteurs pathologiques et d'individus victimes de leurs illusions, elle est cependant difficile à établir. En tout cas, ce n'est pas la parole du menteur qui nous permet de le prouver : une fois découvert, n'importe quel menteur peut prétendre souffrir de cette pathologie pour encourir un moindre châtiment.

Un menteur, au bout d'un certain temps, peut se mettre à croire à ses propres mensonges. Dans ce cas, ce n'est plus un menteur, et ses mensonges seront plus difficiles à détecter. Un incident dans la vie de Mussolini montre par exemple que l'on ne tire pas toujours des bénéfices en finissant par croire à ses propres mensonges : « En 1938, la composition des divisions de l'armée [italienne] avait été réduite de trois à deux régiments. Cela plaisait à Mussolini, parce que cela lui permettait de dire que le fascisme avait soixante divisions au lieu de la moitié, mais le changement provoqua une énorme désorganisation au moment même où la guerre commençait ; et comme il avait oublié la mesure qu'il avait prise, plusieurs années plus tard, il commit une tragique erreur de calcul en surestimant ses forces. Il semble avoir trompé peu de gens en dehors de lui-même[4]. »

Ce n'est pas seulement le menteur qui doit être pris en considération dans la définition du mensonge, mais également sa cible. Dans un mensonge, la cible n'a pas demandé à être trompée, pas plus que le menteur ne l'a prévenue de son intention de le faire. Il serait bizarre de qualifier les acteurs de menteurs. Leur public accepte volontiers d'être trompé, pendant un certain laps de temps. Contrairement à l'escroc, l'acteur joue son rôle, en prévenant qu'il s'agit d'une attitude adoptée pendant une période donnée. Un client ne serait pas disposé à suivre sciemment les conseils d'un courtier qui déclare fournir une information convaincante mais fausse. Il n'y aurait pas de mensonge si la patiente psychiatrique Mary avait dit à son médecin qu'elle prétendait avoir des émotions qu'elle n'éprouvait pas, pas plus qu'il n'y en aurait eu si Hitler avait dit à Chamberlain de ne pas se fier à ses promesses.

Dès lors, **dans ma définition du mensonge ou de la tromperie, un individu manifeste l'intention d'en tromper un autre, délibérément, sans le prévenir de son objectif et sans en avoir été explicitement prié par sa cible.**

Pour cela, je m'appuie sur ce que Erving Goffman qualifie de mensonge éhonté « lorsqu'il y a une preuve patente que le menteur sait qu'il ment et agit de son plein gré ». Goffman ne se concentre pas sur ce type, mais sur d'autres fausses représentations, dans lesquelles la distinction entre vrai et faux est moins tenable : « Il n'existe guère de vocation ou de relation courante légale où les parties en présence ne se livrent pas à des pratiques dissimulées qui sont incompatibles avec des rôles que l'on a encouragés. »

Dissimuler et feindre

Il existe deux manières primaires de mentir : dissimuler et feindre[5]. En dissimulant, le menteur garde par-devers lui une certaine quantité d'information sans pour autant dire quoi que ce soit de faux. En feignant, une étape supplémentaire est franchie. Non seulement le menteur garde des informations vraies, mais il fait semblant et présente comme vraies des informations fausses. Souvent, il est nécessaire de combiner dissimulation et feinte pour opérer la tromperie, mais parfois un menteur peut y réussir en se limitant à la dissimulation.

Tout le monde ne considère pas la dissimulation comme du mensonge : certains réservent ce mot uniquement pour l'acte plus audacieux de feinte[6]. Si le médecin ne dit pas à son patient qu'il souffre d'une maladie au stade terminal, si le mari ne dit pas qu'il a passé sa pause déjeuner dans un hôtel avec sa maîtresse, si le policier ne dit pas au suspect qu'un micro caché capte sa conversation avec son avocat, aucune information fausse n'a été transmise, pourtant chacun de ces exemples entre dans ma définition du mensonge. Les cibles n'ont pas demandé à être trompées et les dissimulateurs ont agi délibérément sans prévenir de leur intention de tromper. L'information a été cachée sciemment, avec intention, pas par accident. Il y a des exceptions, des occasions où dissimuler n'est pas mentir parce que l'individu a prévenu de son intention ou obtenu le consentement de l'autre. Si le mari et l'épouse acceptent d'avoir une relation ouverte où chacun gardera pour soi ses liaisons si l'autre ne pose pas de question, dissimuler le séjour à l'hôtel ne sera pas un mensonge. Si le patient demande au médecin de ne rien lui dire si le pronostic est mauvais, dissimuler l'information n'est pas un mensonge. Selon la loi, en revanche, un suspect et un avocat ont le droit d'avoir une conversation privée : dissimuler la violation de ce droit sera toujours un mensonge.

Quand ils ont le choix sur la *manière* de mentir, les menteurs préfèrent généralement la dissimulation à la feinte. Cela présente de nombreux avantages.

Pour commencer, **dissimuler est généralement plus facile que feindre. Rien n'a besoin d'être inventé.**

Il n'y a aucun risque d'être démasqué si l'on n'a pas échafaudé toute une version à l'avance. Selon la légende, Abraham Lincoln aurait dit qu'il n'avait pas assez bonne mémoire pour être un menteur. Si un médecin donne une fausse explication aux symptômes d'un patient afin de dissimuler la gravité de sa maladie, il devra se rappeler sa version fausse afin de rester cohérent si on l'interroge à nouveau quelques jours plus tard.

La dissimulation peut également être préférée parce qu'elle paraît moins répréhensible que la feinte. Elle est passive et non active. Même si la cible peut tout autant en pâtir, le menteur se sent moins coupable de dissimuler que de feindre.

À ce sujet, Ève Sweetser déclare avec justesse que la cible peut se sentir plus blessée par une dissimulation que par une feinte : elle ne peut se plaindre qu'on lui a menti et avoir ainsi l'impression que son adversaire est passé à travers les mailles d'un filet légal[7].

Le menteur peut entretenir en lui la pensée rassurante que la cible connaît la vérité mais ne veut pas la voir en face. Un menteur de ce type peut se dire : « Ma conjointe doit savoir que je la trompe, parce qu'elle ne me demande jamais où je passe mes après-midi. Je suis discret par gentillesse envers elle. Je ne lui mens certainement pas sur ce que je fais. Je choisis de ne pas l'humilier, de ne pas la forcer à reconnaître le fait accompli. »
Le mensonge par dissimulation est également plus facile à couvrir s'il est percé à jour. Les excuses disponibles sont nombreuses : ignorance, intention d'en parler plus tard, défaut de mémoire, etc. L'individu qui témoigne sous serment et dit « autant que je me souvienne » se ménage une issue de secours si on le confronte plus tard à quelque chose qu'il a dissimulé. Le menteur qui prétend ne pas se rappeler alors qu'il se souvient et dissimule délibérément est d'un type intermédiaire entre dissimulation et feinte. Cela se produit quand le menteur ne peut tout bonnement plus se taire : une question a été posée, un défi lancé. En feignant seulement l'impossibilité de se souvenir, le menteur évite d'avoir à se rappeler une version fausse : il a juste besoin de se rappeler avoir prétendu que sa mémoire était mauvaise. Et, si la vérité se fait jour plus tard, le menteur peut toujours arguer ne pas avoir menti mais avoir simplement eu des problèmes de mémoire.
Un incident du scandale du Watergate qui mena à la démission du président Nixon illustre la stratégie de la mauvaise mémoire. Alors que s'accumulent les preuves de leur implication dans l'effraction et la dissimulation, les assistants du président, H.R. Haldeman et John Ehrlichman, sont forcés à la démission. Alexander Haig prend la place d'Haldeman alors que la pression monte pour Nixon. « Haig était à la Maison-Blanche depuis moins d'un mois quand, le 4 juin 1973, Nixon et lui discutaient de la manière de

répondre à de sérieuses allégations portées contre John W. Dean, ancien conseiller de la présidence. Selon un enregistrement de la conversation entre les deux hommes rendu public durant l'enquête, Haig conseilla à Nixon d'esquiver les questions sur ces allégations en lui disant simplement: "Vous ne vous rappelez pas, c'est tout[8]." »

Un défaut de mémoire est crédible seulement dans des circonstances limitées. Le médecin à qui on demande si les analyses sont négatives ne peut pas prétendre ne pas se rappeler, pas plus qu'un policier auquel un suspect demande si la pièce est sur écoute. Une perte de mémoire ne peut être prétextée que pour des questions mineures, ou quelque chose qui s'est produit il y a longtemps. Même le passage du temps peut ne pas justifier l'impossibilité de se rappeler des événements exceptionnels dont n'importe qui devrait se souvenir quoi qu'il arrive.

Un menteur ne peut plus choisir entre dissimulation ou feinte une fois que sa victime le questionne. Si l'épouse demande au mari pourquoi il était injoignable à l'heure du déjeuner, le mari doit feindre pour garder sa liaison secrète. On peut arguer que même la question banale – «Qu'as-tu fait de ta journée?» – est une demande d'information, mais qu'elle peut être esquivée. Le mari peut mentionner d'autres incidents dissimulant son escapade, sauf si une question directe le force à choisir entre feinte et aveu de la vérité.

Certains mensonges exigent dès le départ la feinte, car la dissimulation seule ne suffit pas. La patiente Mary dut non seulement dissimuler sa détresse et ses projets de suicide, mais elle dut également feindre l'amélioration de son état et le désir de passer le week-end auprès de sa famille. Mentir sur son expérience pour obtenir une embauche ne peut être fait par simple dissimulation: non seulement l'inexpérience doit être dissimulée, mais un cursus pertinent doit être inventé. S'échapper d'une soirée ennuyeuse sans offenser l'hôte exige non seulement de dissimuler son envie de rentrer chez soi, mais aussi d'inventer une excuse acceptable, un rendez-vous de bonne heure le lendemain, des problèmes de baby-sitter, etc.

La feinte survient également, même si le mensonge ne l'exige pas directement, pour aider le menteur à couvrir la preuve de ce qu'il dissimule.

L'usage de la feinte pour masquer ce que l'on dissimule est particulièrement nécessaire quand il s'agit d'émotions. Il est facile de dissimuler une émotion que l'on n'éprouve plus, mais beaucoup plus difficile si elle est éprouvée sur l'instant et surtout avec une grande intensité. La terreur est plus difficile à dissimuler que l'inquiétude, tout comme la fureur par rapport à l'agacement. Plus l'émotion est intense, plus il est probable qu'un signe plus ou moins visible va fuiter, malgré tous les efforts du menteur pour la dissimuler. Endosser une autre émotion, une que l'on n'éprouve pas, peut permettre de déguiser l'émotion réellement éprouvée que l'on cherche à dissimuler. Feindre une émotion peut couvrir la fuite d'une émotion dissimulée.

Un passage du roman de John Updike, *Épouse-moi*, illustre ce point comme beaucoup d'autres que j'ai décrits. La conversation téléphonique de Ruth et de son amant, Dick, est surprise par son mari, Jerry. Jusqu'à ce moment du livre, Ruth a pu dissimuler sa liaison sans avoir à feindre, mais à présent, interrogée directement par son mari, elle doit le faire. Alors que l'objectif de son mensonge a été de tenir son époux dans l'ignorance de la liaison, ce passage montre également combien les émotions peuvent facilement s'impliquer dans un mensonge et comment, une fois impliquées, elles augmentent le poids de ce qui doit être dissimulé.

« Jerry l'avait effrayée en surprenant la toute fin d'une conversation téléphonique avec Dick. Elle le croyait en train de ratisser le jardin. En sortant de la cuisine, il lui demanda :

– Qui était-ce ?

Elle paniqua.
– Oh, quelqu'un. Une dame du catéchisme qui me demandait si nous allions inscrire Joanna et Charlie[9]. »
La panique en soi n'est pas la preuve d'un mensonge, mais cela va rendre Jerry soupçonneux s'il la remarque, car il pensera que Ruth ne paniquerait pas si elle n'avait rien à cacher. Alors que des individus parfaitement innocents peuvent prendre peur quand ils sont interrogés, les interrogateurs n'y accordent généralement pas d'attention. Ruth est en position difficile. N'ayant pas prévu la nécessité de feindre, elle n'a pas préparé sa réplique. Prise de court dans cette situation délicate, elle panique d'être découverte, et comme cette agitation est difficile à dissimuler, cela augmente le risque que Jerry la confronte. Étant donné qu'elle ne va probablement pas pouvoir la dissimuler, le stratagème qu'elle pourrait employer pour ne pas mentir sur ce qu'elle ressent consisterait à mentir sur la cause de son émotion. Elle pourrait avouer qu'elle est paniquée, prétendre qu'elle éprouve cela parce qu'elle craint que Jerry ne la croie pas, et non parce qu'elle a quelque chose à cacher. Cela a peu de chance de réussir, sauf s'il est souvent arrivé par le passé que Jerry ne la croie pas et que chaque fois la suite des événements ait prouvé son innocence, si bien que mentionner à présent qu'il a l'habitude de l'accuser sans raison peut le décourager de creuser davantage cette fois-ci.
Ruth ne réussira probablement pas si elle essaie de rester calme et imperturbable. Quand les mains commencent à trembler, il est beaucoup plus facile de les occuper – les serrer ou les joindre – que de les laisser immobiles. Quand les lèvres se contractent ou s'étirent et que les paupières et les sourcils se haussent de peur, il est très difficile de garder le visage immobile. Ces expressions sont mieux dissimulées si l'on ajoute des mouvements musculaires supplémentaires – serrer les dents, les lèvres, froncer les sourcils…

La meilleure manière de dissimuler des émotions intenses est le masque.

Se couvrir le visage entièrement ou en partie de la main ou en se détournant de son interlocuteur peut se faire facilement sans trahir le mensonge. Le meilleur masque est une émotion feinte. Non seulement elle détourne les soupçons ailleurs, mais c'est le meilleur camouflage. Il est extrêmement difficile de garder un visage impassible ou des mains inertes quand on éprouve une émotion intense. Avoir l'air sans émotion, calme et neutre est l'apparence la plus difficile à maintenir. Il est beaucoup plus facile de prendre une pose, d'arrêter ou d'en contrer une par une autre série d'actions et de gestes.

Plus loin dans le roman d'Updike, Jerry déclare à Ruth qu'il ne la croit pas. On peut présumer que la panique de Ruth va augmenter et être d'autant plus difficile à dissimuler. Elle pourrait, pour la masquer, tenter de recourir à la colère, la stupéfaction ou la surprise. Elle pourrait s'insurger que Jerry ne la croie pas, lui reprocher de l'épier. Elle pourrait même faire semblant d'être stupéfaite qu'il ne la croie pas, surprise qu'il écoute ses conversations.

Toutes les situations ne permettent pas au menteur de masquer l'émotion qu'il ressent. Certains mensonges exigent de dissimuler les émotions sans feindre, ce qui est beaucoup plus difficile. Ezer Weizman, ancien ministre israélien de la Défense, a décrit la difficulté d'une telle situation. Des discussions avaient lieu entre les délégations militaires israéliennes et égyptiennes pour lancer des négociations après la visite d'Anouar el-Sadate à Jérusalem. Durant l'une des séances, le chef de la délégation égyptienne, Mohamed el-Gamasy déclare à Weizman qu'il vient d'apprendre que les Israéliens sont en train d'implanter une autre colonie dans le Sinaï. Weizman sait que cela peut compromettre les négociations, puisque les colonies existantes sont déjà un sujet de discorde.

« Je fus scandalisé, alors que je ne pouvais même pas exprimer ma colère en public. Nous étions là à discuter pour organiser la sécurité, faire avancer un peu plus la paix, et mes collègues à Jérusalem, au lieu de tirer des leçons des fausses colonies, étaient en train d'en implanter une autre au moment même où avaient lieu les négociations[10]. »
Weizman ne pouvait se permettre de laisser voir la colère qu'il éprouvait contre ses collègues à Jérusalem. La dissimuler lui permettait de dissimuler également que ses collègues ne l'avaient pas consulté. Il devait cacher une émotion intense sans avoir la possibilité d'en utiliser une autre comme masque. Il n'était pas convenable d'avoir l'air heureux, effrayé, désemparé, surpris ou dégoûté. Il devait avoir l'air attentif mais impassible, et ne pas laisser paraître que l'information révélée par Gamasy était nouvelle pour lui et lourde de conséquences.
Le poker est aussi une situation dans laquelle le masque ne peut pas être utilisé pour dissimuler des émotions. Quand un joueur s'enthousiasme à la perspective de remporter le tapis grâce à l'excellente main qu'il a tirée, il doit dissimuler tout indice de son excitation pour que les autres joueurs ne se couchent pas. La masquer avec une autre émotion sera dangereux. S'il recourt à une expression déçue ou irritée, les autres penseront qu'il a une mauvaise main et s'attendront à ce qu'il se couche, pas qu'il continue. Il doit avoir un visage impassible. S'il décide de dissimuler sa déception ou son irritation en bluffant, en essayant de forcer les autres à se coucher, il a la possibilité d'utiliser un masque. En feignant la joie ou l'excitation, il peut dissimuler sa déception et faire croire qu'il tient une bonne main. Il ne sera pas crédible vis-à-vis des autres joueurs, sauf s'ils le considèrent comme un novice. Un joueur de poker expérimenté est censé ne montrer aucune émotion concernant sa main.
Dans son étude sur les joueurs de poker, David Hayano décrit un autre style utilisé par les professionnels : « Les

joueurs animés bavardent constamment durant tout le jeu pour rendre leurs adversaires nerveux et angoissés. Des vérités sont énoncées comme des mensonges et vice versa. À ces bavardages s'ajoutent des gestes exagérés. Au point qu'il ait été dit d'un joueur de ce genre : “Il s'agite plus qu'une fille qui fait la danse du ventre”. »

Par ailleurs, je précise que les contrevérités au poker – dissimuler ou bluffer – n'entrent pas dans ma définition du mensonge. Personne n'attend d'un joueur qu'il révèle les cartes qu'il a tirées. Le jeu lui-même contient la mise en garde préalable que les joueurs tenteront de se duper les uns les autres.

Toute émotion peut être feinte pour contribuer à en dissimuler une tout autre. **Le sourire est le masque le plus fréquemment employé.**

Il sert d'opposé à toutes les émotions négatives – peur, colère, détresse, dégoût... L'employé déçu doit sourire s'il veut que son patron pense qu'il n'est pas vexé ni fâché de ne pas avoir reçu de promotion. L'amie cruelle doit se présenter comme bien intentionnée quand elle énonce une critique tranchante assortie d'un sourire plein de sollicitude.

Une autre raison à l'utilisation fréquente du sourire comme masque est qu'il fait partie du rituel ordinaire de salutation et qu'il est requis dans la plupart des échanges polis. Si un individu se sent mal, il ne doit pas le montrer ni le reconnaître durant un échange de courtoisies. Au lieu de cela, l'individu malheureux est censé dissimuler toute émotion négative et arborer un sourire courtois qui accompagne le « Très bien, merci, et vous ? » en réponse au « Comment allez-vous ? ». Les véritables émotions resteront probablement indécelables, pas parce que le sourire est un excellent masque, mais parce que dans les échanges de politesses, il est rare que les gens s'intéressent vraiment à l'humeur de leur interlocuteur. Tout ce qui

est attendu, c'est un semblant d'amabilité et de politesse. Les interlocuteurs scrutent rarement avec attention de tels sourires. Les gens ont l'habitude de ne pas en tenir compte dans ces contextes. On pourrait arguer qu'il est faux de considérer cela comme des mensonges, puisque les règles implicites de la politesse veulent qu'il ne soit jamais fait état des émotions véritablement ressenties.
Il y a cependant une autre raison encore à l'utilisation courante du sourire comme masque : c'est l'expression faciale la plus facile à faire volontairement. Bien avant l'âge de un an, les enfants peuvent sourire volontairement. C'est l'une des toutes premières expressions utilisées par l'enfant de manière délibérée pour faire plaisir à autrui. Tout au long de la vie, des sourires sociaux présentent faussement des émotions non ressenties, mais requises ou utiles à montrer. Des erreurs peuvent être faites dans le déclenchement de tels sourires – trop rapides, trop lents, se produisant trop tôt ou trop longtemps après le mot ou la phrase qu'ils devraient accompagner. Mais les mouvements du sourire en eux-mêmes sont faciles à accomplir, ce qui n'est pas le cas pour l'expression de toutes les autres émotions.

Pour la majorité des gens, les émotions négatives sont plus difficiles à feindre.
Mon étude montre que la plupart des gens ne savent pas bouger volontairement les muscles spécifiques nécessaires pour feindre détresse ou peur de manière réaliste. Si le mensonge exige de feindre une émotion négative plutôt qu'un sourire, le menteur peut avoir des difficultés. Il y a des exceptions : Hitler était de toute évidence un excellent acteur, capable sans peine de feindre des émotions négatives de manière convaincante. Lors d'une entrevue avec l'ambassadeur britannique, Hitler apparut en proie à la fureur, incapable de discuter davantage. Un officiel allemand présent rapporta : « À peine la porte s'était-elle

refermée sur l'ambassadeur qu'il se flanqua une claque sur la cuisse et éclata de rire en disant : “Chamberlain ne sortira pas vivant de cette conversation ; son cabinet tombera ce soir[11].” »

D'autres techniques de mensonge

Il existe de nombreuses autres manières de mentir en plus de la dissimulation et de la feinte. J'en ai déjà suggéré une en évoquant ce que Ruth pourrait faire pour entretenir sa tromperie malgré sa panique dans le passage du roman de John Updike. Au lieu de tenter de dissimuler sa panique, ce qui est difficile, elle pourrait reconnaître son émotion, mais mentir sur sa cause. Il s'agit d'une *diversion*. Ainsi, elle pourrait prétendre être parfaitement innocente et avoir paniqué parce qu'elle craint que son mari ne la croie pas. Si le psychiatre avait demandé à Mary pourquoi elle semblait un peu nerveuse, elle aurait également pu reconnaître cette nervosité, mais déclarer : « Je suis nerveuse parce que j'ai très envie de retrouver ma famille. » S'il reconnaît l'émotion éprouvée, le mensonge porte sur sa cause véritable.

Une autre technique apparentée au mensonge consiste à dire la vérité avec une exagération appuyée afin que la victime ne la croie pas. Cela consiste à **dire la vérité faussement**. Quand Jerry demande à Ruth à qui elle parle au téléphone, elle pourrait répondre : « Oh, je parlais avec mon amant, il m'appelle toutes cinq minutes. Comme je couche avec lui trois fois par jour, nous devons nous contacter régulièrement pour nous organiser ! » Exagérer la vérité ridiculise Jerry, ce qui ne lui permet plus de creuser davantage ses soupçons. Une intonation ou une expression moqueuse remplissent la même fonction.

Un autre exemple de vérité énoncée faussement a été décrit dans le livre de Robert Daley, *Le Prince de New York*. Comme l'annonce le sous-titre, *L'histoire vraie d'un flic qui en savait trop*, il s'agit d'un récit authentique et non d'une fiction. Robert Leuci est un policier qui devient informateur infiltré, travaillant pour des procureurs fédéraux pour obtenir des preuves de la corruption qui règne parmi des policiers, avocats, trafiquants de drogues et mafiosi. Il en obtient la majeure partie grâce à un magnétophone dissimulé sous ses vêtements. À un moment, Leuci est soupçonné d'être un informateur. S'il est pris avec son micro, sa vie sera en danger. Il parle à DeStefano, l'un des criminels sur lequel il rassemble des preuves.

« Ne nous asseyons pas près du juke-box ce soir, parce que sinon je ne vais rien pouvoir enregistrer, dit Leuci.

– Ce n'est pas drôle, répondit DeStefano.

Leuci entreprit de se vanter qu'il travaillait pour le gouvernement, tout comme la barmaid, dont le micro était caché dans son...

Tout le monde s'esclaffa, mais DeStefano riait jaune[12]. »

Leuci ridiculise DeStefano en énonçant sans vergogne la vérité : il ne peut effectivement pas bien enregistrer à côté du juke-box et il travaille pour le gouvernement. En l'admettant ouvertement et en plaisantant sur le fait que la serveuse porte elle aussi un micro, caché dans sa petite culotte ou son soutien-gorge, Leuci empêche DeStefano de creuser ses soupçons sans passer pour un imbécile.

Un proche parent de la vérité énoncée faussement est la **demi-dissimulation**. La vérité est dite, mais seulement en partie. Le sous-entendu, la dissimulation du détail crucial, permet au menteur de maintenir sa tromperie tout en ne disant rien de faux. Peu après le premier incident dans *Épouse-moi*, Jerry retrouve Ruth au lit et, se blottissant contre elle, lui demande qui elle aime.

« Je t'aime, dit-elle, et aussi tous les pigeons sur cet arbre, et tous les chiens de la ville, sauf ceux qui renversent nos poubelles, et tous les chats, sauf celui qui a engrossé Lulu. Et aussi les secouristes de la plage et les policiers de la ville, sauf celui qui m'a arrêtée pour un demi-tour interdit, et j'aime certains de nos horribles amis, surtout quand je suis ivre...
– Et tu aimes Dick Mathias ?
– Je n'ai rien contre lui[13]. »

Autre technique qui permet au menteur d'éviter de dire quoi que ce soit de faux : l'**esquive** par inférence incorrecte. Un chroniqueur a expliqué avec humour comment utiliser cette esquive pour se sortir d'une situation délicate. Vous êtes au vernissage de l'exposition de votre ami Jerry. Vous trouvez son travail épouvantable, mais avant que vous n'ayez le temps de filer discrètement, il se précipite sur vous et vous demande votre avis. « Jerry, dites-vous en plongeant votre regard dans le sien. Jerry, Jerry, Jerry... » Ne lui lâchez pas la main, maintenez le contact visuel. Dix fois sur dix, Jerry finira par se dégager, marmonner une phrase pleine de modestie et s'en aller. Il y a des variations. En montant d'une octave sur une syllabe, façon critique d'art : « Jerry. *Jer*-ry. Que dire ? » Ou le mode trompeusement sobre : « Jerry. Les mots me manquent. » Ou le légèrement ironique : « Jerry. Tout le monde, tout le monde en parle[14]. » La vertu de cette stratégie, comme la demi-dissimulation et la vérité énoncée faussement, c'est que le menteur n'est pas forcé de dire quoi que ce soit de faux. Je la considère tout de même comme un mensonge, car il y a une tentative délibérée de tromper la cible sans mise en garde préalable.

Fuites et indices de tromperie

N'importe lequel de ces mensonges peut être trahi par un détail du comportement du menteur. Il existe deux types d'indice de tromperie : une erreur peut révéler la vérité ou simplement suggérer que ce qui est dit ou montré est faux sans révéler la vérité.

Quand un menteur révèle la vérité par mégarde, je qualifie cela de *fuite.* Lorsque son comportement laisse à penser qu'il ment sans révéler la vérité, j'appelle cela un *indice de tromperie.* Si le médecin de Mary remarque qu'elle se tord les mains en lui disant qu'elle va bien, il s'agit d'un indice de tromperie, une raison de soupçonner qu'elle ment. Il ne sait pas ce qu'elle éprouve réellement – elle en veut peut-être à l'hôpital, à elle-même, ou bien elle redoute l'avenir – sauf s'il obtient une fuite. Une expression faciale, l'intonation, un lapsus verbal ou certains gestes peuvent trahir ses véritables sentiments.

Un indice de tromperie permet de déterminer si une personne ment ou non, mais sans révéler ce qui est dissimulé. Seule une fuite le permet. Souvent, cela n'a pas d'importance. Quand il importe de savoir davantage si un individu ment que ce qu'il dissimule, un indice de tromperie suffit. La fuite n'est pas nécessaire. L'information dissimulée peut être devinée ou n'a pas d'intérêt. Si l'employeur perçoit grâce à un indice de tromperie que tel candidat ment, cela peut suffire et il n'a pas besoin de savoir ce qui a été dissimulé pour décider de ne pas engager un candidat qui ment.

Mais ce n'est pas toujours suffisant. Il est parfois important de savoir exactement ce qui est dissimulé. Découvrir qu'un employé en qui on a confiance détourne de l'argent peut ne pas suffire. Un indice de tromperie peut indiquer que l'employé a menti ; cela peut avoir conduit à une confrontation et un aveu. Pourtant, même si la question est réglée, l'employé licencié et les poursuites engagées, l'employeur cherche toujours une fuite. Il peut vouloir savoir comment l'employé s'y est pris et ce qu'il a fait de l'argent détourné. Si Chamberlain avait décelé le moindre indice de tromperie, il aurait su que Hitler mentait, mais dans cette situation, il aurait aussi été utile d'obtenir une fuite pour connaître ses projets de conquête et savoir jusqu'où il comptait aller.

Parfois, la fuite ne fournit qu'une partie de l'information désirée par la victime, trahissant davantage qu'un indice de tromperie, mais pas la totalité de ce qui est dissimulé. Revenons au roman *Épouse-moi,* quand Ruth panique, ne sachant pas exactement ce que son mari Jerry a entendu de sa conversation téléphonique avec son amant. Quand Jerry la questionne, Ruth peut avoir un comportement qui trahit sa panique – un tremblement des lèvres ou une paupière écarquillée. Étant donné le contexte, un tel indice de panique implique que Ruth ment peut-être. Sinon, pourquoi la question l'inquiéterait-elle ? Mais un tel indice de tromperie ne peut informer Jerry de la teneur de son mensonge ni de l'identité de son interlocuteur. Jerry obtient en partie ces renseignements grâce à une fuite dans la voix de Ruth. Il lui explique pourquoi il ne croit pas à son explication :

« C'était le ton que tu as pris.

– Vraiment ? Comment ça ?

Elle réprime un gloussement. Il fixe pensivement le vide comme s'il réfléchissait à une question esthétique. Il a l'air fatigué, jeune, émacié. Il a les cheveux trop courts.

– C'était différent, dit-il. Plus chaleureux. C'était une voix de femme.

– Je suis une femme.

– Oui, mais quand tu me parles, continue-t-il, tu prends une voix de petite fille[15]. »

La voix qu'elle prend est adaptée pour parler non pas à une dame du catéchisme, mais à un amant. La fuite indique que la tromperie concerne probablement une liaison, mais elle ne lui donne pas la totalité de l'information. Jerry ne sait pas s'il s'agit d'une liaison qui commence ou qui se poursuit ; il ignore l'identité de l'amant. Mais il en sait plus qu'avec un simple indice de tromperie qui lui aurait seulement indiqué que Mary ment.

J'ai défini le mensonge comme une décision délibérée de tromper une cible sans mise en garde préalable de cette intention. Il existe deux formes principales de mensonge :
• *la dissimulation*, qui laisse de côté des informations vraies, et • *la feinte*, qui présente des informations fausses comme si elles étaient vraies.
Les autres manières de mentir comprennent :
• *la diversion*, qui consiste à reconnaître une émotion en mentant sur sa cause réelle ;
• *énoncer une vérité faussement*, ou avouer la vérité avec une telle exagération ou un tel humour que la cible demeure sous-informée ou trompée ; • *la semi-dissimulation*, qui consiste à avouer seulement une partie de la vérité, afin de détourner l'intérêt de la cible sur ce qui reste dissimulé ; • et enfin *l'esquive* par inférence incorrecte, qui consiste à formuler la vérité d'une manière signifiant l'opposé de ce qui est dit.
Il existe deux sortes d'indices de tromperie :
• *la fuite*, quand le menteur révèle par mégarde la vérité, et • *l'indice de tromperie* proprement dit, quand le comportement du menteur révèle seulement que ses propos sont faux. Fuite et indices de tromperie sont des erreurs. Mais des erreurs ne se produisent pas toujours. Les mensonges n'échouent pas systématiquement. Le chapitre suivant explique pourquoi c'est le cas pour certains.

Chapitre 2

Pourquoi le mensonge peut échouer

Les mensonges échouent pour plusieurs raisons. La victime de la tromperie peut découvrir la preuve par accident, trouver des documents cachés ou une tache de rouge à lèvres sur un mouchoir. Le menteur peut être trahi par un tiers. Un collègue envieux, un conjoint délaissé, un informateur payé peuvent tous permettre de déceler une tromperie. Cependant, ce qui nous intéresse, ce sont les erreurs commises durant l'action de mentir, les erreurs que fait le menteur malgré lui, les mensonges qui échouent à cause du comportement du menteur.

Des indices de tromperie ou des fuites peuvent apparaître dans un changement d'expression du visage, un geste, une inflexion de la voix, une déglutition, une respiration longue ou saccadée, des pauses entre les mots, un lapsus verbal ou gestuel, une micro-expression faciale. La question est pourquoi les menteurs ne peuvent-ils pas empêcher ce comportement qui les trahit? Ils en sont parfois capables. Certains mensonges sont magnifiquement exécutés : rien dans les paroles ou les gestes du menteur ne trahit le mensonge. Pourquoi n'est-ce pas toujours le cas ? Pour deux raisons : l'une liée à la pensée, l'autre, à l'émotion.

Les mauvaises répliques

Le menteur ne prévoit pas toujours le moment où il devra mentir. Il n'a pas toujours le temps de préparer, répéter et mémoriser la réplique à prononcer. Ruth, dans le roman cité plus haut, ne prévoit pas que son mari Jerry va surprendre sa conversation. La justification qu'elle invente dans l'instant – le catéchisme qui appelle à propos de leurs enfants – la trahit parce qu'elle ne correspond pas à ce que son mari l'a entendue dire.

Même lorsqu'il dispose de suffisamment de temps et qu'il a soigneusement préparé sa réplique, le menteur peut ne pas être assez habile pour anticiper toutes les questions qui lui seront posées et avoir réfléchi à ses réponses.
Même l'habileté peut ne pas suffire, car des modifications invisibles des circonstances peuvent trahir une réplique qui aurait été sinon efficace. Durant l'enquête fédérale du Watergate, le juge John J. Sirica décrivit un problème de ce type en expliquant ses réactions devant la déposition de Fred Buzhardt, conseiller du président Nixon : « Le premier problème posé à Fred Buzhardt quand il a tenté d'expliquer la disparition des enregistrements était d'inventer une version cohérente. Au premier jour de l'audition, Buzhardt déclara qu'il n'y avait pas d'enregistrement de l'entretien du Président avec Dean le 15 avril parce que le déclencheur automatique n'avait pas fonctionné. Mais il dut rapidement

modifier cette version, car il avait entre-temps appris qu'il pourrait être prouvé que les déclencheurs avaient fonctionné. Il déclara alors que l'entretien n'avait pas été enregistré parce qu'il n'y avait pas de bandes vierges disponibles[1]. » Même quand le menteur n'est pas forcé par les circonstances de changer de version, il arrive qu'il ait du mal à se rappeler la version de départ, si bien qu'il ne peut pas répondre rapidement aux nouvelles questions.

Aucun de ces échecs – à prévoir le moment où le mensonge sera nécessaire, à inventer une réplique cohérente avec les nouvelles circonstances, à se rappeler la version originale – ne produit des indices de tromperie faciles à repérer. Ce que l'individu formule est incohérent en soi ou par rapport à d'autres faits irréfutables, connus sur le moment ou révélés par la suite. De tels indices de tromperie ne sont pas toujours aussi fiables et directs qu'ils le paraissent. Une réplique trop parfaite peut être le signe d'un escroc accompli. D'ailleurs certains escrocs, conscients de cela, font exprès de petites erreurs afin de ne pas paraître trop parfaits. James Phelan, journaliste, décrivit un exemple fascinant de cette astuce dans son récit de la fausse biographie de Howard Hughes.

Personne n'avait vu Hughes depuis des années, ce qui ne faisait qu'accroître la fascination du public pour ce milliardaire, qui avait tourné des films et possédait une compagnie aérienne ainsi que le plus grand casino de Las Vegas. Il était resté invisible si longtemps que certains doutaient qu'il soit encore en vie. Il était étonnant qu'un tel reclus ait autorisé quelqu'un à rédiger sa biographie. C'est pourtant ce que prétendait Clifford Irving. L'éditeur McGraw-Hill le paya 750 000 dollars pour la publier ; le magazine *Life* en paya 250 000 pour en divulguer trois extraits ; et elle se révéla être un faux ! Clifford Irving était « un excellent arnaqueur, l'un des meilleurs. Voici un exemple. Quand nous l'interrogeâmes pour tenter de le confondre, il ne commit jamais l'erreur de raconter les faits chaque fois de la même

façon. Il y avait de petits décalages qu'il admettait sans difficulté quand nous les relevions.
Un escroc lambda peaufine sa version au mot près de manière à pouvoir la répéter inlassablement sans en dévier. Un homme honnête commet généralement de petites erreurs, notamment quand l'histoire est longue et complexe comme c'était le cas pour Cliff.
Lui était assez malin pour le comprendre et il nous joua magnifiquement la comédie de l'homme honnête. Quand nous le prenions en flagrant délit, il répondait sans problème : "Zut, ça la fiche mal pour moi, hein ? Mais c'est comme ça que ça s'est passé." Il se donnait l'apparence de la sincérité, même à son détriment, tout en débitant mensonge sur mensonge[2]. » Il est impossible de se protéger contre une telle habileté ; les escrocs les plus astucieux réussissent. Mais la plupart des menteurs ne sont pas aussi machiavéliques.
Le manque de préparation ou l'incapacité de se rappeler la version originale peuvent susciter des indices de tromperie dans la forme, la manière dont une phrase est prononcée, même quand le fond lui-même n'est pas incohérent. La nécessité de réfléchir à chaque mot avant de le dire – soupeser les possibilités, chercher un mot ou une idée – peut être trahie par des pauses dans la formulation ou, plus subtilement, par le plissement de la paupière inférieure ou du sourcil et certaines modifications des gestes. Je ne dis pas que réfléchir à chaque mot avant de parler est toujours un signe de tromperie, mais c'est le cas dans certaines circonstances. Quand Jerry demande à Ruth à qui elle parlait au téléphone, le fait qu'elle choisisse soigneusement ses mots pourrait indiquer qu'elle ment.

Mentir sur ses émotions

L'incapacité de prévoir, formuler et répéter le mensonge n'est que l'une des raisons pour lesquelles le menteur donne

accidentellement des indices de tromperie. Des erreurs sont également commises à cause de la difficulté de dissimuler ou jouer une émotion. Les mensonges n'impliquent pas tous une émotion, mais ceux qui entrent dans cette catégorie posent des problèmes particuliers au menteur. La tentative pour dissimuler une émotion lorsqu'elle est ressentie peut être trahie par les paroles, mais en dehors du lapsus verbal, ce n'est généralement pas le cas. À moins de désirer avouer ce qu'il ressent, le menteur n'est pas obligé de traduire en paroles l'émotion qu'il dissimule. Il est moins facile de cacher une expression faciale, une modification du rythme respiratoire ou une tension dans la voix.
Quand des émotions surviennent, des changements se produisent automatiquement et involontairement en une fraction de seconde. Dans *Épouse-moi*, quand Jerry accuse Ruth de mensonge, Ruth n'a aucun problème à empêcher les mots « Si, c'est vrai ! » de franchir ses lèvres. Mais la panique d'être découverte produit des signes visibles et audibles. Elle ne choisit pas d'éprouver de la panique, pas plus qu'elle ne peut décider de la réprimer. C'est au-delà de son contrôle. C'est, selon moi, un trait fondamental de l'émotion.

L'individu ne choisit pas le moment où il éprouve une émotion. Au contraire, il la subit généralement et, dans le cas d'émotions négatives comme la peur ou la colère, elle survient malgré sa volonté.
Non seulement l'individu ne peut choisir le moment où elle se produit, mais généralement il ne peut pas choisir de manifester ou non les signes de cette émotion. Ruth ne peut pas décider d'éliminer les signes de sa panique. Il n'existe pas d'interrupteur émotionnel. Il se peut même que l'individu ne puisse maîtriser ses gestes si l'émotion éprouvée est intense. Une émotion intense explique, même si elle ne les justifie pas, des conduites déplacées.

« Je ne voulais pas hausser le ton (taper sur la table, vous insulter, vous frapper), mais j'ai perdu la tête. Je ne pouvais plus me maîtriser. »
Quand une émotion survient progressivement et non soudainement, lorsqu'elle commence à un faible niveau – agacement plutôt que fureur –, les modifications de comportement sont mineures, et relativement faciles à dissimuler lorsque l'individu est conscient de ce qu'il éprouve... ce qui n'est généralement pas le cas. En effet, quand une émotion survient progressivement sans s'intensifier, elle est parfois plus visible pour autrui que pour l'individu lui-même, qui n'en prend conscience qu'une fois qu'elle est devenue intense. Cependant, une fois à ce stade, l'émotion est beaucoup plus difficile à contrôler. Dissimuler les modifications du visage, du corps et de la voix exige un effort. Même lorsque la dissimulation est réussie et qu'il n'y a pas de fuite d'émotion, cet effort est parfois perceptible et devient un indice de tromperie.

Dissimuler une émotion n'est pas facile, mais feindre une émotion que l'on n'éprouve pas ne l'est pas davantage. Il ne suffit pas de dire simplement « Je suis en colère » ou « J'ai peur ». Pour être cru, le menteur doit paraître fâché ou effrayé. Il n'est pas facile de mobiliser les gestes adéquats et les modifications spécifiques de la voix nécessaires pour feindre des émotions. Il existe certains mouvements faciaux, par exemple, que très peu d'individus peuvent exécuter volontairement et qui sont indispensables pour feindre avec succès détresse, peur ou colère.
Feindre devient beaucoup plus difficile lorsque c'est le plus nécessaire, pour dissimuler une autre émotion. Essayer de paraître en colère n'est pas facile, mais encore moins si l'individu a peur quand il tente de feindre : il sera tiraillé d'un côté par un ensemble d'impulsions provoquées par la peur, de l'autre par la tentative délibérée de paraître en colère.

Par exemple, la peur provoque un haussement involontaire des sourcils. Mais pour feindre la colère, l'individu doit les froncer. Souvent, les signes de cet effort intérieur entre émotion éprouvée et émotion feinte trahissent la tromperie.

Qu'en est-il des mensonges qui n'impliquent pas des émotions, les mensonges concernant les actions, projets, pensées, intentions, faits et fantasmes ? Sont-ils trahis par le comportement du menteur ?

Les émotions qui sont provoquées par l'acte de mentir

Les tromperies n'impliquent pas toutes de dissimuler ou feindre des émotions. Celui qui détourne de l'argent dissimule son crime. Le plagiaire dissimule le fait d'avoir emprunté l'œuvre d'un autre en la faisant passer pour la sienne. Le quadragénaire coquet dissimule son âge en teignant ses cheveux gris et en prétendant avoir sept ans de moins. Pourtant, même quand le mensonge dissimule autre chose qu'une émotion, des émotions peuvent être impliquées. Le coquet peut être gêné par sa coquetterie. Pour réussir dans sa tromperie, il doit dissimuler non seulement son âge, mais aussi sa gêne. Le plagiaire peut éprouver du mépris pour ceux qu'il trompe. Il doit donc dissimuler l'origine de son œuvre et prétendre à un talent usurpé tout en dissimulant son mépris. Le détourneur d'argent peut éprouver de la surprise si un autre employé est accusé à sa place. Il doit dès lors dissimuler cette surprise, ou du moins sa véritable cause.
Des émotions sont donc souvent impliquées dans des mensonges qui n'étaient pas au départ destinés à dissimuler des émotions. Une fois impliquées, les émotions

doivent être dissimulées pour que le mensonge ne soit pas découvert. N'importe quelle émotion peut être la coupable, mais trois d'entre elles sont si souvent impliquées dans la tromperie qu'elles méritent une étude séparée. Ce sont l'appréhension de détection, la culpabilité de tromperie et le plaisir de duper.

L'appréhension de détection

La peur d'être démasqué, dans ses formes les moins prononcées, n'est pas un handicap et au contraire **peut aider le menteur à éviter les erreurs en le gardant en alerte**. Un niveau modéré de peur peut produire des indices comportementaux qu'un détecteur bien entraîné peut repérer, et à un niveau élevé la peur d'être démasqué provoque précisément ce que redoute le menteur. Si un menteur pouvait évaluer le niveau d'*appréhension de détection* qu'il éprouverait en mentant, il pourrait mieux décider si le risque en vaut la peine. Même si le mensonge est déjà accompli, cette appréhension pourrait l'aider à prévoir des contremesures permettant de diminuer ou dissimuler sa peur. Un détecteur peut également tirer parti de cette information. Il peut guetter les signes de peur s'il estime qu'un suspect redoute particulièrement d'être démasqué.

De nombreux facteurs influencent le niveau d'appréhension de détection. Le premier facteur à considérer est le niveau de compétence que le menteur attribue au détecteur. Si la cible est réputée comme timorée et influençable, le niveau d'appréhension sera faible. En revanche, si la cible est connue comme coriace et difficile à duper, le niveau d'appréhension sera élevé. Les parents persuadent souvent leurs enfants qu'ils sont des détecteurs infaillibles : « Je peux deviner si tu mens ou non rien qu'en te regardant dans les yeux. » L'enfant menteur redoute tellement d'être démasqué que sa peur le trahit, ou bien il avoue parce qu'il pense qu'il a peu de chances de réussir.

Dans la pièce de Terence Rattigan, *The Winslow Boy*, et le film *L'Honneur des Winslow* qui en a été tiré, le père, Arthur, utilise très habilement ce stratagème. Son fils adolescent, Ronnie, accusé de vol, a été renvoyé de l'école navale :

« Arthur : Il est dit dans cette lettre que tu as volé un mandat postal. *(Ronnie veut répondre, mais son père l'arrête.)* Je ne veux pas entendre un mot tant que je n'ai pas terminé. Si tu as volé, tu dois me le dire. Je ne me fâcherai pas, Ronnie, à condition que tu me dises la vérité. Mais si tu mens, je le saurai, car un mensonge entre nous est impossible à cacher. Je le saurai, Ronnie. Alors, souviens-t-en avant de parler. As-tu volé ce mandat ?

Ronnie *(hésitant)* : Non, Père, je ne l'ai pas volé.

(Arthur s'avance vers lui.)

Arthur *(le regardant droit dans les yeux)* : As-tu volé ce mandat ?

Ronnie : Non, Père, je ne l'ai pas volé.

(Arthur continue de le fixer un instant, puis il se détend[3].) »

Arthur croit Ronnie et la pièce raconte les énormes sacrifices que le père et le reste de la famille feront pour venger l'honneur de Ronnie.

Un parent ne peut pas toujours utiliser la stratégie d'Arthur pour obtenir la vérité. Un enfant qui a menti à plusieurs reprises par le passé et a réussi à berner son père n'a aucune raison de penser qu'il ne pourra pas continuer. Un père peut ne pas être disposé à l'indulgence pour l'aveu d'un méfait, ou encore cette proposition peut ne pas être crue en raison d'incidents passés. L'enfant doit faire confiance à son père et être certain que son père est capable de la réciproque. Un père qui s'est montré soupçonneux et méfiant, qui a déjà refusé de croire son fils alors qu'il disait la vérité, suscitera la peur chez l'enfant innocent. Cela soulève un problème crucial dans la détection de la tromperie : il est pratiquement impossible de distinguer la crainte de ne pas

être cru qu'éprouve un enfant innocent de l'appréhension de détection. Les signes sont identiques.
Ces problèmes ne sont pas spécifiques à la découverte de la tromperie entre parent et enfant. Il est toujours délicat de faire la différence entre la crainte de ne pas être cru de l'innocent et l'appréhension de détection du coupable. La difficulté est amplifiée quand le détecteur a la réputation d'être soupçonneux et a déjà refusé de croire la vérité par le passé. Chaque fois, il sera plus difficile pour le détecteur de distinguer ces deux formes, peur et appréhension. La pratique et l'accumulation des succès dans le mensonge permettent toujours de réduire le niveau d'appréhension. Le mari qui entretient sa quatorzième liaison ne s'inquiétera guère d'être démasqué. Il est entraîné au mensonge. Il sait à quoi s'attendre et comment réagir. Plus important, il sait qu'il réussira. L'assurance anéantit l'appréhension de détection. Mais sur le long terme, un menteur peut commettre des erreurs par négligence, et un minimum d'inquiétude lui est probablement utile.
Le détecteur de mensonges électronique, que nous appellerons « décodeur de mensonges », fonctionne sur le même principe de détection des indices de tromperie comportementaux et il souffre de la même vulnérabilité. L'appareil ne détecte pas les mensonges, mais seulement les signes d'émotion. Les capteurs fixés sur le suspect mesurent les modifications de transpiration, rythme respiratoire et pression artérielle. L'augmentation de la pression artérielle ou de la transpiration n'est pas en soi un signe de tromperie. Les mains deviennent moites et le cœur bat plus vite *en cas d'émotion*. Avant de soumettre un individu au décodeur, les opérateurs essaient généralement de le convaincre que l'appareil est infaillible, en lui faisant passer ce que l'on appelle un test de stimulation. La technique la plus courante consiste à démontrer au suspect que la machine peut identifier quelle carte il choisit dans une pile. Une fois la carte choisie et remise dans la pile, l'opérateur demande

au sujet de répondre « non » chaque fois qu'on lui demande si c'est telle carte particulière. Certains des opérateurs utilisant cette technique ne commettent aucune erreur, car ils ne se fient pas à l'appareil, mais utilisent un jeu truqué où les cartes sont marquées. Ils justifient la tromperie du suspect de deux manières. S'il est innocent, il importe qu'il soit convaincu que l'appareil est infaillible, sinon il risque de donner des signes de crainte de ne pas être cru. S'il est coupable, il importe qu'il ait peur d'être démasqué, sans quoi l'appareil ne fonctionnera pas. La plupart des opérateurs ne pratiquent pas cette tromperie et se fient au tracé du décodeur pour repérer la carte choisie[4].

C'est la même chose dans *L'Honneur des Winslow* : le suspect doit croire dans la fiabilité du détecteur. Les signes de peur seront ambigus, sauf si la situation est modifiée de manière que seul un menteur, et non un individu sincère, soit effrayé. Le test du décodeur échoue non seulement parce que certains innocents continuent de craindre d'être accusés à tort ou sont émus pour une raison quelconque lors du test, mais aussi parce que certains criminels ne croient pas à la « magie » de l'appareil. Ils savent qu'ils peuvent le duper et, s'ils en sont conscients, ils ont d'autant plus de chances d'y parvenir.

Autre parallèle avec *L'Honneur des Winslow* : l'opérateur du décodeur tente d'extorquer un aveu. Tout comme le père prétend posséder le don de déceler les mensonges afin d'amener son fils à avouer son éventuelle culpabilité, certains opérateurs tentent de convaincre leur suspect qu'ils ne peuvent pas battre l'appareil. Quand un suspect n'avoue pas, certains opérateurs l'intimident en lui disant que le décodeur a démontré qu'il ne disait pas la vérité. En augmentant l'appréhension de détection, ils espèrent pousser le coupable aux aveux. Malheureusement, sous une telle pression, certains innocents avouent simplement pour avoir la paix.

Contrairement aux parents, les opérateurs n'ont généralement pas la possibilité d'obtenir des aveux en promettant l'indulgence. Les policiers peuvent s'en approcher en déclarant que la peine sera moins lourde si le suspect avoue. Bien que ne pouvant pas proposer une indulgence totale, les interrogateurs peuvent offrir une amnistie psychologique, espérant obtenir un aveu en laissant entendre que le suspect n'a pas besoin d'avoir honte ni même de se sentir responsable du crime commis. Un interrogateur peut expliquer avec compassion qu'il trouve le crime très compréhensible et qu'il en aurait fait autant dans la même situation. Une autre variante consiste à proposer au suspect une justification du mobile qui lui sauve la face. L'exemple suivant est tiré de l'enregistrement de l'interrogatoire d'un suspect de meurtre – par ailleurs innocent. C'est le policier qui parle : « Il y a des fois où, à cause des circonstances, d'une maladie, de tout un tas de raisons, les gens ne suivent pas le droit chemin. Parfois, on ne peut pas se retenir. Parfois, on commet certains actes dans un moment de passion ou de colère, ou encore parce que quelque chose ne tourne pas rond. Les êtres humains normaux veulent que tout redevienne normal quand quelque chose de mal a été commis[5]. »

Pour le moment, nous avons vu comment la réputation d'un détecteur peut influencer l'appréhension de détection chez le menteur et la crainte de ne pas être cru chez l'innocent. Un autre facteur qui influence cette crainte, c'est la personnalité du menteur.

Certains individus ont beaucoup de mal à mentir, alors que d'autres en sont capables avec une facilité inquiétante.

On en sait bien plus sur ceux qui mentent facilement que sur ceux qui n'en sont pas capables. J'en ai appris un peu plus sur ces derniers lors de mes recherches sur la dissimulation des émotions négatives.

J'ai commencé une série d'expériences il y a une dizaine d'années pour vérifier les indices de tromperie que j'avais découverts en analysant le film de la patiente Mary.

Rappelez-vous que Mary a dissimulé son angoisse et son désespoir pour que le médecin l'autorise à sortir durant le week-end et qu'elle puisse, en l'absence de surveillance, faire une tentative de suicide. J'ai dû étudier des mensonges similaires chez d'autres individus pour apprendre si les indices de tromperie que j'avais découverts dans ce film apparaissaient chez d'autres sujets. J'avais peu d'espoir de trouver suffisamment d'exemples cliniques. Bien que l'on soupçonne souvent qu'un patient a menti, il est rare que l'on en soit certain, sauf si le patient avoue, comme dans le cas de Mary. Ma seule possibilité était de créer une situation expérimentale modelée sur le mensonge de Mary me permettant d'étudier les erreurs commises par d'autres individus lorsqu'ils mentent.
Les sujets de l'expérience devaient éprouver des émotions négatives très intenses et être fortement motivés à les dissimuler. Je suscitai l'émotion négative en projetant aux sujets des scènes d'interventions médicales sanglantes et en leur demandant de dissimuler toutes les émotions qu'ils éprouvaient. Au départ, l'expérience échoua : aucun des sujets ne se donna beaucoup de mal. Je n'avais pas prévu combien il serait difficile de conduire des gens à mentir dans un laboratoire. Les sujets sont embarrassés de savoir que des scientifiques sont témoins de comportements gênants. Et souvent, l'enjeu est si peu élevé que même lorsqu'ils mentent, ils ne se donnent pas autant de mal que dans la vraie vie, quand c'est important. Je sélectionnai des élèves infirmières comme sujets d'expérience parce qu'il était important pour elles de réussir un tel mensonge : les infirmières doivent être capables de dissimuler toute émotion négative quand elles assistent à une intervention ou toute autre scène du même genre. Mon expérience leur offrait donc la possibilité de s'entraîner à cette compétence utile pour leur profession. En outre, cela m'évitait le problème éthique de projeter à n'importe qui des scènes aussi sanglantes, alors que, de par leur

choix de carrière, les infirmières acceptent de les subir. Voici les instructions qui leur furent données:
«Si vous travaillez aux urgences et qu'une mère se présente avec un enfant grièvement blessé, vous ne pouvez pas laisser voir votre désarroi, même si vous savez que l'enfant souffre horriblement et qu'il a peu de chances de s'en tirer. Vous devez ravaler vos émotions et calmer la mère jusqu'à ce que le médecin arrive. Ou encore, imaginez ce que vous ferez quand vous devrez nettoyer les excréments d'un patient incontinent. Il est déjà gêné ou honteux d'être réduit à un état infantile. Vous serez probablement dégoûtée, mais vous devez dissimuler cette émotion. Cette expérience vous offre l'occasion de tester et pratiquer votre capacité à contrôler l'expression de vos émotions. D'abord, un film agréable de scènes maritimes colorées va vous être projeté et, tout en le regardant, vous devrez décrire sincèrement ce que vous éprouvez à un interlocuteur qui ne peut pas voir le film que vous visionnez. Ensuite, vous seront projetées les pires scènes auxquelles vous pourrez assister durant votre carrière d'infirmière. Tout en les visionnant, vous devrez dissimuler vos véritables émotions afin que votre interlocuteur pense que vous regardez un autre film agréable. Vous pouvez dire par exemple que vous voyez de jolies fleurs dans un parc. Faites le maximum d'efforts.»
Nous sélectionnâmes les pires films que nous pûmes trouver. Durant nos études préliminaires, nous avions découvert que certains individus étaient particulièrement bouleversés par les images de brûlures graves, car ils savaient qu'un grand brûlé connaît des souffrances terribles qu'aucun traitement ne peut véritablement soulager. D'autres avaient été plus émus par des scènes d'amputation, d'une part à cause des giclées de sang, mais également à la pensée de ce qu'éprouverait le patient au réveil en constatant qu'il était privé d'un membre. Nous montâmes les deux films ensemble de manière à laisser croire que le grand brûlé subissait une amputation. Ce

film affreux devait nous permettre de voir comment les individus peuvent dissimuler des émotions très intenses quand ils le veulent ou y sont obligés.
Comme la compétition pour entrer à l'école d'infirmières était très forte, ces jeunes étudiantes avaient toutes d'excellents résultats aux examens, de très bonnes références et des notes élevées. Bien que formant un groupe d'élite, elles présentèrent des différences très marquées dans leur capacité à dissimuler leurs émotions. Certaines s'en tirèrent parfaitement, alors que d'autres en furent totalement incapables. Je découvris dans les entretiens qui suivirent que l'incapacité de mentir en regardant mes films sanglants n'était pas limitée au cadre de mon expérience. Quelques-unes avaient en permanence du mal à mentir sur leurs émotions. Certains individus sont particulièrement sensibles à l'appréhension de détection. Ils redoutent davantage d'être pris en flagrant délit de mensonge. Ils sont convaincus que n'importe qui peut voir s'ils mentent, ce qui ne manque pas. Je fis passer à toutes ces étudiantes plusieurs tests de personnalité objectifs et, à ma surprise, je découvris que celles qui avaient le plus de mal à mentir ne différaient pas dans ces tests du reste de leur groupe. En dehors de cette particularité unique, elles étaient comme tout le monde.
Je tentai également d'en apprendre davantage sur celles qui mentaient facilement et avec succès. Les menteurs-nés ont conscience de leur capacité, tout comme ceux qui les connaissent bien. Ils se tirent à bon compte de bien des situations dès leur enfance, dupant leurs parents, professeurs et amis dès que cela leur chante. Ils n'éprouvent aucune appréhension de détection mais exactement le contraire. Ils sont confiants dans leur capacité de tromper. Une telle assurance, une si faible appréhension de détection lors du mensonge constituent l'un des traits caractéristiques de la personnalité psychopathe. Mais c'est le seul que les menteurs-nés ont en commun avec les psychopathes. Contrairement à ces derniers, les

menteurs-nés ne font pas preuve de mauvais jugement et ils n'ont aucun mal à tirer des leçons de l'expérience. Ils ne possèdent pas non plus les autres caractéristiques des psychopathes, « charme superficiel, absence de remords ou de honte ; comportement antisocial sans scrupules ; égocentrisme pathologique et incapacité à aimer[6] ».
Les menteuses-nées de mon expérience ne différaient pas des autres dans leurs résultats à divers tests de personnalité objectifs. Elles ne présentaient aucune trace de personnalité psychopathique. Elles n'avaient rien d'antisocial dans leur attitude. Contrairement aux psychopathes, elles n'utilisaient pas leur capacité pour nuire à autrui.

Les menteurs-nés, extrêmement doués pour tromper mais non dénués de conscience, devraient exploiter leur talent en exerçant certaines professions – acteurs, vendeurs, avocats, négociateurs, espions ou diplomates.
Ceux qui étudient les tromperies militaires se sont intéressés aux caractéristiques d'un individu capable de mentir avec talent : « Il doit avoir un esprit combinatoire souple, un esprit qui travaille en réduisant idées, concepts ou "mots" aux composants de base pour les recombiner différemment. Ce type de pensée est par exemple utilisé dans le Scrabble. Les plus grands praticiens de la tromperie sont extrêmement individualistes et compétitifs ; ils ont peine à s'insérer dans une hiérarchie et préfèrent travailler seuls. Ils sont souvent convaincus de la supériorité de leurs opinions. D'une certaine manière, ils correspondent au personnage de l'artiste bohème solitaire et excentrique, sauf qu'ils pratiquent un art différent. C'est apparemment le seul dénominateur commun de ces grands praticiens de la tromperie que furent Churchill, Hitler, Moshe Dayan et T.E. Lawrence[7]. »
Ces « grands praticiens » ont besoin de deux facultés différentes : celle nécessaire pour planifier une stratégie trompeuse et celle exigée pour berner un interlocuteur lors

d'un tête-à-tête. Hitler possédait apparemment les deux, mais on peut imaginer qu'un individu excelle dans un domaine et pas dans l'autre. Malheureusement, les caractéristiques des trompeurs qui réussissent ont été très peu étudiées. Aucune étude n'a cherché à savoir si la personnalité du trompeur qui réussit diffère selon le domaine où il pratique cette tromperie. J'estime que non, et que ceux qui mentent avec succès dans le domaine militaire peuvent réussir tout autant dans celui des affaires.

J'ai décrit deux déterminants de l'appréhension de détection : la personnalité du menteur et, avant cela, la réputation et le caractère du détecteur. Mais il faut également prendre en compte *l'enjeu* du mensonge. La règle est simple : plus l'enjeu est important, plus l'appréhension de détection est élevée. Mais appliquer cette règle simple peut se révéler compliqué, car il n'est pas toujours facile de déterminer ce qui est en jeu.

C'est parfois facile. Puisque les élèves infirmières ont une forte motivation à réussir dans leur carrière, surtout en début de formation, l'enjeu était élevé dans notre expérience. En conséquence, les infirmières auraient dû avoir une appréhension de détection élevée, qui pouvait trahir d'une autre manière leur tromperie. L'appréhension de détection aurait été plus faible si leurs carrières n'avaient pas paru impliquées. Par exemple, la plupart se seraient moins inquiétées d'échouer si on leur avait demandé de dissimuler leurs émotions concernant la moralité du vol à l'étalage. Les enjeux auraient été accrus si elles avaient été amenées à croire que celles qui échouaient à l'expérience ne seraient pas admises à l'école d'infirmières.

Notre étude a démontré que celles qui avaient le mieux réussi l'expérience, les plus capables de dissimuler leurs émotions, furent les meilleures durant les trois années de leur formation.

Plus sa commision sera élevée, plus un vendeur qui trompe son client se souciera d'une vente. Parfois, la récompense évidente n'est pas celle qui compte le plus pour le menteur. Le vendeur cherche peut-être à être admiré de ses collègues. Embobiner un client difficile peut s'accompagner d'une récompense plus élevée en termes d'admiration, même si la commission touchée est faible. Les enjeux peuvent être très élevés au poker, même quand aucun argent n'est misé, si l'un des joueurs veut battre un rival pour gagner l'affection de sa petite amie. Pour certains individus, gagner est l'enjeu suprême. Peu importe qu'il s'agisse d'argent ou d'estime : pour eux, les enjeux sont extrêmement élevés dans n'importe quelle compétition. Ce qui est en jeu est parfois si personnel qu'aucun observateur extérieur ne peut le savoir directement. Le dragueur peut éprouver plus de plaisir à tromper son épouse – répétant par là une sorte de pulsion à cacher des choses à maman – qu'à satisfaire un désir ardent.

L'appréhension de détection devrait être plus grande quand l'enjeu n'est pas seulement de remporter une récompense, mais aussi d'échapper à un châtiment. Quand la décision de tromper est prise au départ, l'enjeu est généralement d'obtenir une récompense. Le menteur pense surtout à ce qu'il peut gagner. Un individu qui détourne des fonds peut uniquement songer à tout ce qu'il pourra s'offrir s'il réussit. Une fois que la tromperie dure depuis un certain temps, il se peut que la récompense ne soit plus accessible. L'entreprise peut prendre conscience de ses pertes et se montrer assez soupçonneuse pour que le détourneur ne puisse plus voler d'argent. Dès lors, il poursuit sa tromperie pour éviter d'être démasqué, car le seul enjeu qui demeure est le châtiment. Éviter le châtiment peut également être l'enjeu dès le départ si la cible est soupçonneuse ou si le menteur a peu d'assurance. Deux châtiments sont en jeu dans la tromperie : la punition qui guette le coupable si son mensonge échoue, et le châtiment pour le simple fait d'avoir entrepris une tromperie. L'appréhension de détection sera plus élevée si les deux types de châtiment sont en jeu. Parfois, la punition lorsque le menteur est démasqué est bien pire que le châtiment que le mensonge servait à éviter. Dans *L'Honneur des Winslow*, le père fait bien comprendre que c'est le cas. Si le détecteur explique clairement au suspect avant de l'interroger que la punition du mensonge sera pire que le châtiment du crime, il a plus de chances de dissuader le suspect de se lancer dans un mensonge.

Les parents devraient savoir que la sévérité de leur châtiment est l'un des facteurs qui influence la disposition des enfants à avouer ou cacher leurs méfaits. On en trouvera la description classique dans le récit plus ou moins fictif de Mason Locke Weems, *The Life of George Washington*. Le père s'adresse au jeune George : « Beaucoup de parents, en vérité, forcent même leurs enfants à cette méprisable pratique [le mensonge] en les battant cruellement pour chaque petite faute : dès lors, à son prochain méfait, le pauvre être terrifié profère un mensonge ! Simplement pour échapper au bâton. Mais en ce qui te concerne, George, tu sais que je t'ai toujours dit, et je te le répète, que si par mégarde tu fais quelque chose de mal, ce qui sera souvent le cas, car tu n'es encore qu'un pauvre petit enfant sans expérience ni savoir, tu ne dois jamais dire un mensonge pour le dissimuler ; mais venir bravement, mon fils, comme un homme et m'en parler. Et au lieu de te battre, George, je ne t'en honorerai et ne t'en aimerai que davantage, mon cher enfant. »

Il n'y a pas que les enfants qui, simplement en mentant, peuvent perdre plus qu'en disant la vérité. Un mari peut dire à son épouse que, bien que blessé, il lui aurait pardonné

sa liaison si elle n'avait pas menti à son propos. Il pourrait prétendre que la perte de confiance est plus grande que son infidélité. Son épouse pourrait l'avoir ignoré et il est possible que ce ne soit pas vrai. Avouer une liaison peut être interprété comme de la cruauté, et l'époux meurtri peut prétendre qu'un conjoint vraiment attentionné devrait garder le secret sur ses incartades. Mari et femme peuvent ne pas être d'accord. Les sentiments peuvent changer au cours du mariage. Les comportements peuvent changer radicalement entre le moment où la question était seulement hypothétique et celui où une liaison a réellement lieu. Même si celui qui faute sait que les dommages, s'il est pris en flagrant délit de mensonge, seront pires que ce qu'il encourt s'il avoue la faute, le mensonge peut encore être tentant, étant donné que dire la vérité apporte une punition immédiate et certaine, alors qu'un mensonge promet la possibilité d'éviter tout châtiment. La perspective d'éviter un châtiment immédiat peut être si séduisante que le désir de choisir cette voie amène le menteur à sous-estimer la probabilité d'être démasqué et ce qu'il lui en coûtera. On reconnaît trop tard qu'un aveu aurait été une meilleure option, quand la tromperie dure depuis trop longtemps et de manière si élaborée que l'avouer ne rapporte plus un châtiment moindre.
Parfois, le coût relatif de l'aveu par rapport à la poursuite de la dissimulation est peu ambigu. Certains actes sont en soi si vils que les avouer rapporte peu de reconnaissance tandis que les dissimuler n'ajoute pas grand-chose au châtiment qui attend le coupable. C'est le cas si le mensonge dissimule la maltraitance d'un enfant, l'inceste, un meurtre, une trahison ou des actes terroristes. Contrairement aux récompenses possibles pour certains infidèles repentants, ceux qui avouent de tels crimes ne peuvent attendre le pardon, bien qu'un aveu assorti de remords puisse atténuer le châtiment. De la même manière, rares sont ceux qui en les découvrant seront scandalisés qu'ils aient été

dissimulés. Ce ne sont pas seulement des individus méchants ou cruels qui peuvent se trouver dans cette situation. Le juif qui dissimulait son identité dans un pays occupé par les nazis ou l'espion en temps de guerre gagnent peu à avouer et ne perdent rien à tenter de maintenir leur mensonge. Quand il est totalement impossible d'obtenir un châtiment atténué, un menteur peut encore avouer pour s'éviter la charge de devoir maintenir sa tromperie, mettre un terme à la souffrance provoquée par un niveau élevé d'appréhension de détection, ou soulager sa culpabilité.

Un autre facteur est à prendre en considération dans la manière dont l'enjeu importe : ce qui peut être gagné ou perdu par la cible et non pas seulement par le menteur. Généralement, les gains du menteur se font aux dépens de sa cible. Celui qui détourne de l'argent gagne ce que son employeur perd. Ce n'est pas toujours équitable. La commission qu'obtient un vendeur en mentant sur un produit peut être beaucoup plus basse que la perte subie par le client naïf. Les enjeux pour le menteur et la cible peuvent être différents, non seulement en quantité mais en espèce. Un mari volage peut gagner une liaison, alors que l'épouse trompée perd son amour-propre. Quand les enjeux pour le menteur et la cible sont différents, ils peuvent être l'élément déterminant de l'appréhension de détection du menteur. Cela dépend si le menteur reconnaît cette différence. Le menteur n'est pas la source la plus fiable pour estimer ce qui est en jeu pour sa cible. Il a un intérêt personnel à croire ce qui sert ses objectifs. Le menteur se réconforte en pensant que sa cible tire de son mensonge un bénéfice au moins égal sinon supérieur au sien. Cela peut arriver. Toutes les cibles ne pâtissent pas des mensonges. Certaines tromperies sont altruistes :
« Un garçon de onze ans, blessé mais en vie, a été retiré hier de l'épave d'un petit avion qui s'est écrasé dimanche

dans les montagnes du parc national de Yosemite. Il avait survécu à plusieurs jours de violent blizzard et à des températures nocturnes glaciales sur le lieu de l'accident, à trois mille mètres d'altitude, blotti dans un sac de couchage au fond de l'épave enfouie sous la neige, seul. "Et mes parents ? Ils vont bien ?" a demandé le garçon. Les sauveteurs ne lui ont pas dit que son beau-père et sa mère étaient morts, toujours attachés à leur siège dans le cockpit fracassé, à moins de un mètre[8]. »

Rares sont ceux qui nieront qu'il s'agit là d'un mensonge altruiste, qui bénéficie à la cible sans apporter le moindre gain aux sauveteurs. Le fait que la cible tire un bénéfice ne signifie pas qu'il n'y a pas un niveau très élevé d'appréhension de détection. Si les enjeux sont élevés, ce niveau le sera tout autant, quel que soit le bénéficiaire. Redoutant que l'enfant ne puisse supporter le choc de la nouvelle, les sauveteurs avaient toutes les raisons de s'inquiéter que leur dissimulation réussisse.

Pour résumer, l'appréhension de détection est la plus intense quand :

- la cible a la réputation d'être difficile à duper ;
- la cible est d'emblée soupçonneuse ;
- le menteur est peu entraîné et n'a encore jamais réussi ;
- le menteur est particulièrement sensible à la peur d'être démasqué ;
- les enjeux sont élevés ;
- une récompense et un châtiment sont en jeu ; ou bien seul un châtiment est en jeu ;
- le châtiment du flagrant délit de mensonge est important, ou bien le châtiment de ce que le

mensonge couvre est si élevé qu'il n'y a aucun intérêt à avouer ;

- la cible ne bénéficie aucunement du mensonge.

La culpabilité de tromperie

Ce terme désigne le sentiment de culpabilité éprouvé lorsque l'on ment, et non la culpabilité au sens légal. La culpabilité de tromperie doit également être distinguée du sentiment de culpabilité concernant le contenu d'un mensonge. Imaginons que dans *L'Honneur des Winslow*, Ronnie ait réellement volé de l'argent. Il peut éprouver de la culpabilité à propos du vol lui-même – se considérer comme un monstre à cause de son geste. Si Ronnie dissimulait ce vol à son père, il éprouverait également de la culpabilité pour avoir menti : ce serait en l'occurrence de la culpabilité de tromperie. Il n'est pas nécessaire d'éprouver de la culpabilité concernant la teneur d'un mensonge pour se sentir coupable de tromperie. Imaginons que Ronnie ait volé l'argent à un garçon qui aurait triché pour battre Ronnie lors d'un concours à l'école. Ronnie pourrait ne pas éprouver de culpabilité de voler un condisciple aussi malveillant: cela pourrait même passer pour une vengeance méritée. Mais il pourrait tout de même éprouver de la culpabilité de tromperie parce qu'il dissimule le vol au directeur ou à son père. La patiente Mary ne se sent pas coupable de projeter de se suicider, mais elle éprouve de la culpabilité à mentir à son médecin.

Comme l'appréhension de détection, la culpabilité de tromperie peut varier en intensité. Elle peut être légère, ou si forte que le mensonge échoue parce que la culpabilité de tromperie suscite des fuites ou des indices de tromperie.

Quand elle est extrême, la culpabilité de tromperie devient une torture qui sape l'estime de soi du menteur. Le désir de se soulager de cette culpabilité peut motiver des aveux, malgré la probabilité du châtiment pour les méfaits avoués. Quand l'individu prend la décision de mentir, il ne prévoit pas toujours avec justesse les souffrances que provoquera la culpabilité de tromperie. Le menteur ne se rend pas toujours compte du choc qu'il subira quand sa victime le remerciera de sa prétendue sollicitude, ou qu'il verra quelqu'un d'autre accusé de son méfait. Si de telles scènes suscitent typiquement la culpabilité, pour d'autres individus, c'est ce qui donne tout le sel à un mensonge. Il y a une autre raison pour laquelle le menteur sous-estime la culpabilité de tromperie qu'il éprouvera : c'est seulement à mesure que le temps passe qu'il peut s'apercevoir qu'un seul mensonge ne suffit pas, qu'il doit le réitérer constamment et souvent l'enjoliver d'autres mensonges afin de préserver la tromperie originelle.

La honte est un sentiment proche de la culpabilité, mais avec une différence qualitative clé. Pour être éprouvée, la culpabilité n'a pas besoin d'un « public », il n'est pas nécessaire qu'un tiers soit au courant, car celui qui se sent coupable est son propre juge. Il n'en est pas de même pour la honte. L'humiliation de la honte nécessite la réprobation ou la moquerie de tiers. Si personne n'apprend le méfait, il n'y aura pas de honte, mais il peut y avoir encore de la culpabilité. Bien sûr, il peut y avoir les deux.

La distinction entre honte et culpabilité est donc très importante, puisque ces deux émotions peuvent déchirer un individu : le besoin de soulager sa culpabilité peut motiver un aveu, alors que le désir d'éviter l'humiliation de la honte peut le retenir.

Imaginons que dans *L'Honneur des Winslow* Ronnie ait volé l'argent, qu'il s'en sente extrêmement coupable et éprouve aussi de la culpabilité de tromperie d'avoir dissimulé son méfait. Ronnie pourrait vouloir avouer pour soulager la torture de sa conscience coupable. Pourtant, la honte qu'il éprouve en imaginant comment son père réagira pourrait l'en empêcher. Afin de l'encourager à avouer, rappelez-vous que son père lui propose l'indulgence : il ne sera pas puni s'il avoue. La diminution de la crainte du châtiment de Ronnie devrait réduire son appréhension de détection, mais son père doit tout de même diminuer sa honte s'il veut amener Ronnie à avouer. Le père s'y efforce donc en assurant à Ronnie qu'il lui pardonnera, mais il diminuerait encore plus la honte et accroîtrait la probabilité d'aveu s'il recourait à un stratagème similaire à celui de l'interrogateur qui essaie de faire avouer un suspect de meurtre. Il pourrait par exemple lui dire : « Je comprends qu'on puisse voler, j'en aurais fait autant dans ta situation, tenté comme tu l'étais. Tout le monde commet des erreurs dans la vie et ce n'est qu'après qu'on se rend compte que c'était mal. Parfois, on ne peut tout simplement pas se retenir. » Bien sûr, un père honnête aurait du mal à cautionner un vol et, contrairement à un policier, pourrait ne pas être disposé à mentir pour obtenir un aveu.

Certains individus sont particulièrement sensibles à la honte du mensonge et à la culpabilité de tromperie. Il s'agit par exemple de ceux qui ont eu une éducation très stricte selon laquelle mentir est l'un des péchés les plus graves. Pour d'autres, l'éducation n'a pas condamné particulièrement le mensonge, mais instillé des sentiments de culpabilité prononcés. Ces individus semblent rechercher des situations dans lesquelles ils peuvent renforcer leur culpabilité et s'exposer sans honte devant autrui. Malheureusement, peu d'études ont été consacrées aux individus sensibles à la culpabilité. Mais nous en savons plus sur leurs contraires.

Le chroniqueur Jack Anderson parle d'un menteur qui n'éprouva jamais ni honte ni culpabilité dans un article attaquant la crédibilité de Mel Weinberg, témoin principal du FBI dans l'opération Abscam. Il décrit ainsi la réaction de Weinberg quand son épouse découvrit la liaison qu'il entretenait secrètement depuis quatorze ans : « Quand Mel rentra enfin chez lui, il accueillit avec désinvolture la demande d'explications de Marie. "Je me suis fait prendre, et alors ? Je t'ai toujours dit que j'étais le plus grand menteur du monde." Puis il s'installa dans son fauteuil préféré, commanda des plats chinois... et demanda à Marie de lui faire une manucure. » L'incapacité de se sentir coupable ou honteux de ses méfaits est considérée comme la marque de l'individu psychopathe, si cette absence de culpabilité ou de honte envahit tous les aspects de sa vie ou presque. Il est évidemment impossible de faire un tel diagnostic en se fondant uniquement sur un article de journal. Les experts sont partagés sur la cause de cette absence : est-elle due à l'éducation ou à des facteurs biologiques ? Mais tous conviennent que ni la culpabilité éprouvée pour un mensonge ni la peur d'être démasqué n'amènent un psychopathe à commettre des erreurs quand il ment.

Quand le menteur ne partage pas de valeurs sociales avec sa victime, il éprouve peu de culpabilité de tromperie. L'individu se sent moins coupable de mentir à quelqu'un qu'il considère négativement.

Un mari infidèle dont l'épouse est froide et se refuse à lui se sentira moins coupable d'avoir une liaison. Un révolutionnaire ou un terroriste se sent rarement coupable de tromper les représentants de l'État. Un espion n'a aucun scrupule à tromper sa victime. Un ancien agent de la CIA le formule ainsi : « Si on enlève toutes les fioritures, le travail d'un espion est de trahir la confiance[9]. » Lorsque je conseillais des responsables des services de sécurité traquant des gens qui cherchaient à assassiner un membre haut placé du gouvernement, je ne pouvais pas espérer que la culpabilité de tromperie suscite des indices. Les assassins peuvent craindre d'être démasqués s'ils ne sont pas professionnels, mais ils n'éprouvent probablement aucune culpabilité concernant leurs projets. Un criminel endurci n'a aucun scrupule à tromper un inconnu. Le même principe est à l'œuvre pour expliquer pourquoi un diplomate ou un espion ne se sentent pas coupables de tromper l'adversaire. Il n'y a pas de valeurs communes. Le menteur fait le bien pour sa partie.

Mentir est *autorisé* dans la plupart de ces exemples : chacun de ces individus invoque une norme sociale bien définie qui légitime de tromper un adversaire. Il y a peu de culpabilité quand les cibles appartiennent à un autre camp et ont des valeurs différentes. Il peut également être autorisé à tromper des cibles qui ne sont pas des adversaires et qui partagent des valeurs avec le menteur. Un médecin peut ne pas éprouver de culpabilité à mentir à un patient s'il estime que c'est pour le bien de ce dernier. Administrer à un patient un placebo est une tromperie médicale aussi ancienne que respectée. Si le patient se sent mieux, ou du moins s'il cesse de réclamer au médecin un remède non nécessaire qui pourrait même lui nuire, beaucoup de médecins estiment que le mensonge est justifié. Le serment d'Hippocrate n'exige pas l'honnêteté avec le patient. Le médecin est censé faire ce qui aide le patient.

Pourtant, si l'utilisation du placebo soulage 30 à 40 % des patients, certains chercheurs et philosophes médicaux estiment que cette pratique compromet la confiance nécessaire dans la relation médecin-patient et laisse le champ libre à des tromperies plus dangereuses.

Le prêtre qui dissimule la confession d'un criminel quand la police l'interroge ne devrait pas éprouver de culpabilité de tromperie. Ses vœux autorisent cette dissimulation. Il n'en tire aucun bénéfice ; c'est le criminel qui en bénéficie, son identité restant tue. Les élèves infirmières de mon expérience n'éprouvèrent aucune culpabilité de tromperie à dissimuler leurs émotions. La tromperie était autorisée par les exemples qui leur étaient donnés : une infirmière doit dissimuler pour accomplir sa tâche et soulager la souffrance du patient.

Il arrive que le menteur ne s'aperçoive ni n'admette qu'il tire souvent lui-même un bénéfice d'une tromperie présentée comme altruiste. Le vice-président d'une compagnie d'assurances expliqua que dire la vérité peut être ignoble quand elle touche l'ego d'un tiers : « Parfois, il est difficile de dire à un candidat qu'il ne sera jamais membre du conseil d'administration[10]. » L'amour-propre du candidat est indemne, mais le vice-président n'a pas souffert non plus : il peut se révéler difficile d'affronter la déception du candidat, voire ses protestations, surtout s'il estime le vice-président responsable de la décision négative. Le mensonge les épargne tous les deux. On pourrait bien sûr arguer que le candidat est lésé par le mensonge, privé de l'information qui, bien que déplaisante, pourrait lui permettre d'améliorer sa performance ou chercher ailleurs un emploi. De la même manière, on peut arguer que le médecin qui administre un placebo, tout en étant altruiste, bénéficie aussi du mensonge. Il n'a pas à affronter la frustration ou la déception du patient en lui apprenant qu'il n'y a pas de remède à sa maladie, ni la colère du patient si celui-ci apprend que le médecin lui a administré un placebo parce qu'il le juge hypocondriaque. Là encore, savoir si le mensonge bénéficie au patient ou le lèse est sujet à débat.

Cependant, il existe des mensonges totalement altruistes où le menteur ne tire aucun bénéfice : le prêtre qui dissimule la confession d'un criminel, les sauveteurs qui n'annoncent pas à un enfant que ses parents sont morts dans l'accident d'avion. Si un menteur pense qu'il ne gagne rien à son mensonge, il n'éprouvera probablement aucune culpabilité de tromperie.

Même les tromperies égoïstes peuvent ne pas susciter de culpabilité de tromperie quand le mensonge est autorisé. Les joueurs de poker n'en éprouvent aucune quand ils bluffent. Il en est de même du marchandage, que ce soit dans un bazar du Moyen-Orient, à Wall Street ou dans une agence immobilière. Un article sur le mensonge dans l'industrie déclare : « Le mensonge le plus fameux de tous est sans doute : "C'est ma dernière offre." Dans le monde des affaires, une telle phrase est non seulement acceptée, mais attendue. Durant les négociations collectives, par exemple, personne n'est censé mettre toutes ses cartes sur la table dès le début[11]. » Le propriétaire qui demande plus pour sa maison que ce qu'il accepterait de la vendre ne se sent pas coupable s'il obtient le prix demandé. Son mensonge est autorisé. Comme les participants s'attendent à recevoir des informations fausses et non la vérité, le marchandage et le poker n'entrent pas dans la définition du mensonge. De par leur nature, ces situations comportent l'avertissement préalable que personne ne dira la vérité. Seul un imprudent montre sa main au poker ou demande le prix le plus bas qu'il puisse accepter lorsqu'il met sa maison en vente.

La culpabilité de tromperie est la plus probable quand mentir n'est pas autorisé. Elle devrait être la plus prononcée lorsque la cible est confiante et ne s'attend pas à être dupée parce que l'honnêteté est autorisée entre un menteur et sa cible. Dans ces duperies *opportunistes*, la culpabilité de tromperie sera plus grande si la perte de la cible est au moins égale au gain du menteur. Même dans ce cas, il y aura peu (ou pas) de culpabilité, sauf si le menteur et la cible partagent certaines valeurs. L'adolescent qui dissimule à ses parents sa consommation de marijuana n'éprouvera peut-être pas de culpabilité de tromperie s'il estime que ses parents ont tort de croire que la drogue est dangereuse et s'il croit savoir d'expérience que leur jugement est généralement faussé. S'il estime en plus qu'ils sont hypocrites en consommant de l'alcool et en lui interdisant l'usage d'une autre drogue récréative, il aura encore moins de probabilité d'éprouver de la culpabilité. Même s'il n'est pas d'accord avec ses parents sur

la marijuana et d'autres questions, s'il a encore pour eux de l'attachement et de l'affection, il peut éprouver de la honte s'ils découvrent son mensonge. La honte nécessite le respect de ceux qui réprouvent ; faute de quoi, la réprobation n'apporte que colère et mépris, et non la honte.
Le menteur se sent moins coupable quand sa cible est impersonnelle ou totalement anonyme. Une cliente qui dissimule dans un magasin une erreur de caisse en sa faveur se sentira moins coupable si elle ne connaît pas le caissier. Si celui-ci est le propriétaire ou un membre de sa famille, s'il s'agit d'une petite boutique familiale, la cliente menteuse se sentira plus coupable que si elle se trouvait dans un grand magasin. Si la cible est anonyme, il est plus facile de diminuer sa culpabilité en s'imaginant que la cible n'est pas vraiment lésée, s'en moque, ne remarquera même pas le mensonge ou même mérite d'être lésée ou le désire.
Il y a souvent une relation inverse entre culpabilité de tromperie et appréhension de détection.
Ce qui diminue la culpabilité à propos du mensonge augmente la crainte d'être démasqué.
C'est parce que la dissimulation avait un sens dans leur profession – elle était autorisée – que les élèves infirmières y prêtaient assez attention pour redouter d'échouer dans mon expérience. Elles avaient une forte appréhension de détection et une faible culpabilité de tromperie. L'employeur qui ment à l'employé qu'il soupçonne de détourner de l'argent en dissimulant ses soupçons pour le prendre en flagrant délit a une forte probabilité d'éprouver une appréhension de détection élevée mais une faible culpabilité de détection.
Les facteurs mêmes qui augmentent la culpabilité de tromperie peuvent également diminuer l'appréhension de détection. Un menteur peut se sentir coupable de tromper une cible confiante, mais il aura moins peur d'être démasqué par quelqu'un qui ne s'attend pas à être exploité. Bien sûr, il est possible pour un individu de se sentir à la fois très coupable de mentir et très effrayé d'être démasqué, ou

au contraire très peu. Tout dépend des particularités de la situation, du menteur et du détecteur.

La motivation de certains individus à mentir peut même parfois être partiellement le désir d'éprouver de la culpabilité. Cependant, la plupart des gens trouvent la culpabilité si déplaisante qu'ils cherchent plutôt à la diminuer. Il existe de nombreuses manières de justifier la tromperie. Elle peut être considérée comme la réparation d'une injustice. On peut considérer qu'une cible malveillante ou méchante ne mérite pas qu'on soit honnête avec elle. « Comme le patron est tellement avare et qu'il ne m'a pas récompensé de tout le travail que j'ai fait, je me suis servi tout seul. » La victime peut être vue comme si naïve que le menteur considère que la faute revient à elle et non à lui. Une cible facile ne demande qu'à être touchée.

J'ai mentionné plus haut deux autres justifications du mensonge qui diminuent la culpabilité de tromperie. D'abord, un objectif noble ou une exigence de la fonction : rappelez-vous Nixon qui refusait de qualifier ses contrevérités de mensonges parce qu'elles étaient selon lui nécessaires pour remporter et conserver sa fonction. L'autre justification est la protection de la cible. Parfois, le menteur va jusqu'à prétendre que la cible était consentante. Si la cible a coopéré au mensonge, si elle connaissait la vérité depuis le début mais prétendait le contraire, dès lors, dans un sens il n'y a pas de mensonge et le menteur est déchargé de toute responsabilité. Une cible réellement consentante aide le menteur à entretenir la tromperie en ne remarquant pas les signes qui trahissent le mensonge. Bien sûr, une cible non consentante essaiera, si elle est soupçonneuse, de découvrir la tromperie.

Nous trouvons un intéressant exemple de cible consentante dans l'histoire de Robert Leuci, que j'ai abordée à la fin du chapitre 1. Leuci a connu la gloire grâce au livre et au film *Le Prince de New York* qui se présentent comme un récit authentique. Quand Leuci arriva dans le service des

procureurs fédéraux, ceux-là lui demandèrent quels crimes il avait lui-même commis. Il n'en avoua que trois. Ceux qu'il contribua à inculper déclarèrent qu'il en avait commis bien plus qu'il n'en avait avoué. En conséquence de quoi, puisqu'il avait menti sur son propre passé, les dépositions qu'il faisait contre eux ne pouvaient être prises en compte. Ces allégations ne furent jamais prouvées et beaucoup de gens furent inculpés sur la foi de la déposition de Leuci. Alan Dershowitz, l'avocat de Rosner, l'un des accusés, rapporte une conversation postérieure au procès où Leuci lui avoua qu'il avait effectivement commis d'autres crimes :
« Je lui [Leuci] déclarai qu'il était difficile pour moi de croire que Shaw [le procureur fédéral] n'était pas au courant des autres crimes avant le procès de Rosner.
– Je suis convaincu qu'au fond de son cœur, il savait que j'en avais commis davantage, déclara Leuci. Ce n'était pas possible autrement. Mike Shaw n'est pas un imbécile.
– Dans ce cas, comment a-t-il pu rester sans rien dire pendant que vous mentiez à la barre ? demandai-je.
– Il n'avait pas la certitude consciente que je mentais, continua Leuci. Il le soupçonnait sûrement et en était probablement convaincu, mais je lui avais dit de ne pas insister et il ne l'a pas fait. Je lui ai dit “trois crimes” et il ne devait pas aller plus loin. Les procureurs subornent le parjure tous les jours, Alan. Vous le savez bien[12]. »
Dershowitz apprit plus tard que cet aveu de mensonge était également un mensonge. Un policier, présent lors du premier entretien entre Leuci et les procureurs fédéraux, raconta à l'avocat que Leuci avait avoué dès le début beaucoup plus que les trois crimes qu'il devait reconnaître plus tard publiquement. Les procureurs fédéraux furent complices de Leuci dans la dissimulation de ses antécédents criminels afin de préserver sa crédibilité en tant que témoin : un jury peut croire un policier s'il n'a commis que trois crimes, mais pas s'il en a commis une quantité. Après les procès, quand il fut largement connu que Leuci avait

un casier chargé, ce dernier mentit à Dershowitz, prétendant que les procureurs étaient des victimes consentantes, n'avouant pas qu'ils étaient complices de la dissimulation de son passé criminel pour qu'il tienne sa parole, les protégeant tant qu'eux-mêmes le protégeaient. Ne se fiant pas à l'honneur des voleurs, Leuci aurait conservé un enregistrement de ses aveux aux procureurs. Ainsi, ceux-là ne pourraient jamais prétendre à leur innocence et, comme Leuci avait toujours la possibilité de rendre publique leur parjure sur son témoignage, il pouvait être certain que les procureurs tiendraient leur engagement et le protégeraient de toute poursuite criminelle.

Quelle que soit la vérité concernant Leuci, sa conversation avec Alan Dershowitz fournit un excellent exemple de la manière dont une cible consentante qui tire profit d'un mensonge peut aider le menteur à exécuter la tromperie. Certains peuvent coopérer avec un mensonge pour des raisons moins malveillantes. En matière de politesse, la cible de la tromperie est souvent consentante. L'hôtesse accepte sans chercher à creuser l'excuse d'un invité qui s'éclipse un peu tôt. L'important est l'absence d'affront, prétendument pour épargner l'amour-propre de l'hôtesse. Comme la cible non seulement est consentante mais l'a en un sens exprimé, les contrevérités exigées par l'étiquette de la politesse n'entrent pas dans ma définition du mensonge.

L'amour est un autre exemple de tromperie bénigne, dans laquelle la cible accepte d'être trompée, les deux parties collaborant afin d'entretenir mutuellement leurs mensonges. Comme l'écrit Shakespeare :

« Quand elle jure qu'elle est faite de vérité, je la crois tout en sachant qu'elle ment, aussi peut-elle me penser jeune et innocent, ignorant en fausse mondaine subtilité.

Croyant en vanité que jeune elle me croit, bien qu'elle sache le meilleur de mes jours passé, simplement à sa menteuse langue je fais foi : des deux côtés vérité simple escamotée. Mais pourquoi ne dit-elle pas qu'elle est fausse ? Et

pourquoi ne dis-je pas que je suis vieux? Oh! le meilleur jeu d'amour est sembler confiance, l'âge en amour n'aime pas dire les années.
C'est pourquoi je lui mens, et elle avec moi ment, et dans nos fautes nous sommes flattés en mentant*[13]. »
Bien sûr, les tromperies amoureuses ne sont pas toutes aussi bénignes et les cibles ne sont pas toutes consentantes. Ce n'est pas au menteur qu'il faut se fier pour savoir si sa cible est ou non consentante. Il a tendance à la juger consentante parce que cela atténue sa culpabilité. S'il peut amener sa cible à admettre qu'elle est soupçonneuse, il est au moins en partie déchargé.

Une cible d'abord non consentante peut le devenir au bout d'un certain temps afin d'éviter le coût de la découverte de la tromperie.
Imaginez la pénible situation d'un membre d'un gouvernement qui commence à soupçonner que la maîtresse à laquelle il confie des informations sur son travail est une espionne. De la même manière, un recruteur peut devenir la victime consentante d'un candidat menteur, une fois que celui-là a été embauché, plutôt que de devoir reconnaître une erreur de jugement. Roberta Wohlstetter rapporte de nombreux exemples de dirigeants nationaux devenus des victimes consentantes de leurs adversaires : Chamberlain n'est pas resté un cas isolé. « Dans tous ces exemples d'erreurs persistant sur une longue période, devant des preuves croissantes et parfois patentes, la victime se rassure par des pensées réconfortantes sur la bonne foi de son adversaire et les intérêts communs qu'elle est censée partager avec lui. Un adversaire n'a besoin que d'aider un peu sa victime pour cela ; elle aura tendance à trouver une justification à ce qui sinon aurait paru geste menaçant[14]. »

* Traduction de Pierre-Jean Jouve.

Pour résumer, la culpabilité de tromperie est la plus intense quand:

- la cible n'est pas consentante;
- la tromperie est totalement égoïste, la cible ne tire aucun bénéfice du mensonge et perd au moins l'équivalent de ce que le menteur gagne;
- la tromperie n'est pas autorisée et la situation fait partie de celles où l'honnêteté est autorisée;
- le menteur n'a pas pratiqué la tromperie depuis longtemps;
- le menteur et la cible ont des valeurs sociales communes;
- le menteur a un lien personnel avec la cible;
- la cible ne peut pas être facilement taxée de malveillance ou de naïveté;
- il y a des raisons pour que la cible s'attende à être trompée; tout au contraire, le menteur a agi pour gagner sa confiance.

Le plaisir de duper

Jusqu'ici, je n'ai abordé que les sentiments négatifs qui peuvent apparaître lorsqu'un individu ment: la crainte d'être démasqué et la culpabilité de tromper la cible. Mais mentir peut également susciter des émotions positives. Le mensonge peut être vu comme un exploit.

Le menteur peut éprouver de l'excitation, soit dans l'anticipation du défi à relever, soit au moment même du mensonge, quand la réussite n'est pas encore certaine. Par la suite, il peut connaître le plaisir du soulagement, la fierté de l'exploit accompli ou un mépris satisfait envers sa cible. Le plaisir de duper recouvre tout ou partie des sentiments qui peuvent, s'ils ne sont pas dissimulés, trahir la tromperie. Nous trouvons un exemple innocent du plaisir de duper lorsqu'une plaisanterie consiste à mener en bateau un ami crédule. Le plaisantin doit dissimuler son plaisir de duper, même si sa performance est en grande partie destinée à un public qui apprécie que le naïf se laisse berner.

Le plaisir de duper est plus ou moins intense. Il peut être inexistant, presque insignifiant en comparaison de l'appréhension de détection ressentie, ou bien être si intense que certains signes comportementaux le trahissent. Un individu peut avouer sa tromperie afin de partager le plaisir qu'il a éprouvé à jouer un bon tour. Certains criminels révèlent leurs méfaits à des amis, des inconnus, voire à la police afin d'être reconnus et appréciés pour leur habileté à avoir réussi une tromperie particulière.

Comme l'alpinisme ou les échecs, le mensonge peut être agréable seulement s'il comporte un certain risque. Quand j'étais étudiant à l'université de Chicago, c'était très à la mode de voler des livres dans la librairie de l'université. Quasi-rite d'initiation pour les nouveaux, le vol se limitait généralement à quelques livres et l'exploit était clamé sur les toits et apprécié. La culpabilité de tromperie était faible. La culture estudiantine estimait qu'une librairie d'université devait être une coopérative et qu'étant un établissement commercial, elle méritait d'être volée. L'appréhension de détection était faible parce qu'il n'y avait aucun système de sécurité dans la librairie universitaire. Un seul étudiant fut pris durant mes études là-bas, et ce fut à cause de son plaisir de duper. Bernard ne se satisfaisait pas du défi représenté par un vol ordinaire. Il avait fallu qu'il augmente le risque pour en tirer fierté, montrer son mépris pour la librairie et gagner l'admiration qu'il recherchait de ses camarades. Il ne volait que de gros livres d'art, qui étaient très difficiles à dissimuler. Au bout d'un moment, l'exploit ne suffisant plus, il monta la barre en volant trois ou quatre livres en même temps. C'était encore trop facile. Il commença à narguer les employés. En s'attardant autour de la caisse avec ses larcins sous le bras, bien en évidence. Le plaisir de duper l'amena à tenter le destin de plus en plus. Ce furent les signes comportementaux de ce plaisir qui le trahirent en partie. Il fut pris. On retrouva des centaines de livres dans sa chambre. Bernard devint plus tard milliardaire grâce à une affaire tout à fait respectable.

Il existe d'autres manières d'augmenter le plaisir de duper. Une victime qui a la réputation d'être difficile à berner peut ajouter un peu de sel à l'exploit et accroître le plaisir de duper. Des tiers au courant de ce qui se trame peuvent également augmenter le plaisir, même s'ils ne sont pas physiquement présents, du moment qu'ils sont attentifs et connaisseurs. S'ils sont présents et savourent la performance du menteur, celui-là peut éprouver un tel plaisir qu'il aura beaucoup de mal à le dissimuler. Quand un enfant ment à un autre devant des camarades, il peut être si comblé de voir combien il les distrait que son plaisir prend le dessus et met fin à toute la comédie. Un joueur de poker habile est capable de contrôler tout signe de plaisir de duper. S'il reçoit une main gagnante, son comportement doit conduire les autres à penser qu'elle n'est pas très bonne, afin qu'ils augmentent la mise et restent dans le jeu. Et il doit également se dissimuler vis-à-vis des spectateurs de la partie, par exemple en évitant tout contact visuel avec eux.

Il est possible que certains individus soient plus prédisposés au plaisir de duper. Aucun scientifique ne les a encore étudiés ni n'a même vérifié leur existence. Pourtant, il semble évident que certaines personnes se vantent plus que d'autres et sont donc plus vulnérables au plaisir de duper.

Quand il ment, un individu peut éprouver du plaisir de duper, de la culpabilité de tromperie et de l'appréhension de détection – successivement ou simultanément.

Revenons au poker. Dans un bluff, quand un joueur qui a une mauvaise main prétend en avoir une bonne afin que les autres se couchent, il peut y avoir une appréhension de détection si les mises sont très élevées. À mesure que le bluffeur voit ses adversaires se coucher, il peut également éprouver du plaisir de duper. Comme les informations fausses sont autorisées, il ne doit éprouver aucune culpabilité de tromperie, du moment qu'il ne triche pas. Un individu qui détourne de l'argent éprouve les trois émotions : du plaisir d'avoir trompé ses collègues et son employeur ; de l'appréhension à tout moment quand il pense qu'il y a des soupçons ; et peut-être de la culpabilité d'avoir enfreint la loi et trahi la confiance que lui avait accordée son entreprise.

Pour résumer, le plaisir de duper est le plus intense quand :

- la cible représente un défi, a la réputation d'être difficile à berner ;
- le mensonge est un défi à cause de ce qui doit être soit dissimulé, soit inventé ;
- des tiers assistent au mensonge ou en sont informés et apprécient l'habileté du menteur.

Appréhension, culpabilité, plaisir, tous peuvent apparaître dans des expressions faciales, la voix ou les gestes, même quand le menteur tente de les dissimuler. Même s'il n'y a aucune fuite non verbale, les efforts pour les empêcher peuvent produire un indice de tromperie. Les deux chapitres suivants expliquent comment déceler la tromperie dans les paroles, la voix, la gestuelle et le visage.

Chapitre 3

Détection de la tromperie dans les paroles, la voix ou les indices corporels

« Et comment pouvez-vous savoir que j'ai dit un mensonge ?
– Les mensonges, mon cher enfant, sont aussitôt découverts, car ils sont de deux espèces. Certains ont de petites jambes, et d'autres un long nez. Il se trouve que le tien fait partie de ces derniers*. »

Les gens mentiraient moins s'ils pensaient qu'il existe des signes certains de mensonge, mais ce n'est pas le cas. **Il n'existe aucun signe de tromperie en soi** – ni geste, ni expression faciale, ni tressaillement musculaire qui en lui même signifie qu'un individu ment. Il n'existe que des indices signalant que l'individu est mal préparé ou que ses émotions ne sont pas conformes à ce qu'il énonce. C'est ce que nous fournissent les fuites ou indices de

* *Pinocchio*, 1892.

tromperie. Le détecteur doit apprendre comment l'émotion est véhiculée par les paroles, la voix, la gestuelle et le visage, quelles traces en subsistent malgré les efforts du menteur pour dissimuler ses émotions, et ce qui trahit les émotions simulées. Repérer la tromperie exige de comprendre comment ces comportements peuvent révéler qu'un menteur invente au fur et à mesure.

Détecter un mensonge n'est pas une mince affaire. L'une des difficultés est le *bombardement d'information.*
Trop d'éléments doivent être considérés en même temps. Les sources sont trop nombreuses : mots, pauses, intonation, expressions, mouvement de la tête, gestes, postures, respiration, rougeur ou pâleur, transpiration, etc. Et toutes ces sources peuvent transmettre de l'information simultanément ou successivement, mobilisant toute l'attention du détecteur. Heureusement, celui-là n'a pas besoin de scruter avec autant de soin tout ce qu'il voit et entend. Durant une conversation, les sources d'information ne sont pas toutes fiables. Certaines fuitent davantage que d'autres. Assez étrangement, la plupart des gens prêtent le plus d'attention aux sources les moins fiables – paroles et expressions faciales – et sont ainsi facilement trompés.

Le menteur ne dirige et maîtrise généralement pas la totalité de son comportement. Il en serait probablement incapable, même s'il le voulait.
Il est inconcevable qu'un individu puisse maîtriser tout ce qui en lui peut le trahir, de la tête aux pieds. Au lieu de quoi, le menteur dissimule et feint ce qu'il estime que son interlocuteur va surveiller le plus. Il a tendance à prêter une attention toute particulière au choix de ses mots. Tout le monde apprend en grandissant que la plupart des gens écoutent avec attention ce qu'on leur dit. Les paroles

bénéficient d'une telle attention parce qu'elles sont d'évidence le moyen de communiquer le plus riche et le plus nuancé. Les mots transmettent beaucoup plus de messages, et plus rapidement, que le visage, la voix ou le corps. Le menteur censure ce qu'il énonce, dissimulant soigneusement les messages qu'il ne désire pas délivrer, non seulement parce qu'il a appris que tout le monde prête attention à cette source, mais aussi parce qu'il sait qu'on le tiendra plus responsable de ses paroles que de son intonation, ses expressions faciales ou ses gestes. On peut toujours nier avoir eu une expression fâchée ou un ton dur. L'accusation peut être retournée : « Vous l'avez perçu ainsi. Il n'y avait pas la moindre colère dans ma voix. » Il est beaucoup plus difficile de nier avoir prononcé des paroles agressives. Elles demeurent, peuvent être répétées et sont difficiles à désavouer entièrement.

Si les mots sont si soigneusement surveillés et si souvent l'objet de la feinte, c'est qu'il est plus facile de feindre – déclarer des choses qui ne sont pas vraies – avec des mots. Ce qui va être dit peut être écrit et reformulé au préalable. Seul un acteur très habile pourrait planifier aussi précisément chaque expression faciale, geste et inflexion de voix. Les paroles sont faciles à répéter. Le locuteur dispose d'un feed-back, il entend ce qu'il dit et est donc en mesure de peaufiner son message. Le feed-back du visage, du corps et de la voix est beaucoup moins juste et précis.

Après les paroles, c'est le visage qui est l'objet de l'attention de l'interlocuteur. Des commentaires sont souvent donnés sur l'expression du visage : « Ne fais pas cette tête-là ! », « Souris quand tu dis cela ! », « Épargne-moi ce regard insolent ! ». Le visage bénéficie d'une telle attention en partie parce qu'il est la marque et le symbole de l'identité. C'est principalement grâce à lui que nous distinguons un individu d'un autre. Les visages sont des icônes, nous leur rendons hommage en exposant des photos au mur ou sur un bureau, nous en avons sur nous dans notre portefeuille[1].

Une étude récente a découvert qu'une partie du cerveau est spécialisée dans la reconnaissance des visages[2].
Les gens prêtent attention aux visages pour un grand nombre de raisons. Le visage est le site primaire de l'expression des émotions. Tout comme l'intonation, il peut indiquer à l'auditeur ce qu'éprouve le locuteur sur ce qui est dit – mais pas toujours exactement, puisqu'un visage peut mentir sur les émotions. S'il a du mal à entendre, l'auditeur peut observer les lèvres du locuteur pour deviner ce qu'il dit. L'attention accordée au visage fournit également un signal important pour le déroulement de la conversation. Le locuteur veut savoir si son auditeur l'écoute. Regarder le visage du locuteur implique cela, mais ce n'est pas le signal le plus fiable. Un auditeur poli mais qui s'ennuie peut regarder le visage du locuteur tout en pensant à autre chose. L'auditeur encourage également le locuteur avec des hochements de tête et des ponctuations (« mmm-mmm »), mais ceux-là peuvent être feints.
Aussi, la plupart des gens, quand ils parlent, sont dépendants des réactions de leur auditeur et, s'ils n'en reçoivent pas, demandent rapidement: « Vous m'écoutez? » Peu d'individus sont des systèmes clos qui parlent sans se soucier des réactions de leurs auditeurs.

En comparaison de l'attention abondamment consacrée aux paroles et au visage, le corps et la voix sont moins bien lotis. Ce n'est pas très grave, puisque en général le corps fournit beaucoup moins d'informations que le visage, et la voix, beaucoup moins que les paroles. Les gestes des mains peuvent apporter de nombreux messages, comme dans le langage des sourds-muets, mais ils ne sont pas courants dans le langage parlé des Européens du Nord et des Américains.
Dans les scieries, par exemple, les ouvriers qui doivent communiquer, mais ne peuvent le faire à cause du bruit,

pratiquent un système de gestes très complexe. Pour la même raison, les pilotes et équipes d'appontage utilisent une gestuelle codée.
La voix, comme le visage, peut montrer si un individu est ému ou non, mais on ignore encore si elle peut fournir autant d'informations que le visage sur la nature précise des émotions éprouvées.

Le menteur surveille et s'efforce de contrôler ses paroles et son visage – il sait que c'est ce que remarque l'auditeur – **plus que sa voix ou son corps.**
Il y parvient plus facilement pour les paroles que pour le visage. Feindre avec des mots est plus facile qu'avec une expression faciale car, comme je l'ai dit, des paroles peuvent être plus facilement répétées que des expressions. Les dissimuler est aussi plus facile. L'individu peut surveiller plus aisément ses paroles que son visage et censurer tout ce qui pourrait le trahir. C'est beaucoup plus difficile de savoir ce que montre son visage. Pour obtenir un feed-back aussi net, il faudrait avoir un miroir en permanence devant soi. Si des sensations dans le visage peuvent signaler que tel ou tel muscle bouge, mes recherches ont démontré que la plupart des individus n'utilisent guère cette information. Peu sont conscients des expressions qui apparaissent sur leur visage, sauf quand elles sont extrêmes.
Les neuroscientifiques ne sont pas certains du circuit qui nous fournit des informations sur les modifications de nos propres expressions ni si nous les percevons précisément. Mes recherches indiquent que nous ne ressentons pas très bien les expressions que nous prenons et que la plupart du temps nous n'accordons qu'une faible attention aux sensations de notre visage.
Il y a une autre raison, plus importante, pour laquelle le visage offre plus d'indices de tromperie que les paroles.

Le visage est directement connecté aux zones du cerveau impliquées dans l'émotion, pas l'élocution.
Quand une émotion apparaît, des muscles faciaux commencent à réagir involontairement.
C'est seulement par choix ou habitude que l'individu peut apprendre à agir sur ces expressions et essayer, avec plus ou moins de succès, de les dissimuler. L'expression faciale qui apparaît lors d'une émotion n'est pas choisie volontairement, sauf si elle est feinte. Les expressions faciales sont un système double – volontaire et involontaire, mentir et dire la vérité, souvent simultané. C'est pourquoi ces expressions peuvent être si complexes, ambiguës et fascinantes.
Les individus soupçonneux devraient faire plus attention à la voix et à la gestuelle. La voix, comme le visage, est reliée aux zones du cerveau impliquées dans l'émotion. Il est très difficile de dissimuler certains changements d'intonation qui se produisent lors d'une émotion. Et le feedback sur ce point, nécessaire pour qu'un menteur puisse surveiller comment il est perçu, n'est probablement pas aussi bon que pour les paroles elles-mêmes. Les gens sont surpris quand ils entendent pour la première fois leur voix enregistrée, car comme ils la perçoivent habituellement par résonance osseuse, elle leur paraît différente.
La gestuelle est également une source abondante de fuites et d'indices de tromperie. Contrairement au visage et à la voix, la plupart des mouvements du corps ne sont pas directement reliés aux zones du cerveau impliquées dans l'émotion. La surveillance de la gestuelle n'est donc pas nécessairement difficile. Un individu peut sentir, et souvent voir ses propres mouvements. Il pourrait être beaucoup plus facile de dissimuler des gestes que des expressions faciales ou une intonation en cas d'émotion. Mais la plupart des gens ne se donnent pas cette peine, ayant appris en grandissant que ce n'est pas nécessaire. On tient rarement responsable un individu de ce que révèlent ses gestes. La gestuelle compte parce qu'elle est

laissée de côté : tout le monde s'attache trop à surveiller le visage et à évaluer les paroles.
Si nous savons tous que les mots peuvent mentir, j'ai découvert dans mes recherches que les gens croient leurs interlocuteurs sur parole et sont souvent trompés. L'individu commet des erreurs verbales qui peuvent fournir des fuites comme des indices de tromperie.
Et même s'il n'y a aucune erreur dans les paroles, **c'est l'écart entre le message verbal et ce que révèlent l'intonation, la gestuelle et le visage qui trahit souvent un mensonge.**
Mais la plupart des indices de tromperie fournis par le visage, la gestuelle et l'intonation sont souvent ignorés ou mal interprétés. Je l'ai découvert dans plusieurs études où j'ai demandé à des sujets de juger les individus dans un film qui leur était projeté.
Certains voyaient seulement le visage, d'autres le corps, d'autres entendaient la voix filtrée de manière à rendre les mots inintelligibles, le son restant intact, et les derniers entendaient ou lisaient les paroles. Tous virent les mêmes personnes – les élèves infirmières du chapitre précédent, qui disaient la vérité ou mentaient sur les émotions ressenties devant un film. Rappelons que dans la phase de vérité, elles regardaient un film agréable de scènes maritimes et devaient décrire leurs émotions sincèrement. Et que dans la phase mensonge, elles regardaient un film de scènes médicales sanglantes et devaient convaincre leur interlocuteur qu'il s'agissait d'un joli film sur des fleurs. Leur interlocuteur ne pouvait pas voir quelles images leur étaient projetées. Les infirmières s'efforçaient de lui mentir, car l'enjeu était très élevé : il leur avait été dit que l'expérience vérifiait si elles seraient capables de maîtriser leurs réactions émotionnelles aux urgences ou au bloc opératoire.
Dans cette étude visant à estimer la capacité d'individus à détecter les infirmières qui mentaient, il nous intéressait de savoir non seulement quelle était la meilleure source

d'information – visage, gestuelle, voix, paroles – mais aussi si les individus soupçonneux avaient de meilleurs résultats que ceux supposés plus faciles à tromper. Nous divisâmes les individus qui devaient voir ou entendre la vidéo en deux groupes. De manière à éveiller les soupçons, les membres du premier reçurent des informations sur les personnes qu'ils devaient évaluer. Ceux du second n'en reçurent aucune et il ne fut pas fait mention de tentatives de tromperie ou mensonge. Nous annonçâmes seulement qu'ils verraient ou entendraient des gens parler d'un film qui leur était projeté. Afin qu'ils n'aient aucun soupçon, la question sur la sincérité fut noyée parmi une longue liste d'autres évaluations qu'ils devaient faire sur quantité d'autres critères.

Si quelques infirmières, très mauvaises menteuses, furent facilement détectées, la plupart d'entre elles trompèrent les membres du groupe non soupçonneux. Ceux qui virent seulement leur visage ou entendirent uniquement leurs paroles eurent les pires résultats : ils jugèrent les infirmières honnêtes alors qu'elles mentaient. Les membres du groupe soupçonneux ne s'en tirèrent pas mieux. Ils avaient été informés de toutes les instructions données aux infirmières et savaient qu'ils devaient juger si elles mentaient ou disaient la vérité. Aucune autre question ne leur était posée. Très peu firent mieux que quelqu'un qui aurait décidé au hasard. Ceux qui voyaient le corps obtinrent les meilleurs résultats, mais n'eurent juste que dans 65 % des cas, alors qu'un jugement au hasard aurait été de 50 %[3]. Quelques-uns eurent d'excellents résultats et identifièrent correctement 85 % des menteuses. Certains étaient des psychothérapeutes très expérimentés avec la réputation d'être experts dans leur domaine. D'autres étaient simplement des individus exceptionnellement sensibles, d'une autre profession.

Être trompé n'est pas inéluctable. Des individus ayant lu ce livre se sont révélés dans ce même test d'aussi bons juges que les psychothérapeutes expérimentés. On peut apprendre à déceler la tromperie. Le détecteur a plus de chances de son côté si la tromperie implique une émotion et si le menteur n'est pas un psychopathe, un individu très entraîné ou un menteur-né. Trois objectifs doivent être atteints : repérer plus souvent les menteurs ; méjuger moins souvent ceux qui disent la vérité ; et, plus important encore, savoir quand il est impossible de faire l'un ou l'autre.

Les paroles

Curieusement, beaucoup de menteurs sont trahis par leurs paroles en raison de leur négligence. Ce n'est pas qu'ils sont incapables de déguiser ce qu'ils disent ni qu'ils s'y prennent mal, mais simplement qu'ils ne sont pas assez méticuleux. Un dirigeant raconte ainsi le cas d'une personne qui avait posé sa candidature dans son entreprise sous deux noms différents la même année. Quand on lui demanda comment il s'appelait, « l'homme, qui s'était présenté la première fois sous le nom de Leslie d'Ainter et avait utilisé ensuite Lester Dainter, expliqua vaguement qu'il avait changé de prénom parce que Leslie faisait trop féminin, et modifié son nom de famille pour qu'il soit plus facile à prononcer. Mais ce furent ses références qui le trahirent vraiment. Il présenta trois lettres de recommandation élogieuses. Seulement, les trois "employeurs" avaient mal orthographié le même mot[4] ».

Les lapsus verbaux

Même un menteur soigneux peut être trahi par ce que Freud a le premier identifié comme un lapsus verbal. Dans sa *Psychopathologie de la vie quotidienne*, il démontra comment les erreurs du quotidien, comme les lapsus verbaux, l'oubli de noms familiers et les erreurs de lecture ou d'écriture ne sont pas des accidents mais des événements significatifs révélant des conflits psychologiques intérieurs. Le lapsus verbal exprime, dit-il, « quelque chose que l'on ne veut pas dire : il devient un acte d'autotrahison[5] ». Freud ne s'intéressait pas particulièrement à la tromperie, mais l'un de ses exemples porte sur un lapsus verbal qui trahit un mensonge. Il s'agit de l'expérience du Dr Brill, l'un des premiers et bien connus disciples de Freud :

« Je partis faire une promenade un soir avec le Dr Frink, et nous discutâmes de certaines affaires de la Société psychanalytique de New York. Nous croisâmes un confrère, le Dr R., que je n'avais pas vu depuis des années et dont je ne connaissais pas la vie privée. Nous étions très heureux de nous revoir et, sur mon invitation, il nous accompagna dans un café où nous bavardâmes pendant deux heures. Il semblait tout savoir de moi, car après les salutations d'usage, il me questionna sur mon jeune enfant et me déclara qu'il avait de temps en temps de mes nouvelles par un ami commun et s'intéressait à mon travail qu'il suivait dans la presse médicale. Quand je lui demandai s'il était marié, il me répondit que non et ajouta : "Pourquoi un homme comme moi devrait-il se marier ?"

« Nous quittions le café quand il se retourna soudain et me demanda : "J'aimerais savoir ce que vous feriez dans un cas comme celui-ci : j'ai comme patiente une infirmière qui a été accusée d'être la maîtresse d'un homme lors d'un procès en divorce. C'est l'épouse qui l'a citée et a intenté le procès au mari, et il a obtenu le divorce. – Vous voulez dire que c'est elle qui l'a obtenu", le coupai-je. "Oui, bien sûr, se corrigea-t-il aussitôt. C'est elle qui l'a obtenu." Et il continua de me parler de l'infirmière si affectée par le procès et le scandale qu'elle s'était mise à boire, était devenue très angoissée, etc. Il voulait que je le conseille pour le traitement de sa patiente.

« À peine avais-je corrigé son erreur que je lui demandai de l'expliquer, mais j'eus droit à la réponse étonnée habituelle : tout le monde pouvait faire un lapsus verbal, ce n'était qu'un accident, cela ne voulait rien dire, etc. Je répondis qu'il y avait toujours une raison à chaque erreur de ce genre et que, s'il ne m'avait pas dit qu'il n'était pas marié, j'aurais été tenté de supposer que c'était lui le héros de l'histoire. En effet, dans ce cas, le lapsus verbal pouvait être expliqué par son regret de ne pas avoir obtenu le divorce aux dépens de sa femme et d'être obligé de payer une pension alimentaire. Il réfuta fermement cette conjecture, mais la réaction émotionnelle excessive qui l'accompagna, une certaine agitation suivie d'un rire, ne fit que renforcer mes soupçons. Je lui demandai de me dire la vérité dans l'intérêt de la science et il répondit : "À moins de vouloir que je mente, vous devez me croire, je n'ai jamais été marié et votre interprétation psychanalytique est donc fausse." Il ajouta que quelqu'un qui prêtait attention à la moindre peccadille était positivement dangereux, puis il se rappela soudain qu'il avait un rendez-vous et nous laissa.

« Le Dr Frink et moi étions toujours convaincus que mon interprétation était juste et je décidai de me renseigner. Quelques jours plus tard, je rendis visite à un voisin, un vieil ami du Dr R., qui me confirma mon explication dans ses moindres détails. Le procès en divorce avait eu lieu quelques semaines plus tôt et l'infirmière avait été citée comme la maîtresse[6]. »

Selon Freud, « le refoulement de l'intention du locuteur de dire quelque chose est la condition indispensable pour l'occurrence d'un lapsus[7] ». Le refoulement pourrait être délibéré si le locuteur ment, mais Freud s'intéressait davantage aux situations où le locuteur n'est pas conscient de ce refoulement. Une fois que le lapsus verbal est commis, le locuteur peut reconnaître ce qui a été refoulé ; ou bien, même dans ce cas, il est possible qu'il n'en prenne pas conscience.

Le détecteur doit être prudent et ne pas partir du principe que tout lapsus verbal est une preuve de mensonge. Généralement, le contexte dans lequel il se produit devrait aider à deviner si le lapsus verbal trahit ou non un mensonge. Le détecteur doit également éviter l'erreur de considérer quelqu'un comme sincère simplement parce qu'il ne commet pas de lapsus verbal. Beaucoup de mensonges n'en comportent pas. Freud n'a pas expliqué pourquoi certains mensonges sont trahis par un lapsus verbal alors que ce n'est pas le cas pour la plupart. Il est tentant de penser que le lapsus verbal se produit quand le menteur désire être démasqué, quand il se sent coupable de mentir. Certes, le Dr R. devait éprouver de la culpabilité de tromperie en mentant à son estimé confrère. Mais il n'y a aucune étude – ni même de spéculation – qui explique pourquoi certains mensonges sont trahis par un lapsus verbal.

Les tirades

La tirade est une autre manière par laquelle le menteur se trahit en parlant. Elle est différente du lapsus verbal. Cette faute ne se résume pas à un mot ou deux. Là, la langue ne fourche pas, elle débite. Le menteur est emporté par l'émotion et ne se rend compte que trop tard de ce qu'il révèle. Souvent, si le menteur était resté calme, il n'aurait pas dévoilé l'information cruciale. C'est la pression d'une émotion irrépressible – fureur, horreur, terreur, désarroi – qui pousse le menteur à la divulguer.

Le risque Brokaw

Tom Brokaw, ancien intervieweur du *Today Show*, décrivit une autre source d'indice de tromperie. « La plupart des indices que je reçois des gens sont verbaux, et non physiques. Je ne guette pas sur le visage d'un interlocuteur des signes qui indiquent qu'il ment. Ce que je cherche, ce sont des réponses alambiquées ou évasives[8]. »

Quelques études sur la tromperie corroborent l'intuition de Brokaw en indiquant que **certains individus, quand ils mentent, fournissent des réponses indirectes, compliquées et donnent plus d'informations qu'il ne leur est demandé.**
D'autres recherches ont démontré précisément le contraire : la plupart des gens sont trop malins pour être évasifs et indirects dans leurs réponses.
De plus, il est difficile de savoir quoi tirer de cela et des autres contradictions dans la littérature scientifique sur la tromperie, étant donné que les expériences ne sont en elles-mêmes guère fiables. Presque tous les participants sont des étudiants, qui mentent sur des questions peu importantes sans véritable enjeu. La plupart des expériences dans ce domaine ont fait preuve d'assez peu de réflexion sur le type de mensonge étudié, généralement choisi pour sa facilité à être organisé en laboratoire. Par exemple, il a été demandé à des étudiants de se faire les avocats d'une opinion contraire à la leur sur la peine capitale ou l'avortement. Ou encore de dire le contraire de ce qu'ils pensaient d'une personne dont on leur montrait la photo. De telles expériences négligeaient la relation du menteur à sa cible et en quoi elle influençait ses efforts pour mentir avec succès. Généralement, menteur et cible ne se connaissaient pas et n'avaient aucune raison de penser qu'ils se reverraient. Parfois, il n'y avait pas de véritable cible et le sujet mentait simplement devant un micro. De tels menteurs pourraient échapper à Tom Brokaw. Un

danger pire serait de taxer de menteur un individu qui s'exprime de manière compliquée ou évasive. Certaines personnes s'expriment ainsi ; pour elles, ce n'est pas un signe de mensonge, mais simplement leur manière de parler. Tout comportement qui constitue un indice de tromperie utile sera pour certains individus leur attitude habituelle. **J'ai appelé cette possibilité de porter un jugement erroné sur de telles personnes *le risque Brokaw*.**
Les détecteurs sont susceptibles de risque Brokaw quand ils ne connaissent pas le suspect, qu'ils ne sont pas familiers des particularités de son comportement habituel.

Aucune autre source de fuite ou d'indice de tromperie dans les paroles n'a été découverte par la science pour le moment. Je ne pense pas que l'on puisse en trouver d'autres. Il est trop facile pour un menteur de dissimuler et feindre en paroles, même si des erreurs peuvent se produire – négligence, lapsus verbal, tirade, langage alambiqué ou indirect.

La voix

Le terme « voix » recouvre tout ce qui constitue la parole, à l'exception des mots eux-mêmes. **L'indice de tromperie le plus courant est la pause.** Elle peut être trop longue ou trop fréquente. Hésiter avant de prendre la parole, notamment quand il s'agit de répondre à une question, peut éveiller le soupçon. Tout comme des pauses plus courtes dans l'élocution, si elles se produisent assez fréquemment. **Les erreurs peuvent également être des indices.** Il s'agit de ponctuations sans signification, comme « euh, aah, hum » ; de répétitions, par exemple : « Je... je... je veux dire... » ; et de bégaiements, par exemple « j'ai beau-beaucoup aimé ». Ces indices vocaux de tromperie – pauses et erreurs –

peuvent se produire pour deux raisons liées. Le menteur n'a peut-être pas préparé sa réponse. S'il ne prévoyait pas de mentir ou s'il y était préparé, mais n'avait pas prévu une question particulière, il peut hésiter ou commettre des erreurs. Mais cela peut aussi arriver si la réplique est bien préparée. Un haut niveau d'appréhension de détection peut amener le menteur à bégayer ou oublier son texte. L'appréhension de détection peut également renforcer les erreurs du menteur mal préparé : en entendant sa piètre performance, il peut avoir encore plus peur d'être démasqué, ce qui ne fait qu'accroître les pauses et les erreurs.

La tromperie peut également être révélée par l'intonation. Si beaucoup de gens pensent que l'intonation indique quelle émotion un individu éprouve, les scientifiques qui étudient la voix n'en sont toujours pas certains. Ils ont découvert de nombreuses manières de distinguer entre intonations plaisantes et déplaisantes, mais ils ignorent encore si l'intonation change selon telle ou telle émotion négative (colère, peur, détresse, dégoût ou mépris). Je pense que ces différences finiront par être identifiées. Pour le moment, je me contenterai de rapporter ce qui est connu, et cela paraît encourageant.

Le signe d'émotion vocal le mieux étudié est la tonalité, c'est-à-dire la hauteur du son. Dans environ 70 % des cas, quand le sujet est bouleversé, la tonalité est plus aiguë. C'est probablement d'autant plus vrai quand l'émotion est la colère ou la peur. Il a été parfois constaté que la tonalité est plus grave dans le cas de la tristesse ou du chagrin, mais ce n'est pas certain. Les scientifiques n'ont pas encore appris s'il se produisait un changement de tonalité dans le cas de l'excitation, de la détresse, du dégoût ou du mépris. D'autres signes d'émotion, pas aussi avérés mais prometteurs, sont un débit plus rapide et un volume plus élevé dans le cas de la colère ou de la peur, et un débit plus lent et un volume plus faible pour la tristesse.

Les modifications de la voix produites par l'émotion ne

sont pas faciles à dissimuler. Si le mensonge concerne principalement des émotions éprouvées au moment même de mentir, il y a de grands risques de fuite. Si le but du mensonge est de dissimuler peur ou colère, la voix sera plus aiguë et plus forte, et le débit probablement plus rapide. Ce sera exactement le contraire si le menteur tente de dissimuler de la tristesse.

L'intonation peut également trahir des mensonges non destinés à dissimuler une émotion dans le cas où une émotion survient. L'appréhension de détection produira une intonation de peur. La culpabilité de tromperie peut induire les mêmes modifications d'intonation que la tristesse, mais ce n'est qu'une hypothèse. On ignore encore si le plaisir de duper peut être isolé et mesuré dans la voix. J'estime que tout type d'excitation a une signature vocale spécifique, mais cela doit encore être prouvé.

Notre expérience avec les élèves infirmières fut l'une des premières à identifier un changement de tonalité lors de la tromperie[9]. Nous avons découvert que la voix devenait plus aiguë. Nous pensons que c'est parce que les infirmières avaient peur, et cela pour deux raisons. Nous nous étions efforcés d'élever l'enjeu au maximum pour qu'elles éprouvent une forte appréhension de détection. Ensuite, regarder les scènes sanglantes a provoqué une peur empathique chez certaines des infirmières. Nous n'aurions pas découvert ce résultat si l'une de ces causes de peur avait été moindre. Imaginons que nous ayons étudié des individus dont le choix de carrière n'était pas en question, pour lesquels il s'agissait seulement d'une expérience. Avec un enjeu faible, ils n'auraient peut-être pas éprouvé assez de peur pour provoquer un changement de tonalité. Ou encore, si nous avions choisi de montrer le film d'un enfant mourant, cela aurait provoqué plus de tristesse que de peur. Alors que leur crainte d'être démasquées aurait provoqué une élévation de tonalité, cette réaction

aurait été contrebalancée par des sentiments de tristesse abaissant la tonalité.
Une tonalité aiguë n'est pas un indice de tromperie. C'est un signe de peur ou de colère, et peut-être aussi d'excitation. Dans notre expérience, l'une des infirmières présenta ce signe alors qu'elle regardait le film des fleurs. Il y a donc danger à interpréter tout signe vocal d'émotion comme une preuve de tromperie. Un individu sincère qui craint de ne pas être cru peut, par crainte, avoir le même changement de tonalité qu'un menteur qui redoute d'être démasqué. Pour le détecteur, le problème est que l'innocent est parfois tout aussi ému que le menteur.

De la même façon qu'un signe vocal d'émotion comme la tonalité n'indique pas nécessairement un mensonge, l'absence de tout signe vocal d'émotion ne signale pas obligatoirement la sincérité.
La crédibilité de la déposition de John Dean durant les auditions télévisées du Watergate au Sénat reposa en partie sur l'interprétation de l'absence d'émotion dans sa voix, à l'intonation remarquablement uniforme et régulière. Douze mois avaient passé après l'effraction au siège du parti démocrate quand eut lieu la déposition de John Dean, conseiller de Nixon. Nixon avait finalement avoué, un mois plus tôt, que son entourage avait tenté d'étouffer l'affaire, mais il niait en avoir eu connaissance.
Comme le raconte le juge fédéral John Sirica : « Les lampistes qui avaient étouffé l'affaire avaient été confondus, en grande partie par leurs dépositions réciproques. Il restait à déterminer la culpabilité ou l'innocence de leurs supérieurs. Et c'est la déposition de Dean qui devait être au cœur de la question. Il prétendit qu'il avait répété à Nixon qu'il faudrait un million de dollars pour faire taire les victimes de l'effraction et que Nixon avait répondu que l'argent était disponible. Aucun choc, aucune récrimination,

pas de refus. Ce fut l'accusation la plus sensationnelle de Dean. Il disait que Nixon lui-même avait approuvé la tentative de corruption des plaignants[10]. »

Le lendemain, la Maison-Blanche réfuta les propos de Dean. Dans ses *Mémoires*, publiés cinq ans plus tard, Nixon écrivit : « J'ai estimé que la déposition de John Dean sur le Watergate était un habile mélange de vérité et de contrevérité, de possible méprise sincère et de déformations clairement conscientes. Pour minimiser son propre rôle, il avait déplacé sa parfaite connaissance de l'opération et son angoisse dans les paroles et les actions d'autres personnes[11]. » À l'époque, les attaques contre Dean furent plus rudes. Des rumeurs, censées provenir de la Maison-Blanche, furent fuitées à la presse, prétendant que Dean mentait et attaquait le président parce qu'il avait peur d'être violé s'il allait en prison.

C'était la parole de Dean contre celle de Nixon, et peu de gens savaient avec certitude qui disait la vérité. Le juge Sirica exprima ses doutes ainsi : « Je dois dire que j'étais sceptique devant les allégations de Dean. C'était d'évidence un personnage clé dans la tentative d'étouffement de l'affaire. Il avait beaucoup à perdre. Il m'a paru à l'époque qu'il cherchait plus à se protéger en impliquant le président qu'à dire la vérité[12]. »

Sirica parle ensuite de l'impression que lui laissa la voix de Dean : « Pendant des jours, après sa lecture de sa déposition, le comité le cribla de questions hostiles. Mais il ne dévia pas de sa version. Il ne semblait éprouver aucune émotion. Son intonation neutre et calme le rendait crédible[13]. » Pour d'autres, un individu qui parle sur ce ton donne l'impression de se contrôler, ce qui peut indiquer qu'il a quelque chose à cacher. Pour ne pas commettre d'erreur d'interprétation de l'intonation neutre de Dean, il faudrait savoir si elle lui est ou non caractéristique.

L'absence de signe d'émotion dans la voix n'est pas une preuve de sincérité : certaines personnes ne montrent

jamais d'émotion, du moins pas dans la voix. Et il se peut qu'un individu soit ému, mais pas à cause d'un mensonge. Le juge Sirica était sensible au risque Brokaw. Rappelez-vous le journaliste Tom Brokaw qui disait interpréter les formulations alambiquées comme un signe de mensonge ; j'ai expliqué qu'il pouvait se méprendre, car certains individus s'expriment toujours ainsi. Certes, il se peut que Sirica ait commis l'erreur inverse – juger quelqu'un sincère parce qu'il ne montre aucun indice de tromperie en oubliant que certaines personnes n'en montrent jamais.
Ces deux erreurs sont dues au fait que chaque individu exprime ses émotions différemment. Le détecteur risque de commettre ces erreurs, sauf s'il connaît le comportement émotionnel habituel du suspect. Et il n'y aurait pas non plus de risque Brokaw si les indices comportementaux étaient parfaitement fiables pour la totalité et pas seulement pour la majorité des individus. Aucun indice de tromperie n'est fiable pour tous les êtres humains, mais pris isolément et ensemble, ils peuvent aider le détecteur à juger la plupart des individus. L'épouse, les amis et les collaborateurs de John Dean pouvaient savoir s'il était comme la plupart des individus, montrant des émotions dans sa voix, ou bien capable de la maîtriser. Le juge Sirica, ne l'ayant jamais rencontré auparavant, était sensible au risque Brokaw.
Le ton neutre de Dean nous fournit une autre leçon. Le détecteur doit toujours envisager la possibilité qu'un suspect soit un acteur exceptionnel, si capable de déguiser son comportement qu'il est impossible de savoir s'il ment ou non. Selon le récit qu'il en fait, John Dean appartenait à cette espèce. Il semblait savoir d'avance que le juge et le comité interpréteraient son comportement. Il raconte ainsi comment il s'était préparé pour sa déposition : « Il aurait été facile de faire des effets ou de prendre un ton dégagé. Je décidai de lire d'un ton égal, sans émotion, aussi froidement que possible, et de répondre aux questions de

la même manière. Les gens pensent généralement qu'un individu qui dit la vérité a un comportement calme[14]. » Après la lecture de sa déposition, au moment du contre-interrogatoire, Dean déclare qu'il fut très ému. « Je me sentais suffoquer, seul et impuissant devant le pouvoir du président. Je pris une profonde inspiration en donnant l'impression que je réfléchissais. Je m'efforçais de me maîtriser. Je me répétais que je ne devais pas montrer la moindre émotion : la presse se serait jetée dessus en la prenant pour un signe de faiblesse indigne d'un homme[15]. » Le fait que la performance de Dean soit si fabriquée, qu'il ait si bien réussi à maîtriser son comportement ne signifie pas nécessairement que c'était un menteur, mais seulement que son auditoire aurait dû interpréter ce comportement avec plus de circonspection. En fait, des preuves postérieures laissent à penser que la déposition de Dean était en grande partie vraie et que Nixon qui, contrairement à lui, n'était pas un acteur très doué, mentait.

Dernier point à examiner sur le sujet de la voix : l'idée répandue qu'il existe des appareils infaillibles capables de détecter automatiquement le mensonge dans la voix. Les fabricants prétendent que leurs décodeurs de mensonges sont capables d'en détecter un d'après la voix, même au téléphone. Bien évidemment, c'est le stress qu'ils détectent, et non le mensonge.
Il n'existe dans la voix aucun signe de mensonge proprement dit, mais seulement des signes d'émotions négatives. Les fabricants de ces gadgets plutôt coûteux se gardent de prévenir leurs utilisateurs qu'ils risquent de ne pas déceler les menteurs qui n'éprouvent pas d'émotions négatives et d'épingler des individus innocents qui sont bouleversés. Les scientifiques spécialisés dans l'étude de la voix et ceux qui utilisent d'autres techniques de détection du mensonge ont découvert que ces appareils ne font rien de

plus que détecter le mensonge au hasard et sont assez peu fiables pour déceler si un individu est ou non bouleversé[16]. Cela ne semble pas avoir affecté leurs ventes, la clientèle étant trop alléchée par la perspective de détecter le mensonge d'une manière aussi infaillible que discrète.

Les indices corporels

J'ai découvert l'une des manières dont la gestuelle peut fuiter des émotions dissimulées lors d'une expérience effectuée durant mes études il y a plus de vingt-cinq ans. À l'époque, la science n'avait encore guère prouvé si les gestes traduisent avec justesse les émotions ou la personnalité. Quelques psychothérapeutes le pensaient, mais ils étaient contredits par les comportementalistes, qui dominaient la psychologie à l'époque. De nombreuses études entre 1914 et 1954 avaient échoué à prouver que le comportement non verbal fournit une information juste sur l'émotion et la personnalité. La psychologie universitaire s'enorgueillissait d'avoir prouvé par des expériences scientifiques que l'idée reçue selon laquelle il est possible de lire l'émotion ou la personnalité sur un visage ou dans des gestes était un mythe. Les quelques scientifiques ou thérapeutes qui continuaient à étudier la gestuelle étaient considérés comme des naïfs ou des charlatans, au même titre que ceux qui s'intéressaient à la graphologie ou à la perception extrasensorielle.

Je n'en étais pas convaincu. En observant les mouvements du corps durant des séances de thérapie de groupe, j'étais convaincu de pouvoir dire qui était bouleversé et pour quelle raison. Avec tout l'optimisme d'un étudiant de première année, je me mis en devoir de modifier l'opinion de la psychologie officielle sur le comportement non verbal. Je conçus une expérience pour prouver que la gestuelle se modifie lorsqu'un individu subit un stress. La cause de ce stress était mon professeur, qui accepta de se rendre complice de mon projet en interrogeant mes camarades sur des sujets sur lesquels je les savais vulnérables. Pendant qu'une caméra cachée enregistrait leur comportement, le professeur demanda à ces psychologues en herbe ce qu'ils envisageaient de faire une fois leur formation achevée. Il était alors reproché à ceux qui choisissaient la recherche de se cacher dans des laboratoires pour se soustraire à leurs responsabilités en ne soignant pas les malades mentaux. Et à ceux qui choisissaient de pratiquer la psychothérapie de vouloir seulement gagner de l'argent et de se soustraire à leur devoir de chercher un remède aux maladies mentales. Il demandait également à l'étudiant s'il avait suivi une psychothérapie. À ceux qui répondaient « oui », il demandait comment ils espéraient soigner autrui s'ils étaient eux-mêmes malades. Aux autres, il reprochait de vouloir soigner des patients sans se connaître eux-mêmes. C'était une situation où personne ne pouvait gagner. Et pour ne rien arranger, le professeur devait couper la parole aux sujets pour les empêcher d'aller jusqu'au bout de leurs réponses.

Les étudiants s'étaient portés volontaires pour cette expérience afin de m'aider, moi leur condisciple. Ils savaient que c'était un entretien de recherche et que cela impliquerait du stress. En dehors de l'expérience, ce professeur qui avait un comportement si déraisonnable avait un énorme pouvoir sur eux. Ses évaluations étaient capitales pour notre diplôme, et ses recommandations conditionnaient le poste auquel chacun pouvait prétendre. En quelques minutes, les étudiants pataugèrent. Incapables de se défendre, bouillonnants de colère refoulée, ils étaient réduits au silence ou à des gémissements inarticulés. Au bout de cinq minutes, le professeur devait mettre fin à leur supplice, leur expliquer ce qu'il avait fait et pourquoi, et les féliciter d'avoir aussi bien encaissé ce stress.

J'observais derrière une glace sans tain et enregistrais leur gestuelle avec une caméra. Je restai incrédule devant ce que je vis durant le premier entretien. À la troisième accusation, l'étudiante faisait un doigt d'honneur au professeur ! Elle conserva sa main dans cette position durant une minute entière. Pourtant, elle n'avait pas l'air fâché, et le professeur faisait comme s'il n'avait rien vu. Je me hâtai de les retrouver quand l'entretien fut terminé. Tous deux déclarèrent que j'avais tout inventé. Ma condisciple avoua avoir éprouvé de la colère, mais nia l'avoir exprimée. Notre professeur estima que j'avais tout imaginé, car selon lui il n'aurait pas pu manquer un geste aussi obscène. Quand le film fut projeté, nous pûmes voir la preuve du contraire. Ce lapsus gestuel n'exprimait pas une émotion inconsciente. L'étudiante savait qu'elle était furieuse, mais l'expression de cette émotion n'était pas consciente. Le professeur ignorait qu'elle lui faisait un doigt d'honneur. L'émotion qu'elle tentait délibérément de dissimuler avait fuité.

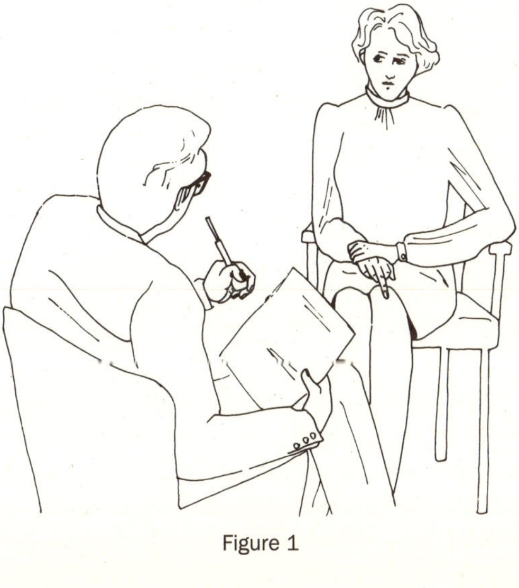

Figure 1

Quinze ans plus tard, je vis le même type de fuite non verbale, un autre lapsus gestuel, dans l'expérience avec les infirmières. Cette fois, ce n'était pas un doigt d'honneur, mais un haussement d'épaules. L'une après l'autre, les infirmières trahissaient leur mensonge par un léger haussement d'épaules, quand leur interlocuteur demandait «voulez-vous continuer à regarder?» ou «montreriez-vous ce film à un jeune enfant?».

Les lapsus emblématiques: les emblèmes

Le haussement d'épaules et le doigt d'honneur sont deux exemples d'actions que l'on appelle *emblèmes*, pour les distinguer de tout autre geste exécuté par l'individu.

Les emblèmes ont un sens très précis, connu de tous au sein d'un groupe culturel.

Tout le monde sait que le doigt d'honneur signifie «va te faire voir» et que le haussement d'épaules signifie «je ne sais pas» ou «quelle importance?». La plupart des autres gestes ne bénéficient pas d'une définition aussi précise, et leur signification est vague. En l'absence de paroles, la plupart des gestes n'ont pas beaucoup de sens. Il n'en est pas de même pour les emblèmes: ils peuvent être utilisés à la place d'une phrase, ou quand il est impossible de s'exprimer verbalement. Il en existe une soixantaine, d'un usage répandu en Occident aujourd'hui. Il y a différents lexiques d'emblèmes pour chaque pays et, souvent, pour les groupes régionaux de chaque pays. Parmi les autres exemples bien connus: hocher la tête («oui»), la secouer («non»), agiter la main («bonjour, au revoir») replier l'index («viens ici»), frotter un index sur un autre (pour taquiner un adversaire), porter une main à l'oreille (pour signaler qu'on n'entend pas), lever le pouce (auto-stop), etc.[17]

Les emblèmes sont presque toujours exécutés délibérément. L'individu qui l'exécute sait ce qu'il fait. Il a choisi de communiquer un message. Mais il y a des exceptions.

Tout comme il y a des lapsus dans la parole, il y en a dans la gestuelle: des lapsus emblématiques qui fuitent une information que l'individu essaie de dissimuler.
Il y a deux manières de déterminer qu'un emblème est un lapsus révélant une information dissimulée et non un message volontaire. Premièrement, lorsque seulement une partie de l'emblème est exécutée et non le geste entier. Le haussement d'épaules peut se faire avec les deux épaules, en tournant les paumes vers le haut, en haussant les deux sourcils, en écarquillant les yeux et en incurvant les lèvres, ou en combinant tous ces gestes, et parfois en penchant la tête sur le côté. Quand un emblème est fuité, seul un élément sera montré, et même seulement esquissé. Une seule épaule se soulève, légèrement; ou bien seule la lèvre inférieure s'incurve vers le haut; ou encore les paumes se retournent à peine. L'emblème du doigt d'honneur ne consiste pas seulement à dresser le majeur, mais la main est brandie en avant et vers le haut, souvent de manière répétée. Quand cet emblème n'est pas exécuté délibérément, mais fuite seulement la colère réprimée de l'étudiant, le mouvement est absent et il ne reste que le majeur dressé.
La deuxième manière de détecter un lapsus emblématique est lorsque l'emblème est exécuté en dehors de la position habituelle de présentation. La plupart des emblèmes se font devant l'interlocuteur et à sa hauteur, entre la taille et le cou, zone dans laquelle il ne peut passer inaperçu. Un emblème fuité n'est jamais exécuté dans la position de présentation. Dans l'entretien stressant au cours duquel l'étudiante fit un doigt d'honneur au professeur, sa main n'était pas brandie en l'air mais reposait sur son genou, à l'extérieur de la position de présentation. Dans l'expérience avec les élèves infirmières, les haussements d'épaules qui fuitaient leurs émotions étaient de légères rotations des

mains, qui restaient posées sur leurs genoux. Si l'emblème n'avait pas été partiel et en dehors de la position de présentation, le menteur se serait rendu compte de ce qui se passait et l'aurait censuré. Bien sûr, ces caractéristiques qui distinguent l'emblème fuité – partialité et extériorité – le rendent difficile à percevoir pour l'interlocuteur. Un menteur peut exécuter des emblèmes fuités à plusieurs reprises sans que lui-même ni sa victime ne s'en rendent compte.
Rien ne garantit que tous les menteurs fassent des lapsus emblématiques. Il n'existe pas de signe de tromperie incontestable. Trop peu d'études ont cherché à estimer la fréquence des lapsus emblématiques lors du mensonge. Confrontés au professeur hostile, deux étudiants sur cinq ont commis un lapsus emblématique. Un peu plus de la moitié des élèves infirmières en ont effectué un quand elles mentaient. J'ignore pourquoi certains individus présentent ce type de fuite et d'autres non.

Si les menteurs ne font pas tous des lapsus emblématiques, quand ceux-là se produisent, ils sont tout à fait fiables.

Le lapsus emblématique peut être reconnu comme un signe authentique d'un message que l'individu ne souhaite pas révéler. Son interprétation est moins sensible au risque Brokaw que la plupart des autres indices de tromperie. Certaines personnes parlent toujours d'une manière alambiquée, mais peu de gens font régulièrement des lapsus emblématiques. Les erreurs d'élocution peuvent indiquer divers types de stress, pas nécessairement celui qu'entraîne le mensonge. Comme l'emblème communique un message bien spécifique, tout comme les mots, les lapsus emblématiques ne sont généralement pas aussi ambigus. Si l'individu fuite le message « Va te faire voir », « Je suis furieux », « Je ne le pense pas » ou « Là-bas »

– qui peuvent tous être exprimés par un emblème –, il ne devrait pas être trop difficile d'interpréter sa signification. Le type d'emblème qui fuite durant un mensonge et le message qu'il porte dépendent de ce qui est dissimulé. Les étudiants dans l'expérience de stress dissimulant la colère et l'indignation, les lapsus emblématiques étaient le doigt d'honneur et le poing serré. Dans l'expérience des infirmières, les sujets n'éprouvaient pas de colère, mais beaucoup pensaient ne pas parvenir à dissimuler correctement leurs émotions ; le haussement d'épaules d'impuissance était donc le lapsus emblématique.
Aucun adulte n'a besoin d'apprendre le vocabulaire des emblèmes. Tout le monde connaît ceux qui sont utilisés par les membres de sa propre culture. Ce qu'il faut apprendre, en revanche, c'est que l'emblème peut faire l'objet d'un lapsus. Si les détecteurs ne sont pas conscients de cette possibilité, ils ne pourront pas repérer les lapsus emblématiques qui seront partiels ou extérieurs à la position de présentation.

Les illustrants

Les *illustrants* sont un autre type de mouvement corporel qui peut fournir un indice de tromperie. Ils sont souvent confondus avec les lapsus emblématiques, mais il est important de bien faire la distinction, car la fréquence de ces deux types de gestes est différente quand l'individu ment : alors que les lapsus emblématiques augmentent, les illustrants diminuent généralement.
Les illustrants sont appelés ainsi parce qu'ils illustrent ce qui est dit. Il y a de nombreuses manières de le faire : on peut insister sur un mot ou une phrase, comme s'ils étaient soulignés ; le cours de la pensée peut être dessiné dans l'air, comme si le locuteur organisait son discours ; les mains peuvent former une image dans le vide

ou mimer un geste qui répète ou amplifie ce qui est dit. Ce sont généralement les mains qui illustrent le discours ; on dit d'ailleurs de ceux qui les utilisent qu'ils « parlent avec leurs mains ». Mais des mouvements des sourcils et des paupières supérieures servent aussi souvent d'accents, ainsi que le tronc supérieur ou le corps tout entier.

La société a différemment considéré la bienséance des illustrants au cours des siècles. À certaines époques, illustrer était la marque des classes supérieures, et à d'autres cela était considéré comme grossier. Les manuels d'élocution les ont généralement décrits comme nécessaires pour la prise de parole en public.

Les premières études des illustrants ne furent pas entreprises pour découvrir des indices de tromperie, mais pour contredire les thèses des sociologues nazis. Les résultats de cette étude peuvent aider le détecteur à éviter des erreurs dues aux spécificités nationales des illustrants. Durant les années trente parurent de nombreux articles qui prétendaient que les illustrants étaient innés et que les « races inférieures », comme les juifs et les gitans, faisaient de nombreux grands gestes, contrairement à la « race supérieure aryenne » naturellement moins expansive. Il n'y était d'ailleurs pas question des grandes gesticulations de l'allié italien ! David Efron, juif argentin étudiant à l'université Columbia avec l'anthropologue Franz Boas, observa les illustrants des habitants du Lower East Side de New York. Il découvrit que les immigrés d'origine sicilienne utilisaient des illustrants qui dessinent ou miment une action, alors que ceux qu'employaient les immigrés juifs d'origine lituanienne soulignaient ou représentaient le flux de la pensée. Leurs enfants nés aux États-Unis, qui fréquentaient des écoles publiques ne présentaient pas de différence d'usage des illustrants : qu'ils soient d'origine sicilienne ou lituanienne, les enfants utilisaient les mêmes.

Efron démontra ainsi que le style des illustrants est acquis et non inné. Non seulement des individus de cultures différentes utilisent des illustrants différents, mais certains illustrent très peu et d'autres, beaucoup. Enfin, au sein d'une même culture, l'utilisation des illustrants est différente selon l'individu.

Les familles d'immigrés de cultures qui utilisent beaucoup les illustrants encouragent souvent leurs enfants à ne pas parler avec les mains, afin de ne pas avoir l'air étrangers. Ne pas utiliser les illustrants les fera ressembler à des Européens du Nord, population immigrante la plus ancienne en Amérique du Nord.

Ce ne sont donc pas le type et la fréquence des illustrants qui peuvent trahir un mensonge. L'indice de tromperie est la diminution du nombre d'illustrants utilisés par rapport à l'habitude. Nous allons voir les individus qui les utilisent beaucoup, afin d'éviter de mal interpréter leur diminution.

D'abord, demandons-nous pourquoi les individus illustrent. Les illustrants sont utilisés pour expliquer des idées qui sont difficiles à formuler. Nous avons découvert que les gens avaient plus tendance à illustrer quand on leur demandait de définir un zigzag plutôt qu'une chaise, quand on leur demandait le chemin du bureau de poste plutôt que leur métier. Les illustrants peuvent également être utilisés par l'individu qui cherche ses mots. Claquer des doigts ou les agiter dans le vide semble aider l'individu à trouver le terme qui lui échappe, comme s'il flottait devant lui et que le geste lui permettait de l'attraper. Ce genre d'illustrant permet à l'interlocuteur de comprendre qu'on cherche un mot sans avoir pour autant renoncé à parler. Les illustrants peuvent avoir une fonction d'amorçage, permettant à l'individu d'organiser son discours de manière cohérente. Les illustrants sont plus nombreux quand le locuteur est impliqué dans son discours. Les gens ont tendance à illustrer davantage quand ils sont furieux, horrifiés, très agités, en détresse ou enthousiastes.

Demandons-nous maintenant pourquoi un individu utilise moins les illustrants qu'à son habitude, car cela nous fera comprendre dans quelles circonstances cette diminution peut être un indice de tromperie. La première raison est un manque d'investissement émotionnel dans ce qui est dit. L'individu illustre moins quand il n'est pas impliqué, s'ennuie, n'éprouve pas d'intérêt ou est profondément attristé. **L'individu qui feint la sollicitude ou l'enthousiasme peut être trahi parce qu'il oublie d'accompagner son discours d'illustrants.**

Les illustrants diminuent également quand un individu a du mal à décider précisément ce qu'il va dire. Lorsqu'on pèse chaque mot avec soin, en réfléchissant à ce que l'on va dire, il n'y a guère à illustrer. Quand on prononce un discours pour la première ou la deuxième fois, qu'il s'agisse d'une conférence ou d'un argumentaire de vente, les illustrants seront moins nombreux que les fois suivantes, quand aucun effort ne sera nécessaire pour trouver les mots.

Les illustrants diminuent quand l'individu fait attention à ce qu'il dit. Cela peut n'avoir aucun rapport avec la tromperie. La personne peut être prudente parce que l'enjeu est très élevé: bonne impression à faire à son patron, réponse à une question qui peut faire gagner, premiers mots à une personne que l'on admire de loin depuis longtemps. Les sentiments mitigés incitent également à la prudence. Un individu timoré peut être très tenté par la proposition d'un travail beaucoup mieux payé, mais avoir peur de prendre les risques qui l'accompagnent; partagé entre les deux, il a du mal à savoir quoi dire et comment.

Si un menteur n'a pas correctement préparé sa réplique, il devra également se montrer prudent et réfléchir à chaque mot avant de parler. Les menteurs qui n'ont pas répété, qui sont peu entraînés à un mensonge spécifique, qui ne parviennent pas à prévoir ce qui leur sera demandé, et quand, montreront une diminution des illustrants. Même si un menteur a préparé et répété sa réplique, ses illustrants peuvent diminuer à cause de l'interférence de ses émotions. Certaines, notamment la peur, peuvent empêcher une élocution cohérente. La nécessité de gérer presque n'importe quelle émotion intense rend difficile l'enchaînement des mots. Si l'émotion doit être dissimulée, et non pas seulement gérée, et si elle est intense, il est probable que même un menteur avec une réplique bien préparée aura du mal à la prononcer et que ses illustrants seront moins nombreux. Les infirmières de notre expérience illustraient moins quand elles tentaient de dissimuler leurs réactions au film sanglant que lorsqu'elles décrivaient sincèrement leurs émotions sur le film floral. Cette diminution des illustrants a au moins deux raisons : les sujets n'avaient pas l'entraînement pour faire le mensonge demandé et n'avaient pas eu le temps de préparer leur discours, elles éprouvaient à la fois de l'appréhension de détection et des émotions intenses en réaction au film sanglant qu'elles regardaient. Beaucoup d'autres chercheurs ont également découvert que les illustrants sont moins apparents chez l'individu qui ment que chez l'individu qui dit la vérité. Dans ces études, il y avait une faible implication émotionnelle, mais les menteurs étaient mal préparés.

En introduisant les illustrants, j'ai précisé qu'il était important de les distinguer des emblèmes, car, lors du mensonge, les lapsus emblématiques augmentent alors que les illustrants sont moins nombreux. La différence cruciale entre emblèmes et illustrants se situe dans la précision du geste et du message. Dans le cas de l'emblème, elle est très spécifique : il ne s'agit pas de n'importe quel geste ; il doit être parfaitement défini pour véhiculer un message très précis. En revanche, les illustrants peuvent comprendre un large éventail de gestes et véhiculer un message relativement vague. Prenons l'exemple de l'emblème qui signifie « Tout va bien » (le pouce et l'index réunis

forment un O). Il n'existe qu'une seule manière de l'exécuter. Si le pouce rejoint le majeur ou l'auriculaire, le sens ne serait pas très clair. Et le sens est très spécifique.
Par ailleurs, cet emblème a une signification tout à fait différente et obscène dans le sud de l'Europe. Les emblèmes ne sont pas universels. Leur sens dépend de la culture.

Les illustrants n'ont pas de signification indépendamment des mots.
Voir quelqu'un illustrer sans entendre les paroles qui vont avec ne révèle pas grand-chose sur la conversation. Ce n'est pas le cas si l'individu exécute un emblème. Autre différence : bien que les deux apparaissent lors de conversations, les emblèmes peuvent être utilisés à la place d'un mot ou quand les gens ne peuvent pas parler. Les illustrants, par définition, ne sont utilisés qu'en accompagnement de la parole, pas pour la remplacer ni quand les sujets ne peuvent pas parler.
Le détecteur doit être plus prudent dans l'interprétation des illustrants que des lapsus emblématiques. Comme nous l'avons vu plus haut, le risque Brokaw influence les illustrants, mais pas les lapsus emblématiques. Si le détecteur remarque une diminution des illustrants, il doit éliminer toutes les autres raisons (excepté le mensonge) que peut avoir un individu qui choisit soigneusement chaque mot. Il y a moins d'ambiguïté avec le lapsus emblématique : le message véhiculé est généralement suffisamment distinct pour être plus facilement interprété par le détecteur. Enfin, le détecteur n'a pas besoin de connaître préalablement le suspect pour interpréter un lapsus emblématique. Un tel geste en lui-même possède un sens. Comme les habitudes d'utilisation des illustrants sont très différentes pour chacun, leur apparition n'est pas pertinente, sauf si le détecteur dispose d'une base de comparaison. Interpréter les illustrants, comme la plupart des autres indices de

tromperie, exige de connaître le sujet. Déceler la tromperie est très difficile lors d'une première rencontre. Les lapsus emblématiques constituent l'une des rares possibilités.

Les manipulatoires

Nous allons maintenant expliquer un autre type de gestuelle, les *manipulatoires*, pour mettre en garde le détecteur sur le risque de les interpréter comme des indices de tromperie. Nous avons découvert que les détecteurs estiment souvent par erreur qu'un individu sincère ment parce qu'il utilise beaucoup de manipulatoires. Si les manipulatoires peuvent être le signe que l'individu est ému, ce n'est pas toujours le cas. Une augmentation des manipulatoires n'est pas un signe fiable de tromperie, mais la plupart des gens s'imaginent le contraire.

Les manipulatoires comprennent tous les mouvements dans lesquels une partie du corps en manipule une autre (toucher, frotter, tenir, pincer, gratter, etc.).

Ces gestes peuvent être très brefs ou durer plusieurs minutes. Certains des plus courts semblent avoir une fonction : rajuster une coiffure, déboucher une oreille, soulager une démangeaison. D'autres manipulatoires, particulièrement ceux qui durent longtemps, semblent sans fonction : l'individu se tortille une mèche de cheveux, se frotte les doigts, tape nerveusement du pied. C'est généralement la main qui est le manipulatoire. Elle peut également être la partie manipulée, comme toute autre partie du corps. Les parties manipulées communes sont les cheveux, les oreilles, le nez, l'entrejambe. D'autres manipulatoires peuvent être effectués sur le visage lui-même – la langue se frottant contre l'intérieur d'une joue, les dents qui mordillent les lèvres – ou une jambe avec l'autre. Des accessoires peuvent servir dans la manipulation: allumette, crayon, trombone, cigarette...

Si la plupart des individus sont éduqués pour ne pas avoir des gestes aussi intimes en public, ils ont appris non pas à ne plus les faire mais seulement à s'arrêter quand ils les font. Ce n'est pas qu'ils soient totalement inconscients de leurs manipulatoires. Si nous nous rendons compte que quelqu'un observe notre geste, nous nous interrompons aussitôt, ou bien nous l'atténuons ou le déguisons. Un grand geste sert souvent à couvrir un geste plus furtif. Même cette stratégie élaborée pour dissimuler un manipulatoire ne se fait pas très consciemment. Les manipulatoires sont aux confins de la conscience. La plupart des individus ne parviennent pas à les réprimer très longtemps, même quand ils font un effort. Les gens ont l'habitude de se manipuler.

Nous sommes beaucoup mieux élevés quand nous sommes l'observateur que lorsque nous effectuons la manipulation. Nous laissons généralement l'individu qui fait un manipulatoire terminer son geste, même s'il est commencé au milieu d'une conversation. D'autres se détournent et attendent qu'il soit terminé. Si le manipulatoire fait partie des gestes apparemment sans fonction, comme s'entortiller les mèches de cheveux, ce qui peut s'éterniser, bien entendu l'interlocuteur n'attend pas, mais les gens ne l'observent pas directement très longtemps. Cette non-attention aux manipulatoires est une habitude acquise qui se fait machinalement. C'est moins le manipulatoire que l'observateur qui provoque l'entorse aux bonnes manières, un peu comme un voyeur. Quand deux voitures s'arrêtent à un feu rouge, c'est celui qui regarde dans la voiture voisine qui commet l'impair, et non celui qui se cure énergiquement les oreilles.

Ceux qui ont étudié ces gestes se sont demandé comme moi pourquoi un individu choisit tel manipulatoire plutôt qu'un autre. Y a-t-il un sens particulier à se frotter plutôt qu'à se gratter ou se pincer? Par ailleurs, y a-t-il un

message à interpréter selon que c'est la main, l'oreille ou le nez qui est gratté ? Les habitudes personnelles sont en partie la réponse. Chaque individu a son geste préféré qui lui est propre. Pour l'une, ce sera faire tourner sa bague, pour un autre, arracher ses cuticules ou se tripoter la moustache. Personne n'a cherché à découvrir pourquoi certains individus ont un geste favori et pourquoi d'autres n'en ont aucun. Des indices laissent à penser que certains manipulatoires révèlent davantage qu'un simple malaise. Nous avons repéré des manipulatoires (curage) chez des internés en hôpital psychiatrique qui n'exprimaient aucune colère. Se couvrir les yeux était courant chez des patients qui éprouvaient de la honte. Mais c'est assez peu concluant ; en revanche, on s'accorde à penser que les manipulatoires sont plus nombreux en cas de malaise[18].
Les scientifiques ont raisonnablement bien corroboré l'idée reçue selon laquelle les gens s'agitent quand ils sont mal à l'aise ou inquiets. Grattage, pincement, curage et manipulatoires cosmétiques (gestes qui rectifient l'apparence) augmentent avec n'importe quel type de malaise. Je pense que les gens se livrent également à des manipulatoires quand ils sont détendus et se laissent aller. Avec leurs amis, les gens se soucient moins des bonnes manières. Certains individus ont plus tendance que d'autres à roter, se laisser aller à des comportements qui sont retenus dans la plupart des situations. Si cette hypothèse est correcte, les manipulatoires sont des signes de malaise uniquement dans les situations les plus formelles, en présence de tiers qui ne sont pas familiers.

Les manipulatoires ne sont pas des indices fiables de tromperie parce qu'ils peuvent indiquer des états opposés : malaise et détente.
En outre, les menteurs savent qu'ils doivent essayer de réduire leurs manipulatoires et la plupart y parviennent

généralement. Les menteurs n'ont pas une connaissance particulière dans ce domaine : selon les croyances populaires, les manipulatoires sont des signes de malaise et de comportement inquiet. Tout le monde pense qu'un menteur s'agite et que cette animation est un indice de tromperie. Quand on demande aux gens comment ils devinent qu'un individu ment, ils indiquent prioritairement l'agitation et les regards fuyants.

Les indices connus de tous, qui impliquent un comportement pouvant être rapidement contrôlé, ne seront pas très fiables si les enjeux sont élevés et que le menteur ne veut pas être démasqué.

Les élèves infirmières ne présentèrent pas plus de manipulatoires en mentant qu'en disant la vérité. D'autres études ont découvert une augmentation des manipulatoires durant le mensonge. Je pense que c'est la différence d'enjeu qui provoque cette contradiction dans les conclusions. Quand les enjeux sont élevés, les manipulatoires peuvent être intermittents, car des forces opposées peuvent être à l'œuvre. Un enjeu élevé amène le menteur à surveiller et contrôler les indices de tromperie connus et accessibles, comme les manipulatoires, mais ce même enjeu élevé lui fait redouter d'être démasqué, malaise qui renforce les manipulatoires. Les manipulatoires peuvent augmenter, être surveillés, maîtrisés, disparaître momentanément, réapparaître, puis, après un certain temps, être de nouveau remarqués et réprimés. Comme l'enjeu était élevé, les infirmières s'efforçaient de maîtriser leurs manipulatoires. Les enjeux étaient faibles dans les études qui ont découvert une augmentation des manipulatoires durant le mensonge. La situation étant un peu étrange – il est rare qu'on vous demande de mentir dans une expérience – il pouvait y avoir assez de malaise pour que les manipulatoires augmentent. Mais il n'y avait aucun gain ni perte importante en cas de succès ou d'échec de ces tromperies, et donc peu de raisons pour le menteur de faire l'effort de surveiller et réprimer ses manipulatoires. Même si mon explication de ces résultats contradictoires est fausse – ce genre d'interprétation a posteriori ne peut être qu'une conjecture tant qu'elle n'a pas été confirmée par une autre étude –, ces résultats contradictoires sont en eux-mêmes une raison suffisante pour que le détecteur soit prudent dans son interprétation des manipulatoires. Dans notre étude sur la capacité des individus à détecter les mensonges, nous découvrîmes que les sujets jugeaient comme menteurs ceux qui présentaient beaucoup de manipulatoires. Peu importait que l'individu dise la vérité ou mente : ceux qui les voyaient les jugeaient malhonnêtes. Il importe de tenir compte de la probabilité de faire cette erreur. Voyons les multiples raisons qui font des manipulatoires des indices de tromperie non fiables.

La fréquence des manipulatoires et leur type varient énormément selon les individus.

Cette spécificité individuelle (le risque Brokaw) peut être pondérée si le détecteur a déjà vu le sujet et est donc en mesure de faire des comparaisons de comportement.

Comme tout le monde pense que présenter des manipulatoires nombreux trahit la tromperie, un menteur motivé essaiera de les réprimer.

Contrairement à l'expression faciale, que les gens essaient aussi de contrôler, les manipulatoires sont faciles à réprimer. Les menteurs y réussissent la plupart du temps, si l'enjeu est élevé.

Un autre aspect corporel – la posture – a fait l'objet de nombreuses études, mais peu de preuves de fuite ou d'indices de tromperie ont été découverts. Les gens savent comment

ils sont censés se tenir assis ou debout. La posture convenant à un entretien officiel diffère de celle adoptée pour bavarder avec un ami. La posture semble bien contrôlée et réprimée quand l'individu ment. Dans mes études comme dans d'autres, aucune différence de posture n'a été découverte entre menteurs et individus sincères.
Une étude sur la tromperie a d'ailleurs révélé que les gens croient que l'individu qui change de posture fréquemment est un menteur. En réalité, il a été prouvé que la posture n'avait aucun lien avec la sincérité.
Bien sûr, nous n'avons peut-être pas mesuré l'aspect de la posture qui change. Une possibilité est la tendance à se pencher en avant quand l'individu éprouve intérêt ou colère et à reculer en cas de peur ou de dégoût. Cependant, un menteur motivé devrait être capable d'inhiber dans sa posture les indices les plus évidents de ses émotions.

Les indices du système nerveux autonome

Pour le moment, nous n'avons abordé que les gestes déclenchés par les muscles. Le système nerveux autonome (SNA) provoque aussi des modifications physiques remarquables en cas d'émotion : respiration, déglutition et transpiration. Ces modifications se produisent involontairement quand une émotion apparaît, sont très difficiles à réprimer et peuvent pour cette raison constituer des indices de tromperie très fiables.
Le décodeur mesure ces modifications SNA, mais beaucoup sont visibles sans l'utilisation de ce dispositif spécial. Si un menteur éprouve peur, colère, excitation, désarroi, culpabilité ou honte, il peut présenter une respiration rapide, un gonflement de la poitrine, des déglutitions fréquentes, une odeur ou l'apparition de transpiration. Pendant des décennies, les psychologues se sont demandé si

chaque émotion possède son ensemble propre de modifications SNA. La plupart estiment que non; ils pensent que la respiration s'accélère et que déglutition et transpiration augmentent quelle que soit l'émotion. Les modifications SNA marquent l'intensité d'une émotion, pas son type. Cette opinion contredit l'expérience de la plupart des gens. Ils éprouvent des sensations physiques différentes quand ils sont effrayés ou en colère, par exemple. Selon les psychologues, c'est parce que l'individu interprète le même ensemble de sensations physiques différemment selon qu'il est effrayé ou en colère. Rien ne prouve que l'activité SNA en elle-même soit différente selon que l'on a peur ou que l'on est en colère[19].

Ma plus récente étude contredit cette opinion. Si je ne me trompe pas et que les modifications SNA ne sont pas différentes, mais spécifiques à chaque émotion, cela pourrait être tout à fait important pour détecter le mensonge. Cela signifierait que le détecteur peut découvrir, avec un appareil, et même dans une certaine mesure en se contentant d'observer et d'écouter, non seulement si un suspect est ému, mais quelle émotion il éprouve : est-il effrayé ou en colère, dégoûté ou triste ? Cette information est également décelable sur le visage, mais l'individu peut réprimer beaucoup d'expressions faciales. L'activité SNA est beaucoup plus difficile à censurer.

Pour le moment, nous n'avons publié qu'une seule étude et certains psychologues éminents ne sont pas d'accord avec nos conclusions. Mes découvertes ont été sujettes à controverse et jugées infondées, mais nos preuves sont solides et, avec le temps, je pense qu'elles seront reconnues par la communauté scientifique.

Selon moi, deux problèmes faisaient obstacle à la découverte de preuves convaincantes que les émotions présentent une activité SNA différente, et il m'a semblé avoir la solution. Le premier est d'obtenir des échantillons purs d'émotion. Pour comparer les modifications SNA de la peur par rapport à celles de la colère, le scientifique doit être certain du moment où son sujet éprouve chaque émotion. Comme la mesure des modifications SNA exige un équipement scientifique, le sujet doit fournir ces échantillons dans un laboratoire. La difficulté est de provoquer une émotion dans un environnement stérile et non naturel. Comment susciter la peur et la colère, mais pas en même temps ? Cette dernière question est très importante, afin de ne pas provoquer ce que l'on appelle un *mélange émotionnel.* Faute d'émotions bien distinctes – d'échantillons purs – il n'y aurait aucun moyen de déterminer si l'activité SNA est différente pour chaque émotion : elle apparaîtrait identique. Il est difficile d'éviter les mélanges, en laboratoire comme dans le quotidien. Ils sont plus courants que les émotions pures.

La technique la plus répandue pour échantillonner des émotions était jusqu'à présent de demander à un sujet de se rappeler ou de visualiser quelque chose qui fait peur. Supposons que le sujet imagine être attaqué par un tueur. Le scientifique doit être certain qu'outre cette peur le sujet n'est pas un peu en colère contre son agresseur ou fâché d'avoir eu l'imprudence de se mettre en danger. Le même risque de mélange existe avec d'autres techniques pour susciter des émotions. Supposons que le scientifique projette un film d'horreur. Le sujet peut en vouloir au scientifique de l'avoir effrayé, s'en vouloir d'avoir eu peur, en vouloir à l'agresseur qu'il voit à l'écran, être désemparé devant les souffrances de la victime, dégoûté par le sang, surpris par la scène, etc. Il n'est pas facile d'imaginer un moyen d'obtenir des échantillons d'émotion pure. La plupart des scientifiques étudiant le SNA sont simplement partis du principe, erroné selon moi, que les sujets faisaient ce qu'on leur demandait et produisaient sans peine des échantillons d'émotion pure. Ils ont oublié de prendre les mesures nécessaires pour garantir ou vérifier que leurs échantillons d'émotion étaient vraiment purs.

Le second obstacle à la découverte de preuves que les émotions présentent une activité SNA différente est la nécessité d'échantillonner les émotions dans un laboratoire et l'impact de la technologie utilisée. La plupart des sujets sont gênés de ce qui va leur arriver lorsqu'ils entrent. Et cela ne fait qu'empirer. Pour évaluer l'activité SNA, d'innombrables capteurs sont posés sur différentes parties de leur corps, rien que pour mesurer la respiration, les pulsations cardiaques, la température de l'épiderme et la transpiration. Se retrouver ainsi harnaché devant des scientifiques qui observent ce qui se passe en eux, et souvent sous l'œil de caméras qui enregistrent toutes les modifications visibles, est embarrassant pour la plupart des sujets. La gêne est une émotion, et si elle produit une activité SNA, celle-là contaminera tout échantillon d'émotion que cherche à obtenir le scientifique. Il peut croire que le sujet se rappelle un événement effrayant à un moment donné et un événement qui l'a mis en colère à un autre moment, mais en réalité il peut s'agir de gêne dans les deux cas. Aucun scientifique n'a pris de mesures pour diminuer la gêne, ni n'a vérifié si elle pouvait contaminer les échantillons d'émotion pure.

Mes collègues et moi avons éliminé la gêne en choisissant des acteurs professionnels comme sujets d'étude[20]. Les acteurs ont l'habitude d'être observés et ne sont pas émus quand on scrute leur moindre mouvement. Au lieu d'être gênés, ils apprécièrent l'idée d'être couverts de capteurs qui enregistrent ce qui se passe en eux. Étudier des acteurs nous a également permis de résoudre le premier problème : obtenir des échantillons d'émotion pure. Nous avons pu mettre à profit leurs années de formation à la technique de l'Actors Studio permettant de se rappeler et de revivre des émotions – les acteurs utilisent des souvenirs sensoriels afin de jouer tel ou tel rôle. Dans notre expérience, nous avons demandé aux acteurs, couverts de capteurs et face à une caméra, de se rappeler et de revivre avec le plus d'acuité possible le moment où ils avaient éprouvé leur plus grande colère, puis la peur, la tristesse, la surprise, la joie et le dégoût. D'autres scientifiques avaient déjà utilisé cette technique, mais nous pensions avoir plus de chances de réussite en utilisant des acteurs professionnels. En outre, nous n'avons pas tenu pour acquis que nos sujets faisaient ce que nous leur demandions : nous avons vérifié que nous obtenions des échantillons purs et non des mélanges. Après chaque reproduction du souvenir, nous avons demandé aux acteurs d'évaluer l'intensité de l'émotion demandée et de préciser s'ils avaient éprouvé toute autre émotion en parallèle – auquel cas nous l'éliminions de notre échantillon.

Étudier des acteurs nous a également facilité l'essai d'une deuxième technique d'échantillonnage des émotions, qui n'avait encore jamais été utilisée. Nous l'avions découverte par hasard pour provoquer des émotions l'année précédente, dans le cadre d'une autre étude. Pour apprendre les mécanismes des expressions faciales – quels muscles produisent quelle expression – mes collègues et moi avions systématiquement fait des milliers d'expressions faciales qui avaient été filmées et analysées pour déterminer quelles combinaisons de mouvements musculaires modifient l'apparence. À notre surprise, quand nous déclenchions ces mouvements musculaires liés à des émotions, nous sentions brusquement des modifications dans notre organisme dues à l'activité SNA. Nous n'avions aucune raison de penser que bouger volontairement des muscles faciaux puisse provoquer des modifications SNA involontaires, mais cela se produisit régulièrement. Cependant, nous ignorions toujours si l'activité SNA était différente selon les mouvements musculaires choisis. Nous avons donc précisé aux acteurs quels muscles faciaux précis ils devaient déclencher. Nous avions six instructions différentes correspondant à chacune des six émotions. N'éprouvant aucune gêne à faire des expressions faciales sur demande et devant des spectateurs, et étant doués pour le faire, les acteurs n'ont eu aucune peine à s'exécuter. Là encore, nous ne nous sommes pas contentés de prendre pour acquis les résultats. Leurs expressions ont été enregistrées en vidéo et utilisées uniquement quand la séquence montrait qu'ils exécutaient exactement les mouvements faciaux demandés.

Notre expérience a découvert des preuves solides que l'activité SNA *n'est pas* la même pour toutes les émotions. Les modifications du rythme cardiaque, de la température de l'épiderme et de la transpiration sont différentes pour chaque émotion. Par exemple, quand les acteurs exécutaient les mouvements faciaux correspondant à la colère, puis à la peur (et n'oublions pas qu'il leur était seulement demandé de déclencher ces mouvements et non de jouer ces émotions), pour les deux le rythme cardiaque s'accélérait, mais la température de l'épiderme se modifiait différemment : elle augmentait avec la colère et baissait dans le cas de la peur. L'expérience a été renouvelée avec des sujets différents, avec les mêmes résultats.

Si ces résultats étaient reproductibles par d'autres scientifiques en laboratoire, ils pouvaient modifier les conclusions que peut tirer un opérateur de décodeur. Au lieu de simplement tenter de savoir si un suspect éprouve une émotion quelconque, l'opérateur peut identifier *laquelle* en mesurant plusieurs activités SNA. Même sans l'appareil, par simple observation, le détecteur peut déceler des modifications du rythme respiratoire ou de la transpiration qui peuvent permettre de repérer des émotions spécifiques. Les erreurs de détection – juger menteur un individu sincère et vice versa – pourraient être réduites si l'activité SNA, qui est très difficile à inhiber, pouvait révéler quelle émotion éprouve un suspect. Nous ne savons pas encore si les émotions peuvent être distinguées simplement par les signes visibles et audibles d'activité SNA, mais désormais nous avons une raison de chercher à le découvrir.

Au chapitre 1, nous avons vu qu'il existait deux manières principales de mentir: dissimulation et feinte. Pour le moment, ce chapitre a étudié comment les tentatives pour dissimuler les émotions peuvent être trahies par les paroles, la voix ou le corps. Un menteur peut feindre une émotion qu'il est nécessaire d'éprouver dans une situation donnée, mais qu'il ne ressent pas, ou pour couvrir une émotion réellement éprouvée. Par exemple, un sujet peut feindre une expression de tristesse en apprenant que l'entreprise de son beau-frère a fait faillite. S'il n'est absolument pas ému, l'expression feinte montre simplement l'attitude convenable; mais s'il se réjouit secrètement de cette situation, une expression de tristesse feinte servira également à masquer ses véritables sentiments. Les paroles, la voix ou le corps peuvent-ils trahir ces expressions feintes et révéler qu'une émotion est seulement présentée et non éprouvée? Personne ne le sait. Les performances imparfaites d'émotions feintes ont été étudiées moins en détail que les fuites d'émotions dissimulées. Je ne peux faire part ici que de mes observations, théories et intuitions.

Alors que les mots permettent de mentir, il n'est pas facile pour quiconque, sincère ou menteur, de décrire les émotions par des mots. Seul un poète peut exprimer les nuances révélées par une expression. Peut-être n'est-il pas plus difficile de prétendre en paroles une émotion non éprouvée qu'une autre que l'on ressent. Généralement, ce ne sera ni très éloquent ni très convaincant dans un cas comme dans l'autre. Je suppose que la plupart des gens peuvent prendre une voix fâchée, effrayée, désemparée, heureuse, dégoûtée ou surprise assez convaincante pour tromper autrui. Alors qu'il est très difficile de dissimuler les changements dans la voix qui se produisent avec ces émotions, il l'est moins de les feindre. La plupart des gens se laissent tromper par une voix.

Certaines des modifications produites par le système nerveux autonome sont faciles à feindre. Alors qu'il est difficile de dissimuler des signes d'émotion dans la respiration ou la déglutition, il n'est pas compliqué de les feindre en respirant plus vite ou en déglutissant plus souvent. La transpiration est une autre affaire, elle est difficile à dissimuler comme à feindre ; si un menteur peut utiliser respiration et déglutition pour feindre une émotion négative, j'estime que pour la respiration, c'est rarement le cas.

Alors qu'un menteur pourrait augmenter ses manipulatoires afin de paraître à l'aise, la plupart des individus ne pensent pas à le faire. Un suspect qui joue la peur ou le désarroi de manière convaincante peut tout faire échouer s'il néglige d'utiliser ces gestes faciles à exécuter.

Les illustrants peuvent être joués, mais probablement pas de manière assez convaincante pour donner une impression d'implication et d'enthousiasme. Selon la presse, les anciens présidents Nixon et Ford avaient suivi une formation pour mieux les utiliser. En les voyant à la télévision, j'ai trouvé que cet entraînement leur donnait un air faux. Il est difficile de placer un illustrant exactement là où les paroles l'exigent : soit ils apparaissent trop tôt, soit ils durent trop longtemps. C'est un peu comme vouloir skier en réfléchissant à chaque geste au fur et à mesure : la coordination est confuse et cela se voit.

J'ai décrit les indices comportementaux qui peuvent fuiter une information dissimulée, indiquer que l'individu n'a pas préparé sa réplique, ou qui trahissent une émotion non cohérente avec le discours :

- Les lapsus verbaux et les tirades peuvent fuiter des informations dissimulées de tout type – émotions, actions antérieures, projets, intentions, idées, etc.
- Une voix plus aiguë et plus forte, et un débit plus rapide surviennent avec la peur, la colère et peut-être l'excitation. La voix subit les modifications inverses avec la tristesse et peut-être la culpabilité.
- Le discours indirect, les pauses, les erreurs de langage et la diminution des illustrants peuvent indiquer que le locuteur fait très attention à ses paroles, n'ayant pas préparé son discours. Ce sont des signes de n'importe quelle émotion négative. Une diminution des illustrants se produit également en cas d'ennui.
- Les modifications du rythme respiratoire, de la transpiration, la déglutition fréquente et la bouche sèche sont des signes d'émotions intenses et il est possible qu'à l'avenir on puisse déterminer lesquelles en fonction de ces changements.

Chapitre 4

Les indices faciaux de tromperie

Le visage est une source d'informations précieuse pour le détecteur, car il peut mentir et dire la vérité, et souvent les deux en même temps.

Le visage contient souvent deux messages : ce que le menteur veut montrer et ce qu'il cherche à dissimuler.

Certaines expressions soutiennent le mensonge en fournissant une information inexacte. En revanche, d'autres trahissent le mensonge parce qu'elles paraissent fausses, et des émotions fuitent parfois malgré les efforts pour les dissimuler. Des expressions fausses mais convaincantes peuvent se produire à un certain moment et des expressions dissimulées fuiter immédiatement après. Il arrive même que l'émotion éprouvée et l'émotion fausse apparaissent dans différentes zones du visage en formant une unique expression mélangée. Selon moi, la plupart des gens échouent à détecter les mensonges sur le visage parce qu'ils ne savent pas distinguer les expressions authentiques des fausses.

Les émotions authentiques surviennent parce que des mouvements faciaux peuvent être produits involontairement, sans pensée ni intention. Les émotions fausses apparaissent parce qu'un contrôle volontaire est exercé sur le visage par l'individu, qui agit sur l'émotion authentique et en simule une autre. Le visage est un système double, comprenant des expressions délibérément choisies et d'autres qui se produisent spontanément, parfois sans que l'individu ait conscience de ce qui apparaît sur sa physionomie. Il existe une zone intermédiaire entre volontaire et involontaire occupée par des expressions apprises autrefois mais devenues automatiques, et typiquement inconscientes. Les maniérismes faciaux et les habitudes enracinées qui dictent la gestion de certaines expressions, comme l'incapacité à montrer de la colère devant des représentants de l'autorité, en sont des exemples. Cependant, ce qui m'occupe ici, ce sont les expressions fausses, volontaires et délibérées, contribuant à la tentative de mensonge, et les expressions involontaires, spontanées et émotionnelles qui peuvent occasionnellement fuiter malgré les efforts du menteur pour les dissimuler.

Des études sur des patients atteints de différentes lésions cérébrales démontrent que les expressions volontaires et involontaires mobilisent différentes zones du cerveau. Ceux qui souffrent d'une lésion de la portion du cerveau comprenant ce que l'on appelle le système pyramidal sont incapables de sourire si on le leur demande, mais sourient quand ils entendent une plaisanterie ou sont heureux. C'est l'inverse pour les patients atteints de lésions touchant le système non pyramidal : ils sont capables de sourire volontairement, mais restent impassibles quand ils s'amusent. Les victimes de lésions du système pyramidal – incapables d'avoir une expression délibérée – ne devraient pas pouvoir mentir avec leur visage, car il leur est impossible d'inhiber ou de feindre des expressions. Les individus souffrant de lésions du système non pyramidal – qui sont impassibles quand ils éprouvent une émotion – devraient être d'excellents menteurs faciaux, puisqu'ils ne sont pas obligés d'inhiber la moindre expression sincère[1].

Les expressions faciales involontaires d'émotions sont le résultat de l'évolution. Beaucoup d'entre elles sont les mêmes que chez d'autres primates.

Certaines émotions humaines comme celles qui indiquent la colère, la peur, le dégoût, le mépris, la tristesse, la surprise et la joie sont universelles, quels que soient l'âge, le sexe, la race ou la culture[2].

Ces expressions faciales sont la plus abondante source d'informations sur les émotions, révélant de subtiles nuances dans les sentiments passagers.

Le visage peut révéler la spécificité d'une expérience émotionnelle que seul un poète peut rendre en mots. On peut voir sur le visage :

- quelle émotion est éprouvée – colère, peur, tristesse, dégoût, détresse, joie, satisfaction, excitation, surprise et mépris, chacun véhiculé par une expression distincte ;
- si deux émotions sont mélangées – souvent, deux émotions sont éprouvées et le visage exprime des éléments de chacune ;
- l'intensité de l'émotion éprouvée – chaque émotion peut varier en intensité – de l'agacement jusqu'à la fureur, de l'appréhension jusqu'à la terreur, etc.

Mais, comme je l'ai dit, le visage n'est pas simplement un système involontaire de signaux émotionnels. Dans les premières années de la vie, l'enfant apprend à contrôler certaines de ces expressions faciales, à dissimuler les émotions sincères et à feindre l'expression d'émotions non ressenties. Les parents enseignent à leurs enfants à contrôler leurs expressions par l'exemple et aussi, plus directement, par des consignes comme : « Ne me regarde pas avec cet air méchant », « Aie l'air heureux quand on te fait un cadeau », « Ne prends pas cet air ennuyé ». En grandissant, l'individu apprend si bien les *règles d'affichage* qu'elles peuvent devenir des habitudes profondément enracinées. Au bout d'un certain temps, de nombreuses règles d'affichage pour la gestion de l'expression émotionnelle finissent par fonctionner automatiquement, modulant l'expression sans décision ni même conscience. Même lorsque l'individu se rend compte de ses règles d'affichage, il n'est pas toujours possible, et de toute façon jamais facile de s'empêcher de les suivre. Une fois qu'une habitude enracinée est devenue un automatisme inconscient, elle est difficile à perdre. J'estime même que ces habitudes sont peut-être parmi les plus difficiles de toutes à rompre.

Ce sont les règles d'affichage, dont certaines sont différentes selon la culture, qui donnent l'impression au voyageur que les expressions faciales ne sont pas universelles. J'ai découvert que lorsque des Japonais regardent des films émouvants, leurs expressions ne diffèrent pas de celles des Américains, à condition qu'ils soient seuls. En présence d'un tiers, d'un individu détenant l'autorité, les Japonais, bien plus que la plupart des Américains, suivent des règles d'affichage qui les conduisent à masquer toute expression d'émotion négative par un sourire poli[3].

Outre ces contrôles habituels et automatiques des expressions faciales, l'individu peut décider volontairement et tout à fait consciemment de censurer l'expression d'émotions sincères ou feindre une émotion non ressentie. La plupart des gens réussissent certaines de ces tromperies faciales. Presque tout le monde se souvient d'avoir été totalement dupé par l'expression de quelqu'un. Pourtant, presque tout le monde a également vécu l'expérience inverse, en s'apercevant d'un mensonge grâce à l'expression qui passait sur le visage de son interlocuteur. Par exemple, quel couple ne se rappelle pas une circonstance où l'un a vu sur le visage de l'autre une émotion (généralement colère ou peur) que son partenaire n'était pas conscient de montrer et a même nié éprouver? La plupart des gens se pensent capables de détecter une expression feinte : notre étude a démontré qu'ils en sont presque tous incapables.

Dans le chapitre précédent, j'ai décrit l'expérience dans laquelle nous avons découvert que les gens ne parvenaient pas à distinguer les infirmières qui mentaient de celles qui disaient la vérité. Ceux qui voyaient seulement les expressions faciales des infirmières avaient un taux de réussite inférieur au hasard, jugeant plus honnêtes les infirmières qui mentaient. Ils avaient été bernés par l'expression feinte et n'avaient pas remarqué les expressions qui fuitaient les émotions sincères. Quand un individu ment, ses expressions les plus évidentes et faciles à repérer sont généralement celles qui sont feintes. On manque souvent les signes subtils indiquant que ces expressions ne sont pas ressenties et les indices furtifs d'émotions dissimulées.

La plupart des chercheurs n'ont pas mesuré les expressions faciales du menteur, et se sont concentrés sur des comportements plus faciles à mesurer, comme les illustrants corporels ou les erreurs d'élocution. Les rares qui se sont intéressés au visage ont seulement étudié le sourire et l'ont mesuré trop simplement. Ils ont découvert que l'individu sourit autant quand il ment que lorsqu'il dit la vérité. Ces chercheurs n'ont pas identifié le type de sourire. Car tous les sourires ne sont pas identiques. Notre technique de mesure faciale peut distinguer plus de cinquante sourires différents. Nous avons découvert que les infirmières souriaient différemment selon qu'elles mentaient ou disaient la vérité.

C'est simplement parce qu'il existe tant d'expressions différentes à distinguer que les chercheurs spécialisés dans la communication non verbale et le mensonge ont évité les mesures faciales. Jusqu'à récemment, il n'y avait aucun moyen exhaustif et objectif de mesurer toutes les expressions faciales. Nous avons entrepris de développer une telle méthode parce que nous savions, après avoir visionné l'expérience des infirmières, que découvrir les signes faciaux de tromperie exigerait cette précision. Nous avons passé près de dix ans à développer cette technique[4].

Il existe des milliers d'expressions faciales, qui ne sont pas toutes liées à une émotion. Beaucoup sont ce que l'on appelle des *signaux conversationnels* qui, comme les illustrants corporels, soulignent le discours ou la syntaxe, comme les points d'interrogation ou d'exclamation faciaux. Il existe également un certain nombre d'emblèmes faciaux : le clin d'œil, le haussement de sourcils avec lèvres incurvées vers le bas, comme Droopy, ou le sourcil unique haussé en signe de scepticisme, pour n'en mentionner que quelques-uns. Il existe des manipulatoires faciaux, comme se mordiller les lèvres, les suçoter, les essuyer, gonfler les joues. Et il y a enfin les expressions émotionnelles, sincères et feintes.

Il n'existe pas une seule expression pour chaque émotion, mais des dizaines, et pour certaines, des centaines. Chaque émotion possède une famille d'expressions, chacune visiblement différente. Cela n'a rien d'étonnant. Il n'y a pas un sentiment ni une manifestation pour chaque émotion, mais une famille d'expériences.

Considérons les membres de la famille des manifestations de la colère. La colère varie :

- en intensité, de l'agacement à la fureur ;
- dans la manière dont elle est contrôlée (explosion ou fulmination) ;
- dans le temps qu'elle met à s'exprimer (délai de déclenchement), de bref à long ;
- dans le temps qu'elle met à s'éteindre (délai d'extinction), de rapide à lent ;
- en température, de chaude à froide ;
- en authenticité, depuis la véritable colère jusqu'à la fausse colère amusée de parents devant un enfant espiègle.

Si nous incluons ici les mélanges de colère avec d'autres émotions – colère agréable, colère coupable, colère vertueuse, colère méprisante –, nous trouverons encore plus de membres à cette famille.

Personne ne sait encore s'il existe des expressions faciales différentes pour chacune de ces différentes expériences de colère. J'estime que oui. Nous avons déjà la preuve qu'il existe plus d'expressions faciales différentes que de mots pour qualifier une émotion donnée. Le visage véhicule des nuances et des subtilités que le langage ne peut exprimer avec des mots. Nous avons commencé en 1978 seulement à dresser le répertoire des expressions faciales, en déterminant exactement combien d'expressions comprend chaque émotion, lesquelles sont synonymes et lesquelles signalent des états intérieurs différents mais connexes. Ce que j'expose sur les signes faciaux de tromperie repose en partie sur des études systématiques utilisant notre nouvelle technique de mesure faciale, et en partie sur des milliers d'heures passées à étudier les expressions faciales. Mes conclusions sont des hypothèses, car aucun autre scientifique n'a à ce jour tenté de reproduire nos études sur la différence entre expressions volontaires et involontaires.

Les micro-expressions

Commençons par la source la plus alléchante de fuites faciales, les micro-expressions. Ces expressions donnent une image complète de l'émotion dissimulée, mais si furtive qu'elles passent généralement inaperçues. Une micro-expression apparaît et disparaît sur un visage en moins d'un quart de seconde. Nous avons découvert les micro-expressions lors de notre première étude des indices de tromperie. Nous visionnions un entretien filmé avec la patiente Mary qui dissimulait ses projets de suicide. Dans le film, tourné quelques semaines après son séjour à l'hôpital, Mary déclare au médecin qu'elle ne se sent plus déprimée et demande l'autorisation de sortir passer le week-end en famille. Elle avouera plus tard se sentir toujours aussi malheureuse et avoir menti afin de pouvoir se suicider une fois sans surveillance.

Mary présentait un certain nombre de haussements d'épaules partiels – lapsus emblématiques – et une diminution des illustrants. Nous avons également repéré une micro-expression : en repassant plusieurs fois le film au ralenti, nous avons vu une expression faciale de tristesse complète, mais qui ne durait qu'un bref instant et était suivie d'une expression souriante.

Les micro-expressions sont des expressions émotionnelles de tout le visage qui sont comprimées dans le temps et ne tiennent qu'une fraction de leur durée habituelle.

Elles sont si rapides qu'elles passent généralement inaperçues. La figure 2 montre l'expression de tristesse. Elle est très facile à interpréter parce qu'elle est figée par la photo. Si vous ne deviez la voir que durant un vingt-cinquième de seconde et qu'elle était immédiatement suivie d'une autre expression, comme dans le cas d'une micro-expression, vous la manqueriez très probablement. Peu après notre découverte des micro-expressions, d'autres chercheurs publièrent les leurs en concluant que les micro-expressions étaient le résultat d'un refoulement et révélaient des émotions inconscientes[5]. À n'en pas douter, pour Mary, le sentiment n'était pas inconscient : elle était douloureusement consciente de la tristesse que révélaient ses micro-expressions.

Nous avons montré des extraits de l'entretien de Mary contenant des micro-expressions et demandé à des gens de juger son état d'esprit. Ceux qui n'étaient pas formés se trompèrent : n'ayant pas remarqué le message des micro-expressions, ils pensèrent qu'elle se sentait bien.

C'est seulement lorsque nous avons utilisé le ralenti qu'ils ont repéré le message de tristesse. Cependant, les praticiens expérimentés n'eurent pas besoin de ralenti : ils repérèrent le message de la micro-expression du premier coup.

Figure 2

Au bout d'une heure d'entraînement, la plupart des gens peuvent apprendre à repérer une expression aussi fugace. Nous avons mis un obturateur sur la lentille d'un projecteur afin de pouvoir projeter une diapositive très brièvement. Au départ, quand une expression apparaît durant un cinquantième de seconde, les sujets déclarent qu'ils ne l'ont pas vue et n'y parviendront jamais. Mais très rapidement ils apprennent à le faire, et avec une telle facilité que parfois ils croient que nous avons ralenti l'obturateur. Après avoir vu quelques centaines de visages, tout le monde parvient à reconnaître l'émotion malgré la brièveté de l'apparition. N'importe qui peut s'entraîner, même sans obturateur, en passant très vite devant ses yeux la photo d'une expression faciale. Il faut essayer de deviner quelle émotion montre l'image, puis l'examiner soigneusement pour vérifier, et recommencer avec une autre photo. Il faut pratiquer ainsi avec plusieurs centaines de photos[6].

Les expressions coupées

Alors que les micro-expressions sont si riches d'informations, leur fréquence est très rare. Nous en avons trouvé quelques-unes dans l'expérience des infirmières, mais les plus courantes étaient les *expressions coupées*.
Cela se produit quand une expression apparaît, que l'individu en prend conscience et l'interrompt, la recouvrant parfois aussi avec une autre expression.
Le sourire est la couverture ou le masque le plus fréquent. Parfois, la coupure se fait si rapidement qu'il est difficile de lire le message émotionnel que l'expression interrompue aurait véhiculé. Même si le message ne fuite pas, la coupure peut être un indice repérable de dissimulation d'émotions. L'expression coupée n'est pas entièrement affichée, mais elle dure plus longtemps que la micro-expression et l'interruption en elle-même est visible.
Micro-expressions et expressions coupées sont sensibles aux deux problèmes qui rendent difficile l'interprétation de la plupart des indices de tromperie. Rappelez-vous le risque Brokaw, où le détecteur néglige de prendre en compte les particularités individuelles de l'expression des émotions. L'individu qui dissimule une émotion ne laissera pas toujours échapper une expression coupée ou une micro-expression : leur absence n'est donc pas une preuve de sincérité. Les facultés de contrôle de l'expression sont différentes selon les individus, et ceux que j'appelle les menteurs-nés s'en acquittent parfaitement. Au contraire, quand un individu laisse échapper une expression coupée ou une micro-expression, cela ne suffit pas à garantir qu'il ment. Presque toutes les émotions fuitées par ces expressions peuvent être éprouvées par un innocent qui tente de les dissimuler. Un innocent peut craindre de ne pas être cru, être coupable d'autre chose, fâché ou dégoûté qu'on l'accuse à tort, ravi d'avoir l'occasion de prouver à son accusateur qu'il

se trompe, surpris de l'accusation, etc. Si cet innocent veut dissimuler de tels sentiments, une expression coupée ou une micro-expression peuvent se produire.

Les muscles faciaux fiables

Les muscles qui produisent les expressions faciales ne sont pas tous aussi faciles à contrôler. Certains sont plus fiables que d'autres. Les *muscles faciaux fiables* ne peuvent pas être utilisés pour les expressions fausses : le menteur ne peut pas les diriger. En outre, le menteur a du mal à dissimuler leur action quand il tente de cacher une émotion éprouvée, car ils ne peuvent pas être inhibés ni coupés. Nous avons appris quels muscles sont difficiles à contrôler en demandant à des sujets de faire bouger individuellement chacun de leurs muscles faciaux et également de jouer des émotions[7]. Certains mouvements musculaires sont réalisables volontairement par très peu de gens. Par exemple, seulement 10 % de nos sujets parvenaient à incurver leurs lèvres vers le bas sans mobiliser le muscle mentonnier. Cependant, nous avons observé que ces muscles si difficiles à contrôler bougent effectivement quand l'individu éprouve une émotion qui nécessite ce mouvement. Par exemple, les mêmes individus qui ne parviennent pas à incurver leurs lèvres volontairement prennent cette expression quand ils éprouvent tristesse, peine ou chagrin. Nous avons réussi à leur apprendre comment le faire délibérément, mais il faut généralement plusieurs dizaines d'heures de pratique. Ces muscles faciaux sont dits fiables parce que l'individu ne sait pas comment les mobiliser pour afficher une expression fausse. En toute logique, si un individu ne peut mobiliser un muscle pour feindre une expression, il aura autant de mal à le contrôler pour couper une expression sincère impliquant ce muscle.

Figure 3A

Figure 3B

Figure 3C

Figure 3D

Figure 4

Il y a d'autres manières de dissimuler une expression que l'on ne peut pas inhiber. L'expression peut être masquée, typiquement par un sourire, mais qui ne couvrira pas les signes de l'émotion ressentie dans la zone du front et des paupières supérieures. Une autre solution consiste à mobiliser les muscles antagonistes pour retenir l'expression. On peut par exemple diminuer un sourire de plaisir en serrant les lèvres et en remontant le muscle mentonnier. Cependant, souvent, l'utilisation de muscles antagonistes peut devenir en soi un indice de tromperie, car la combinaison des deux peut donner au visage un air rigide peu naturel. La meilleure manière de dissimuler une émotion éprouvée serait d'inhiber entièrement l'action des muscles impliqués dans son expression. Ce qui est difficile, si l'émotion mobilise des muscles faciaux fiables. Le front est la zone principale des mouvements des muscles faciaux fiables. La figure 3A montre les mouvements de muscles faciaux fiables qui se produisent dans la tristesse, le chagrin et la détresse, et probablement la culpabilité. C'est la même expression que sur la figure 2, mais il est plus facile dans la figure 3A de se concentrer uniquement sur le front, puisque le reste du visage est neutre. Remarquez que les pointes internes des sourcils sont relevées. Généralement, ce mouvement remonte la paupière supérieure et produit quelques rides au centre du front. Moins de 15 % de nos sujets ont été capables de faire ce mouvement volontairement. Il ne devrait pas être présent dans un affichage feint de ces émotions et devrait apparaître chez l'individu qui éprouve tristesse ou détresse (et peut-être culpabilité), même s'il tente de dissimuler ces émotions. Toutes ces photographies d'expressions faciales donnent une version exagérée de l'affichage, afin que l'expression soit clairement identifiable, bien qu'il soit impossible de la voir apparaître et disparaître sur le visage. Dans le cas d'une émotion de tristesse faible, le front serait à peu près identique à celui de la figure 3A. Une fois que l'on connaît les caractéristiques d'une expression, même ses versions les plus subtiles sont détectables quand on la voit en mouvement, comme dans le quotidien, et non pas sur une représentation statique.

La figure 3B montre les mouvements de muscles faciaux fiables se produisant en cas de peur, d'inquiétude, d'appréhension ou de terreur. Remarquez les sourcils haussés et rapprochés. Cette combinaison d'action est extrêmement difficile à réaliser volontairement. Moins de 10 % des individus en sont capables. On aperçoit également sur la photo la paupière supérieure relevée et la paupière inférieure tendue qui marquent typiquement la peur. Ces mouvements de paupières peuvent être absents quand un individu tente de dissimuler sa peur, car ce ne sont pas des mouvements musculaires difficiles à contrôler. La position des sourcils a toutes les probabilités de rester.

Les figures 3C et 3D montrent les mouvements de sourcils et de paupières marquant la colère et la surprise. Il n'y a pas de mouvements distincts de sourcils et de paupières qui marquent d'autres émotions. Les mouvements présentés sur les figures 3C et 3D ne sont pas fiables. Tout le monde est capable de les faire et, en conséquence, ils devraient apparaître dans les expressions feintes et être facilement dissimulés. Nous les présentons dans un souci d'exhaustivité, afin que le contraste avec les mouvements fiables des figures 3A et 3B soit plus évident.

Les mouvements de sourcils montrés sur les figures 3C et 3D – haussement et froncement – sont les expressions faciales les plus fréquentes. Ces mouvements de sourcils sont souvent utilisés comme signaux conversationnels pour accentuer ou souligner le discours. Le haussement sert également de point d'exclamation ou d'interrogation, et comme emblème d'incrédulité et de scepticisme. Darwin avait raison d'appeler le muscle fronçant le sourcil

« muscle de la difficulté », car ce mouvement se produit devant toute difficulté, qu'il s'agisse de soulever une charge lourde ou de résoudre un problème arithmétique complexe. Froncer et rapprocher les sourcils est également répandu dans les situations de perplexité ou de concentration.

Il existe un autre mouvement musculaire fiable dans la zone de la bouche. L'un des meilleurs indices de colère est la rétraction des lèvres. La zone rouge devient moins visible, mais les lèvres ne sont pas nécessairement rentrées ni pincées. Ce mouvement est très difficile à exécuter volontairement par la plupart des gens et j'ai remarqué qu'il apparaît souvent quand un individu commence à se fâcher, avant même qu'il soit conscient de cette émotion. Cependant, c'est un mouvement subtil qui peut également être dissimulé par un sourire. La figure 4 montre la modification d'apparence des lèvres dans ce mouvement.

Un suspect innocent peut présenter l'apparence fiable de peur montrée dans la figure 3B parce qu'il a peur d'être accusé à tort. Craignant, s'il a l'air effrayé, qu'on le considère comme un menteur, il peut essayer de dissimuler sa peur, si bien que les signes de la peur demeurent seulement dans les sourcils, qui sont difficiles à inhiber. Le menteur redoutant d'être démasqué et qui tente de dissimuler sa peur risque de présenter la même expression.

Le risque Brokaw – ne pas prendre en compte les particularités individuelles pouvant amener un menteur à ne pas présenter d'indice de tromperie alors qu'un individu sincère en présente – doit également être évité dans l'interprétation des muscles faciaux fiables. Certains individus – psychopathes et menteurs-nés – ont l'extraordinaire faculté d'inhiber les signes faciaux des sentiments qu'ils éprouvent. Chez eux, même les muscles faciaux fiables ne peuvent être pris en compte. Beaucoup de dirigeants

charismatiques sont d'excellents acteurs. Le pape Jean-Paul II aurait fait preuve de ce talent lors de sa visite en Pologne en 1983.
Quelques années plus tôt, la grève des chantiers navals de Gdansk avait fait espérer que les dirigeants communistes polonais allaient accorder une certaine liberté politique. Beaucoup craignaient que si Lech Walesa, dirigeant du syndicat Solidarité, tirait un peu trop sur la corde, les troupes soviétiques interviendraient comme auparavant en Hongrie, Tchécoslovaquie et Allemagne de l'Est. Pendant des mois, des troupes soviétiques furent postées aux frontières de la Pologne pour des « manœuvres militaires ». Finalement, le régime qui avait toléré Solidarité abdiqua et fut remplacé par l'armée polonaise, avec l'approbation de l'URSS. Le général Jaruzelski suspendit l'activité des syndicats et celle de Lech Walesa et déclara l'état de siège. Cependant, au bout de dix-huit mois de loi martiale, la visite du pape, lui-même polonais, pouvait avoir des conséquences importantes. Jean-Paul II allait-il témoigner son soutien à Walesa, sa présence allait-elle relancer une grève, catalyser la rébellion, ou bien allait-il accorder sa bénédiction à Jaruzelski ? Le journaliste William Safire décrivit ainsi la rencontre filmée entre le général et le pape : « Le souverain pontife et le dirigeant fantoche échangèrent sourires et poignées de main. Le pape, conscient de l'utilisation possible des apparitions publiques, adapte ses expressions faciales pour ce type d'événements. Ici, le signe était incontestable : l'Église et l'État étaient parvenus à quelque accord secret, et la bénédiction politique convoitée par le dirigeant polonais choisi par Moscou [Jaruzelski] devait être diffusée et rediffusée à la télévision nationale[8]. »
Les hommes politiques ne savent pas tous gérer aussi habilement leurs expressions. Le défunt président égyptien Anouar el-Sadate racontait ainsi comment, adolescent, il tentait d'apprendre à contrôler ses muscles

faciaux: «Mon hobby était la politique. À l'époque, Mussolini dirigeait l'Italie. Je voyais ses photos et constatais comment il modifiait ses expressions faciales quand il prononçait des discours, prenant une attitude tantôt de puissance, tantôt d'agressivité, afin que l'assistance lise sur ses traits mêmes puissance et force. Cela me fascinait. Je me plaçais devant un miroir chez moi et essayais d'imiter son expression autoritaire, mais le résultat était très décevant. Tout ce que j'obtenais, c'étaient de douloureuses crampes au visage[9].»

Bien que Sadate fût incapable de feindre des expressions faciales, son succès dans l'alliance secrète avec la Syrie pour lancer une attaque surprise contre Israël en 1973 montre qu'il était cependant habile en matière de tromperie. Ce n'est pas contradictoire. La tromperie n'implique pas nécessairement de contrefaire ou dissimuler des expressions faciales, un geste ou sa voix. Ce n'est nécessaire que lorsque menteur et victime sont en tête-à-tête, en contact direct, comme lors de l'entrevue d'Hitler et de Chamberlain. Selon la légende, Sadate ne tentait jamais de dissimuler ses sentiments devant ses adversaires. D'après Ezer Weizman, ministre israélien de la Défense qui négocia directement avec lui après la guerre de 1973: «Ce n'est pas un homme qui garde pour lui ses sentiments: ils sont immédiatement visibles dans son expression, comme dans sa voix et ses gestes[10].»

Les particularités individuelles interfèrent, dans une moindre mesure, avec l'interprétation des muscles faciaux fiables. Il s'agit des signes faciaux conversationnels: certains sont très semblables aux illustrants manuels et soulignent certains mots du discours. La plupart des gens froncent ou haussent les sourcils (figures 3C et 3D). Très peu d'individus utilisent les mouvements de sourcils de la tristesse ou de la peur (figures 3A et 3B) pour souligner leur discours. Si cela se produit, ces mouvements ne sont pas fiables. Le réalisateur Woody Allen fait partie des gens dont les mouvements de sourcils ne sont pas fiables : il utilise le mouvement de sourcils de la tristesse pour souligner un mot. Là où la plupart des individus haussent ou froncent les sourcils, Woody Allen hausse la pointe interne de ses sourcils. C'est ce qui contribue à lui donner cet air compatissant ou mélancolique. Les individus qui, comme lui, utilisent le froncement de tristesse comme soulignement sont capables de faire ce mouvement délibérément et sans peine. De tels individus devraient pouvoir utiliser ces mouvements dans une expression feinte et les dissimuler s'ils le désirent. Ils contrôlent facilement des muscles que la plupart des gens ne peuvent maîtriser. Le détecteur peut déduire que ces muscles ne sont pas fiables si le suspect utilise fréquemment ces mouvements comme soulignement.

Un troisième problème peut compliquer l'interprétation des muscles faciaux fiables et d'autres indices de tromperie : une technique de théâtre peut être utilisée pour mobiliser ces muscles dans une expression feinte. La technique Stanislavski (Actors Studio) enseigne à l'acteur comment représenter avec justesse une émotion en la mémorisant et la revivant. J'ai mentionné à la fin du chapitre précédent comment nous avons utilisé cette technique pour étudier le système nerveux autonome. Quand un acteur y a recours, ses expressions faciales ne sont pas produites délibérément, mais sont le résultat d'une émotion qu'il revit, et comme notre étude le laisse à penser, la physiologie d'une émotion peut être réveillée. Lorsque des sujets ne parvenaient pas à produire les mouvements des figures 3A ou 3B, il m'est arrivé de leur demander d'utiliser la technique Stanislavski en les incitant à revivre des sentiments de tristesse ou de peur ; ils parvenaient alors souvent à produire les mouvements faciaux qu'ils ne pouvaient faire délibérément. Le menteur peut également recourir à cette technique et, dans ce cas, rien ne peut signaler que sa performance est feinte, puisque en un

sens elle est sincère. Les muscles faciaux fiables seraient mobilisés dans cette expression feinte parce que le menteur l'éprouverait. La frontière entre faux et vrai devient floue quand des émotions sont produites par la méthode Stanislavski. Pire encore est le menteur qui réussit à se leurrer lui-même et à se convaincre que son mensonge est vrai. De tels menteurs sont indétectables.
Seuls, les menteurs qui savent qu'ils mentent ont des probabilités d'être démasqués.

Les yeux

Jusqu'à présent, j'ai abordé trois manières dont les émotions dissimulées peuvent fuiter :
– les micro-expressions,
– ce qui apparaît juste avant une expression coupée,
– ce qui demeure sur le visage parce qu'il n'était pas possible d'inhiber le mouvement d'un muscle facial fiable.
Beaucoup de gens se fient à une quatrième source pour repérer les émotions dissimulées : les yeux. Selon eux, un regard ne peut pas mentir. L'anthropologue Margaret Mead cite un professeur russe qui affirme le contraire : « Avant la Révolution, nous disions que les yeux étaient le miroir de l'âme. Les yeux peuvent mentir – et comment ! Vous pouvez exprimer avec le regard une attention dévouée que vous n'éprouvez pas. Vous pouvez exprimer la sérénité ou la surprise[11]. » Ce désaccord sur la fiabilité des yeux peut être résolu si nous considérons séparément trois sources d'informations distinctes du regard qui fournissent des fuites ou des indices de tromperie.
Premièrement, nous avons les modifications de l'apparence des yeux produites par les muscles entourant les prunelles. Ces muscles modifient la forme des paupières, la quantité de blanc de l'œil et d'iris visible et l'impression

générale donnée lorsqu'on considère la zone oculaire. Certaines de ces modifications sont visibles sur les figures 3A, 3B, 3C et 3D, mais, comme je l'ai déjà dit, les mouvements de ces muscles ne fournissent pas des indices fiables de tromperie. Il est relativement facile de les faire bouger volontairement et d'inhiber leur mouvement. Il y aura peu de fuites, sauf dans le cadre d'une micro-expression ou d'une expression coupée.

La direction du regard

La deuxième source d'informations de la zone oculaire est la direction du regard. Il s'oriente différemment sous le coup de plusieurs émotions : vers le bas avec la tristesse ; vers le bas ou de biais avec la honte ou la culpabilité ; il se détourne avec le dégoût. Pourtant, même un menteur coupable ne risque pas de beaucoup détourner le regard, car il sait que tout le monde pense pouvoir détecter la tromperie ainsi. Le professeur russe cité par Mead notait combien il est facile de contrôler la direction de son regard. Curieusement, les gens continuent de se laisser berner par des menteurs assez habiles pour ne pas détourner le regard. « L'une des choses qui attira Patricia Gardner chez Giovanni Vigliotto, l'homme qui avait épousé cent femmes, était "son allure sincère", le fait qu'il regardait droit dans les yeux, a-t-elle déclaré hier [au procès de Vigliotto pour bigamie][12]. »

Le clignement

Les troisième, quatrième et cinquième sources d'information de la zone oculaire sont les plus prometteuses en matière de fuites et d'indices de tromperie. Cligner des

yeux peut être volontaire, mais c'est aussi une réaction involontaire qui augmente quand l'individu est ému.
Les pupilles se dilatent en cas d'émotion, et personne n'a la possibilité de le faire délibérément.
La dilatation des pupilles est produite par le système nerveux autonome, qui provoque également les modifications de la salivation, de la respiration et de la transpiration décrites au chapitre 3, ainsi que d'autres modifications faciales développées plus loin. Si des pupilles dilatées et l'augmentation des clignements indiquent qu'un individu est ému, elles ne révèlent pas quelle émotion il éprouve. Il peut s'agir de signes d'excitation, de colère ou de peur. Le clignement et la dilatation des pupilles peuvent être des fuites précieuses uniquement quand la preuve d'une émotion quelconque trahit que l'individu ment et si le détecteur peut écarter la possibilité que ce soient les signes de la peur éprouvée par un innocent qui craint d'être jugé à tort.

Les larmes

Les larmes, cinquième et dernière source d'informations de la zone oculaire, sont également provoquées par le système nerveux autonome, mais elles sont le signe de certaines émotions seulement. Elles n'apparaissent qu'en cas de détresse, tristesse, soulagement, certaines formes de joie et en cas de fou rire incontrôlable. Elles peuvent fuiter la détresse ou la tristesse quand d'autres signes sont dissimulés, mais j'estime que les sourcils montreraient également l'émotion, et que le détecteur, si les larmes commencent à couler, reconnaîtrait rapidement l'émotion dissimulée. Les larmes de joie ne devraient pas fuiter si le rire lui-même a été réprimé.

Les modifications provoquées par le système nerveux autonome

Le système nerveux autonome produit d'autres modifications sur le visage : rougissement, blêmissement et transpiration. Tout comme pour les autres modifications faciales et corporelles causées par le système nerveux autonome, il est difficile de les dissimuler. On ignore encore si la transpiration est, comme la dilatation des pupilles et le clignement, un signe de n'importe quelle émotion, ou si elle est spécifique à seulement une ou deux. Et on sait très peu de choses sur le rougissement et le blêmissement.

- Rougir est présumé comme un signe de gêne, se produisant également avec la honte et peut-être avec la culpabilité. On dit que le rougissement est plus commun chez les femmes que chez les hommes, sans que l'on sache pourquoi. Rougir peut fuiter qu'un menteur est embarrassé ou honteux de dissimuler, ou bien gêné par ce qu'il dissimule. Le visage rougit également en cas de colère, et personne ne sait si cela est différent du rougissement. Les deux impliquent une dilatation des vaisseaux capillaires, mais le rouge de la colère et le rougissement de la gêne ou de la honte peuvent être différents en intensité, localisation ou durée. J'estime que le visage rougit seulement quand la colère est incontrôlable ou quand un individu essaie de maîtriser une colère sur le point d'exploser. Auquel cas, on trouvera généralement d'autres signes de colère sur le visage et dans la voix, et le détecteur n'aura pas à se reposer uniquement sur la coloration du visage pour repérer cette émotion. Dans une colère plus maîtrisée, le visage peut pâlir ou blêmir, comme c'est également le cas avec la peur.
- Blêmir peut fuiter même quand l'expression de colère ou de peur est dissimulée.

Laissons de côté la manière dont le visage peut trahir une émotion dissimulée pour voir les signes faciaux indiquant une expression feinte et une émotion non ressentie. Une possibilité, déjà mentionnée, est que les muscles faciaux fiables ne soient pas mobilisés dans une expression feinte, du moment que nous ne sommes pas en présence d'un Woody Allen ou d'un acteur de la technique Stanislavski.
Il existe trois autres indices de tromperie : les expressions asymétriques, le timing et l'emplacement dans le cours de la conversation.

Les expressions asymétriques

Dans une *expression asymétrique*, les mêmes mouvements apparaissent des deux côtés du visage, mais ils sont plus prononcés d'un côté que de l'autre. Il ne faut pas confondre cela avec les expressions *unilatérales*, qui apparaissent d'un seul côté du visage. Ces mouvements faciaux d'un seul côté ne sont pas des signes d'émotion, à l'exception de l'expression de mépris, lorsque la lèvre supérieure est relevée ou que le coin des lèvres est froncé d'un seul côté. Les expressions unilatérales sont utilisées dans des emblèmes comme le clin d'œil ou le haussement sceptique d'un seul sourcil. Les expressions asymétriques sont plus subtiles, beaucoup plus répandues et plus intéressantes que les expressions unilatérales.
Après avoir découvert que l'hémisphère droit du cerveau semble spécialisé dans la gestion des émotions, certains scientifiques ont pensé qu'un côté du visage est plus émotionnel. Comme l'hémisphère droit contrôle un grand nombre de muscles du côté gauche du visage et inversement, certains scientifiques ont avancé que l'émotion pourrait être plus intense sur le côté gauche du visage.

En tentant de comprendre les incohérences d'une de mes expériences, j'ai découvert par hasard à quel point l'asymétrie peut être un indice de tromperie.
Les expressions tordues, où les mouvements sont légèrement plus prononcés d'un côté que de l'autre, indiquent que l'émotion affichée n'est pas ressentie.
Ce hasard est intervenu parce que la première équipe de scientifiques ayant annoncé avoir découvert que l'émotion était plus prononcée sur le côté gauche n'avait pas utilisé son propre corpus et m'avait emprunté des photos de visages. J'ai étudié leurs conclusions plus soigneusement que je ne l'aurais fait autrement et j'ai pu recueillir des informations qu'ils ne pouvaient percevoir, parce que c'était moi qui avais pris les photos. Harold Sackheim et ses confrères les coupèrent toutes en deux afin de produire une image symétrique gauche et droite, les deux étant composées d'une moitié de visage et de son reflet. Les sujets estimèrent l'émotion plus intense sur l'image symétrique gauche que sur la droite[13]. J'ai remarqué qu'il y avait une exception: leur jugement était identique dans les cas des émotions heureuses. Sackheim avait négligé ce fait, mais pas moi. Ayant pris ces clichés, je savais que ces expressions heureuses étaient les seules *sincères*. J'avais obtenu les autres en demandant à mes sujets de bouger volontairement tel ou tel muscle facial. Et j'avais pris la photo de l'expression heureuse à leur insu pendant qu'ils s'amusaient.
Rapprocher cela des études sur les lésions cérébrales et l'expression faciale dont j'ai parlé au début de ce chapitre laissait entrevoir une tout autre interprétation de l'asymétrie faciale. Ces études avaient démontré que les expressions volontaires et involontaires empruntent différents itinéraires neuronaux, car l'un peut être lésé mais pas l'autre, selon la zone du cerveau qui a été touchée. Comme les expressions volontaires et involontaires peuvent être indépendantes les unes des autres, si l'une était

asymétrique, l'autre ne l'était peut-être pas. La dernière partie du raisonnement reposait sur le fait bien établi que les hémisphères cérébraux commandent les mouvements volontaires, alors que les mouvements involontaires sont produits par des zones cérébrales inférieures plus primitives. Les différences entre hémisphères gauche et droit devaient donc se retrouver uniquement dans les expressions volontaires.

Selon mon raisonnement, Sackheim avait découvert exactement l'opposé de ce qu'il pensait avoir prouvé. Ce n'était pas que les deux côtés du visage diffèrent dans l'expression émotionnelle. Mais que l'asymétrie se produit simplement quand l'expression est volontaire et exécutée sur commande. Quand elle est involontaire, comme dans les expressions heureuses spontanées, il y a peu d'asymétrie. L'asymétrie est un indice d'expression non ressentie[14]. Nous avons mené plusieurs expériences pour vérifier ces hypothèses en comparant expressions délibérées et spontanées.

Le débat scientifique sur la question a été intense et c'est seulement récemment qu'un accord a été trouvé – concernant les mouvements impliqués dans les expressions émotionnelles positives. La plupart des chercheurs rejoignent nos découvertes : quand l'expression n'est pas ressentie, le muscle principal impliqué dans le sourire agit avec plus d'intensité sur un côté du visage. Quand nous demandions à des sujets de sourire volontairement ou de jouer la joie, nous repérions une asymétrie, tout comme dans les sourires que font parfois les gens quand ils regardent nos films sanglants. Typiquement, le mouvement était légèrement plus prononcé du côté gauche du visage pour les droitiers. Dans les sourires authentiques, nous avons trouvé beaucoup moins d'expressions asymétriques et, dans les cas d'asymétrie, aucune tendance à ce qu'ils soient plus prononcés sur le côté gauche du visage[15].

Nous avons également constaté de l'asymétrie dans certains des mouvements impliqués dans les émotions négatives, quand ils sont produits volontairement, mais pas quand ils font partie d'un affichage spontané d'émotion. Parfois, les mouvements sont plus prononcés d'un côté ou de l'autre, parfois nous n'avons aucune asymétrie. Outre le sourire, le froncement de sourcils qui apparaît souvent dans la colère est généralement plus prononcé du côté gauche du visage quand le mouvement est volontaire. Le froncement de nez du dégoût et l'étirement des lèvres vers l'extérieur de la peur sont généralement plus prononcés du côté droit quand ces mouvements sont délibérés. Ces découvertes ont été publiées et on ignore encore si elles convaincront ceux qui, comme Sackheim, sont partisans de l'asymétrie dans les expressions émotionnelles[16].
Je ne pensais pas que cela puisse être pertinent pour le détecteur. L'asymétrie est généralement si subtile que je croyais qu'il n'était pas possible de la repérer sans la mesurer avec précision. J'avais tort. Quand nous avons demandé à des sujets de juger la symétrie d'expressions, leur taux de réponse a été supérieur au hasard, même s'ils devaient se prononcer en voyant l'image une seule fois et sans ralenti[17].
Si beaucoup d'expressions faciales sont asymétriques, il est probable qu'elles ne sont pas éprouvées, mais l'asymétrie n'est pas la preuve irréfutable d'une expression non ressentie. Certaines expressions éprouvées sont asymétriques, mais la plupart ne le sont pas, simplement. De la même manière, l'absence d'asymétrie ne prouve pas qu'une expression est ressentie ; le détecteur peut ne pas l'avoir repérée et, par ailleurs, toutes les expressions volontaires non éprouvées ne sont pas asymétriques, mais la plupart le sont, simplement.
Le détecteur ne doit jamais se fonder sur un seul indice de tromperie : il doit y en avoir plusieurs. Les indices faciaux doivent être confirmés par des indices dans la

voix, les paroles ou le corps. Même sur le visage, tout indice ne doit être interprété que s'il est répété et, mieux encore, confirmé par un autre indice facial. Nous avons expliqué plus haut les trois sources de fuite ou manières dont le visage trahit les sentiments dissimulés : les muscles faciaux fiables, les yeux et les modifications de l'apparence du visage provoquées par le système nerveux autonome. L'asymétrie fait partie d'un autre ensemble de trois indices. Il ne s'agit pas ici de fuites, mais d'indices de tromperie signalant que l'expression affichée est feinte. Le timing est la deuxième source d'indices de tromperie.

Le timing

La notion de timing recouvre la durée totale de l'expression faciale, son délai d'apparition et son délai de disparition. Les trois peuvent fournir des indices de tromperie. Les expressions de longue durée – généralement cinq secondes, mais parfois dix ou plus – sont probablement feintes. La plupart des expressions éprouvées ne durent pas aussi longtemps. À moins d'éprouver une émotion particulièrement intense – extase, fureur ou profonde dépression –, les expressions d'émotions sincères ne restent pas plus de quelques secondes sur le visage. Même dans ces états extrêmes, les expressions ne durent pas aussi longtemps : il y a à la place une succession d'expressions plus brèves. Les longues expressions sont généralement des emblèmes ou des expressions moqueuses.

Il n'existe pas de règle simple concernant le délai d'apparition et de disparition, sauf pour la surprise. Apparition, disparition et durée doivent toutes être brèves, de moins d'une seconde, si la surprise est sincère. Plus longues, il s'agit de surprise moqueuse (l'individu plaisante et fait semblant d'être surpris), d'emblème de surprise (l'individu mime l'expression) ou de surprise feinte (l'individu cherche à paraître surpris alors qu'il ne l'est pas). La surprise est toujours une émotion très brève qui dure jusqu'au moment où l'individu comprend l'événement inattendu. Alors que la plupart des gens savent comment feindre la surprise, peu le font de manière convaincante, avec le délai d'apparition et de disparition rapide d'une surprise naturelle.

Toutes les autres expressions émotionnelles peuvent être très brèves, de l'ordre d'une seconde, ou durer plusieurs secondes. L'apparition et la disparition peuvent être soudaines ou progressives. Tout dépend du contexte dans lequel se produit l'expression. Imaginez un subordonné feignant la joie en entendant pour la quatrième fois une blague sans intérêt d'un patron pesant, sans humour ni mémoire. La durée d'apparition du sourire dépend de la chute de la blague, selon qu'elle est progressive, avec des éléments un peu humoristiques, ou brutale. La durée de disparition dépend du type de blague – de la réflexion et des améliorations qu'elle nécessite. Tout le monde est capable de produire un sourire pour feindre le plaisir, mais un menteur a moins de chances d'ajuster correctement les délais d'apparition et de disparition de ce sourire aux exigences particulières du contexte.

L'emplacement

L'emplacement exact d'une expression par rapport au déroulement du discours, aux changements de voix et aux mouvements corporels est la troisième source d'indice de tromperie. Imaginez qu'un individu feignant la colère dise : « J'en ai assez de votre comportement. » Si l'expression survient après les paroles, elle a plus de chances d'être feinte que si la colère se déclenche au début de la phrase ou même juste avant. Imaginez que sur « assez », le menteur donne un coup de poing sur la table. Si l'expression de colère survient après ce coup, elle est probablement feinte. **Les expressions faciales qui ne sont pas synchronisées avec les gestes sont souvent des indices de tromperie.**

Le sourire

Une étude des signes faciaux de tromperie ne serait pas complète si elle n'abordait pas l'une des expressions faciales les plus fréquentes : le sourire, qui occupe une place à part dans les expressions faciales. Il suffit d'un seul muscle pour montrer sa joie, alors que la plupart des autres émotions en nécessitent de trois à cinq. Simple, le sourire est l'expression la plus facile à reconnaître. Nous avons découvert qu'il peut être perçu à cent mètres, même s'il dure moins que toutes les autres expressions émotionnelles[18]. Il est difficile de ne pas rendre un sourire : les gens y répondent même s'ils voient le sourire sur une photographie. Ils apprécient de voir un sourire, ce dont les publicitaires sont bien conscients.

Le sourire est probablement l'expression faciale la plus sous-estimée, étant plus complexe que nous ne l'imaginons. Il en existe des dizaines d'espèces, chacune avec une apparence et un message différents. Le sourire exprime de nombreuses émotions positives : plaisir physique ou sensuel, joie, satisfaction, amusement, pour ne citer que celles-là. Les gens sourient également quand ils sont malheureux. De tels sourires sont différents des sourires feints utilisés pour convaincre autrui qu'on éprouve une émotion positive et masquant souvent l'expression d'une émotion négative. Nous avons récemment découvert que les gens sont souvent bernés par ces faux sourires. Nous avons montré à des sujets les sourires des infirmières en leur demandant de juger s'ils étaient sincères (dus au visionnage du film agréable) ou faux (exécutés volontairement pour masquer les émotions négatives provoquées par le film déplaisant). Les résultats n'ont pas été supérieurs au hasard. Selon moi, le problème ne vient pas seulement de l'incapacité à reconnaître des sourires trompeurs, mais du fait que les gens ignorent le grand nombre de sourires différents qui existent. On ne peut distinguer le faux du sincère qu'en sachant à quoi ressemble chacun et en quoi il diffère des autres membres de la famille des sourires.

Voici la description de quatorze sourires différents, aucun n'étant trompeur.

L'élément commun de la plupart des sourires est le changement d'apparence produit par le muscle grand zygomatique. Ce muscle relie les pommettes aux commissures des lèvres. Contracté, le grand zygomatique relève l'angle de la bouche vers les pommettes. Quand la contraction est prononcée, il étire les lèvres, remonte les joues, plisse l'épiderme sous les yeux et provoque des pattes-d'oie aux coins des yeux. Chez certains individus, il abaisse aussi légèrement la pointe du nez ; chez d'autres, l'épiderme est étiré autour des oreilles. D'autres muscles s'allient au grand zygomatique pour produire les différents membres de la famille des sourires ; enfin, certaines expressions souriantes ne sont pas provoquées par le grand zygomatique, mais par d'autres muscles.

Le simple mouvement du grand zygomatique produit le sourire présenté dans les émotions positives sincères et non contrôlées. Aucun autre muscle de la partie inférieure du visage n'est mobilisé dans ce ***sourire éprouvé***. Le seul mouvement qui peut également apparaître dans la partie supérieure est la contraction du muscle orbital – celui qui entoure les yeux. Ce muscle produit la plupart des modifications de la partie supérieure provoquées par le grand zygomatique – relèvement des joues, plis sous les yeux, pattes-d'oie. La figure 5A représente le sourire éprouvé. Ce sourire dure plus longtemps et est d'autant plus intense que l'émotion positive éprouvée est prononcée[19]. Selon moi, toutes les expériences émotionnelles positives – joie d'autrui, plaisir du soulagement, plaisir causé par une stimulation tactile, visuelle ou auditive, amusement, satisfaction – sont exprimées par ce sourire éprouvé et ne diffèrent que par leur timing et leur intensité.

Le ***sourire de peur*** (figure 5B, voir page 160) n'a rien à voir avec les émotions positives, mais il est parfois interprété à tort comme tel. Il est produit par le muscle *risorius*, qui étire les coins des lèvres horizontalement vers les oreilles et donne à la bouche une forme rectangulaire. *Risorius* signifie en latin «rieur», mais ce mouvement se produit principalement dans la peur et non le rire. La confusion provient probablement du fait que le *risorius*, en étirant les lèvres horizontalement, relève également les coins, provoquant une version très étirée du sourire éprouvé. Dans une expression faciale de peur, la forme rectangulaire de la bouche, avec ou sans relèvement des coins, sera accompagnée des mouvements des sourcils et des yeux présentés sur la figure 3B.

Le ***sourire méprisant*** est également mal nommé, car cette expression n'a pas non plus grand-chose à voir avec des émotions positives, bien que souvent interprété comme tel. La version du sourire montrée sur la figure 5C (voir page 160) implique une contraction du muscle du coin des lèvres, provoquant un gonflement, souvent une fossette et un léger relèvement des commissures. Le mépris peut également être exprimé par une version unilatérale de cette expression, un seul côté des lèvres étant contracté et relevé. Là encore, c'est le relèvement des coins des lèvres, caractéristique commune avec le sourire éprouvé, qui provoque la confusion. Autre élément commun, la fossette, qui apparaît parfois dans le sourire éprouvé. La principale différence est la contraction des commissures, présente dans le sourire méprisant et absente dans le sourire éprouvé.

Dans le ***sourire atténué***, l'individu éprouve réellement une émotion positive, mais tente de faire comme si ces sentiments étaient moins intenses qu'ils ne le sont vraiment. Le but est d'atténuer (mais pas de réprimer) l'expression des émotions positives, tout en la maintenant, et peut-être aussi l'expérience émotionnelle, dans certaines limites. Les lèvres peuvent être pincées, les coins de la bouche contractés ou abaissés, la lèvre inférieure relevée, ou toute combinaison de ces mouvements peut fusionner avec le sourire simple. La figure 5D montre un sourire atténué avec les trois mouvements d'atténuation fusionnant avec le sourire éprouvé.

Le ***sourire malheureux*** exprime l'expérience d'émotions négatives. Ce n'est pas une tentative pour dissimuler, mais un commentaire facial sur le malheur éprouvé. Le sourire malheureux signifie généralement que l'individu qui le présente ne compte pas, du moins pour le moment, se lamenter sur son sort. Il sourit et se résigne. Nous avons observé ce sourire malheureux sur les visages filmés à leur insu des sujets qui regardaient, seuls dans notre laboratoire, l'un de nos films sanglants. Il apparaissait souvent au début, au moment où ils prenaient apparemment conscience du caractère très déplaisant de nos films. Nous les avons également observés sur les visages de patients déprimés, comme commentaires sur leur douloureuse situation. Les sourires malheureux sont souvent asymétriques. Ils sont fréquemment superposés sur une expression d'émotion négative claire : ils ne la masquent pas, mais s'y ajoutent, ou bien ils peuvent être rapidement suivis d'une expression d'émotion négative. Si le sourire malheureux exprime une tentative pour contrôler l'expression de peur, colère ou détresse, il ressemble beaucoup au sourire atténué. Le pincement des lèvres, le relèvement de la lèvre inférieure par le muscle mentonnier, et les coins contractés ou abaissés peuvent servir à contrôler le déferlement de l'une de ces émotions négatives. La différence clé entre cette version du sourire malheureux (figure 5E) et le sourire atténué est l'absence de tout signe de contraction du muscle orbiculaire de l'œil. L'action de ce muscle – tension de l'épiderme autour de l'œil et formation de pattes-d'oie – fait partie du sourire atténué, parce que la joie est éprouvée, et est absente du sourire malheureux, parce que la joie n'est pas éprouvée. Le sourire malheureux peut également apparaître dans les sourcils et le front lorsque les émotions négatives sont reconnues.

Dans un mélange, deux émotions ou plus sont éprouvées en même temps et représentées par la même expression faciale. N'importe quelle émotion peut se mélanger à toute autre. Nous nous occupons seulement ici de l'apparence des émotions qui se mélange souvent avec les émotions positives. Quand un individu éprouve du plaisir à être en colère, le mélange plaisir-colère se verra dans un rétrécissement des lèvres et parfois le retroussement de la lèvre supérieure, par-dessus le sourire éprouvé, avec les expressions de la partie supérieure du visage montrées sur la figure 3C. On peut également qualifier ce sourire de sadique ou cruel. Dans l'expression de plaisir-mépris, le sourire éprouvé fusionne avec la contraction des deux coins de la bouche. On peut aussi éprouver du plaisir à être triste ou effrayé, comme devant un roman à l'eau de rose ou un film d'horreur. Dans le mélange plaisir-tristesse, les coins de la bouche peuvent s'abaisser en se superposant à l'étirement vers le haut du sourire éprouvé, ou bien le sourire éprouvé peut simplement fusionner avec la partie supérieure représentée sur la figure 3A. Le mélange plaisir-peur montre la partie supérieure de la figure 3B associée au sourire éprouvé fusionné avec l'étirement horizontal des lèvres. Certaines expériences agréables sont

Figure 5A

Figure 5B

Figure 5C

Figure 5D

Figure 5E

vécues avec calme et satisfaction, mais parfois la joie se mêle à l'enthousiasme dans un sentiment d'exaltation. Dans le mélange plaisir-enthousiasme, la paupière supérieure se relève en plus des signes du sourire éprouvé. L'acteur Harpo Marx présentait souvent ce sourire d'allégresse enthousiaste, et parfois, quand il jouait un tour, le sourire de plaisir-colère. Dans le mélange plaisir-surprise, le sourcil est haussé, la mâchoire, abaissée, la paupière supérieure, soulevée, le tout en plus des signes du sourire éprouvé.

Deux autres sourires impliquent la fusion du sourire éprouvé et d'un regard particulier. Dans le ***sourire séducteur***, le sujet montre un sourire éprouvé, face à la personne qui l'intéresse, sans la regarder puis, un bref instant, lui jette un regard à la dérobée durant un temps suffisant pour être remarqué avant de se détourner à nouveau. L'un des éléments qui rend si fascinante la Joconde est qu'elle est représentée avec un tel sourire séducteur, face au spectateur, mais le regard porté sur le côté vers l'objet de son intérêt. Dans la vie courante, c'est un mouvement où le déplacement du regard ne dure que brièvement.

Dans le ***sourire embarrassé***, le regard est baissé ou de biais, afin que le sujet gêné ne croise pas le regard de l'autre. Parfois, on trouve un rehaussement de la bosse du menton (la partie entre lèvre inférieure et pointe du menton) durant le sourire éprouvé. Dans une autre version, la gêne est montrée par le mélange d'un sourire atténué avec ce regard baissé ou de biais.

Le ***sourire Chaplin*** n'est pas très répandu, étant produit par un muscle que peu de gens peuvent bouger volontairement. Charlie Chaplin était capable de ce mouvement devenu sa marque de fabrique, dans lequel les lèvres se rehaussent plus nettement que dans le sourire éprouvé (figure 5F). C'est un sourire supérieur, un sourire qui sourit du sourire.

Figure 5F

Les quatre sourires suivants ont tous la même apparence, mais ont des fonctions sociales très différentes. Ils sont tous volontaires. Souvent, ils présentent une certaine asymétrie. Le ***sourire modificateur*** atténue la brutalité d'un message déplaisant ou critique, conduisant parfois le récepteur du message à sourire en retour. Le sourire est volontaire, avec un délai d'apparition bref et brusque. Les coins de la bouche peuvent être crispés, et il arrive que la lèvre inférieure soit légèrement et brièvement rehaussée. Le sourire modificateur est souvent ponctué d'un hochement et d'une légère inclinaison de la tête vers le bas et en biais, soulignant que l'individu qui sourit regarde son interlocuteur de haut.

Le ***sourire d'acquiescement*** indique que l'individu accepte d'avaler une pilule amère sans protester. Personne ne croit qu'il est heureux, mais ce sourire signifie qu'il accepte un sort non désiré. Il ressemble au sourire modificateur, sans la position de la tête. À la place, il arrive que les sourcils soient haussés un instant, qu'un soupir s'échappe ou que les épaules s'affaissent.

Le ***sourire de coordination*** régule les échanges entre individus. C'est un sourire courtois et coopératif qui sert à montrer un accord, la compréhension, l'intention de s'exécuter, ou qui reconnaît que l'autre s'est acquitté correctement d'une tâche. Il s'agit d'un sourire léger, généralement asymétrique, sans mouvement du muscle orbital.

Le ***sourire de réaction d'écoute*** est un sourire de coordination particulier utilisé dans l'écoute pour signaler à l'interlocuteur que tout est compris et qu'il n'est pas nécessaire de répéter ni reformuler. C'est l'équivalent des « mmm-mmm », « d'accord » et du hochement de tête qui les accompagnent généralement. L'interlocuteur ne croit pas que son auditeur est heureux, mais prend ce sourire comme un encouragement à poursuivre.

N'importe lequel de ces quatre sourires – modificateur, d'acquiescement, de coordination ou de réaction d'écoute – peut être parfois remplacé par un sourire réellement éprouvé. Quelqu'un qui apprécie de formuler un jugement, qui prend plaisir à obéir, écouter ou coordonner peut montrer un ***sourire sincère*** au lieu de ces sourires non éprouvés.

Considérons maintenant le ***sourire feint***. Il a pour objectif de convaincre l'autre qu'une émotion positive est ressentie alors que ce n'est pas le cas. Il se peut que le sujet n'éprouve rien, ou bien qu'il éprouve des émotions négatives qu'il tente de dissimuler sous le masque de ce sourire. Contrairement au sourire malheureux qui signale qu'on n'éprouve pas de plaisir, l'individu qui feint ce sourire essaie de donner à l'autre l'illusion qu'il ressent des émotions positives. C'est le seul sourire qui ment.

Il existe un certain nombre d'indices pour distinguer les sourires feints des sourires sincères. **Les sourires feints sont plus asymétriques que les sourires sincères.** Le sourire feint ne sera pas toujours accompagné de la mobilisation des muscles orbitaux (des yeux), si bien que le sourire feint léger à modéré ne montrera pas des joues relevées, un pli de l'épiderme sous les yeux, des pattes-d'oie ni le léger abaissement du sourcil qui apparaissent dans le sourire sincère léger à modéré.

Un exemple est donné par la figure 6, que vous pouvez comparer à la figure 5A. Si le sourire est plus grand, l'action de sourire – celle du grand zygomatique – soulève les joues, replie l'épiderme sous les yeux et produit des pattes-d'oie. Mais il n'abaisse pas les sourcils. Si vous vous regardez dans un miroir et faites lentement un sourire de plus en plus grand, vous remarquerez qu'à mesure qu'il s'agrandit, les joues se soulèvent et les pattes-d'oie apparaissent; cependant, vos sourcils ne s'abaisseront que si le muscle orbital agit. L'absence de mouvement des sourcils est un indice subtil, mais crucial, pour distinguer entre sourires feints et sincères quand le sourire est grand.

Figure 6

Figure 5A

Le délai de disparition du sourire feint peut être visiblement inadéquat. Le sourire peut disparaître trop brusquement ou par étapes : le sourire diminue, puis stagne, avant de disparaître totalement ou par étapes.

Quand il est utilisé comme masque, le sourire feint ne couvre que les mouvements de la partie inférieure du

visage et de la paupière inférieure. Les muscles faciaux fiables qui s'activent sur le front pour signaler peur ou détresse peuvent être encore mobilisés. Même dans la partie inférieure, le sourire feint peut ne pas réussir à couvrir totalement les signes de l'émotion qu'il doit dissimuler; au lieu de cela, il peut se produire une fusion d'éléments où subsiste une trace, comme dans un mélange émotionnel.

Pour tester ces idées, nous avons d'abord mesuré l'expression souriante des infirmières. Si mes idées sur le sourire étaient justes, les infirmières devaient présenter le sourire sincère quand elles regardaient le film agréable et le décrivaient honnêtement. Elles devaient présenter un sourire feint quand elles regardaient le film déplaisant et essayaient de faire croire que les images étaient agréables. Nous n'avons mesuré que deux des signes indiquant qu'un sourire est feint : l'absence de mouvement du muscle orbital et la présence de signes de dégoût (froncement de nez) ou de mépris (tension des coins de la bouche). Les résultats ont été exactement tels que prévus, et très nets : dans les entretiens sincères, nous avons trouvé plus de sourires sincères que de sourires feints et aucun sourire qui fuite dégoût ou mépris ; dans les entretiens trompeurs, les sourires fuités étaient présents et il y avait plus de sourires feints que sincères. J'ai été surpris que ces deux indices de tromperie fonctionnent si bien, particulièrement parce que je savais que les gens les utilisent peu quand ils jugent autrui. Dans les premières études, nous avons montré les mêmes vidéos d'expressions faciales et demandé à des sujets de déterminer quand les infirmières mentaient. Les résultats n'ont pas été supérieurs au hasard. Mesurons-nous quelque chose de trop subtil à percevoir ou bien les sujets ne savent-ils pas ce qu'ils doivent chercher ? Notre prochaine étude le découvrira en expliquant aux sujets à quel moment se produit le mouvement du muscle orbital, quand surviennent les sourires fuités, puis en vérifiant s'ils parviennent mieux à déceler les mensonges.

Le visage peut présenter plusieurs indices de tromperie : micro-expressions, expressions coupées, fuites des muscles faciaux fiables, clignements, dilatation des pupilles, larmes, rougissement ou pâleur, asymétrie, erreurs de timing, erreurs d'emplacement et sourires feints. Certains de ces indices fournissent des fuites, trahissant l'information dissimulée ; d'autres fournissent des indices de tromperie signalant que quelque chose est dissimulé, sans préciser quoi ; enfin, d'autres encore signalent qu'une expression est feinte. Ces signes faciaux de tromperie, comme les indices de tromperie dans les paroles, la voix et le corps décrits au chapitre précédent, varient dans la précision de l'information qu'ils véhiculent. Certains indices de tromperie révèlent exactement quelle émotion est éprouvée, même si le menteur tente de la dissimuler. D'autres indiquent seulement si l'émotion dissimulée est positive ou négative. Cependant, d'autres indices sont encore plus indifférenciés et signalent juste que le menteur éprouve une émotion, sans même préciser si elle est négative ou positive. Savoir qu'une émotion est éprouvée peut parfois indiquer qu'un individu ment si, en dehors du mensonge, l'individu n'est pas censé en éprouver une dans cette situation. Dans d'autres circonstances, en l'absence d'information plus précise sur le type d'émotion éprouvée et dissimulée, le mensonge ne sera pas trahi. Cela dépend du mensonge, de la ligne de conduite adoptée par le suspect de mensonge, de la situation et de ce qui

peut, en dehors d'un mensonge, expliquer pourquoi une émotion peut être éprouvée, mais dissimulée.
Il importe pour le détecteur de se rappeler quels indices véhiculent des informations spécifiques et lesquels véhiculent seulement des informations plus générales. Les tableaux 1 et 2 de l'appendice résument l'information pour tous les indices de tromperie décrits dans les chapitres 3 et 4. Le tableau 3 présente les indices de feinte.

Chapitre 5

Dangers et précautions

La plupart des menteurs peuvent duper la plupart des individus la plupart du temps. Notre étude, ainsi que beaucoup d'autres, a découvert que peu de gens font mieux que le hasard en jugeant de la sincérité d'un individu. Nous avons également découvert que la plupart des gens pensent juger correctement, même s'ils se trompent. Il existe quelques individus exceptionnels capables de repérer avec justesse la tromperie. J'ignore encore s'il s'agit d'individus naturellement doués ou s'ils ont acquis cette capacité dans des circonstances particulières. Mon étude ne s'est pas attachée à déterminer qui peut détecter le mieux une tromperie, mais ce que j'ai appris indique que cette capacité ne découle pas de la formation habituelle des métiers de la santé mentale.

Même les enfants, à partir de huit ou neuf ans, parfois plus tôt, peuvent réussir à tromper leurs parents. Les erreurs de détection de la tromperie consistent non seulement à croire un menteur, mais aussi, et c'est souvent pire, à ne pas croire quelqu'un qui dit la vérité. Un jugement erroné peut effrayer un enfant sincère que l'on n'a pas cru, même si l'on s'efforce par la suite de corriger l'erreur. Les conséquences peuvent être tout aussi désastreuses dans le cas d'un adulte. Cela peut coûter une amitié, un emploi, voire une vie. La presse se fait toujours l'écho d'un innocent jugé coupable à tort qui est libéré après plusieurs années d'injuste détention ; mais ce n'est pas assez rare pour faire la une. S'il n'est pas possible d'éviter entièrement les erreurs de détection de la tromperie, des précautions doivent être prises pour les diminuer.

La première précaution consiste à rendre plus explicite le processus d'interprétation des signes de tromperie. Les informations fournies aux chapitres 3 et 4 sur la manière dont paroles, voix, corps et visage peuvent trahir la tromperie n'empêchent pas les jugements erronés, mais elles peuvent rendre les erreurs plus évidentes et corrigeables. Les détecteurs ne se reposeront plus seulement sur des intuitions. Disposant de meilleures connaissances pour fonder leur jugement, ils devraient pouvoir mieux apprendre avec l'expérience, rejeter, corriger ou accorder plus de poids à tel ou tel indice de tromperie. L'accusé à tort peut également en tirer parti en pouvant mieux contester un jugement lorsque ses fondements sont précisés.

Une autre précaution consiste à mieux comprendre la nature des erreurs qui surviennent dans la détection de la tromperie.

Il existe deux types d'erreurs qui sont exactement opposées en cause et en conséquence. D'un côté, le détecteur juge à tort qu'un individu sincère ment : c'est *ne pas croire la vérité* (erreur NPCV). De l'autre, il juge à tort qu'un menteur dit la vérité : c'est *croire le mensonge* (erreur CLM).

Peu importe si le détecteur s'appuie sur un test avec un appareil ou sur son interprétation des indices comportementaux de tromperie : il est vulnérable à ces deux erreurs.

Rappelez-vous le passage du roman d'Updike où Jerry entend sa femme au téléphone avec son amant. Remarquant qu'elle a une voix plus « femme » que lorsqu'elle lui parle, il demande à qui elle parlait et Ruth invente une couverture : « Une dame du catéchisme qui me demandait si nous allions inscrire Joanna et Charlie. » Si Jerry accepte la version de Ruth, il fera l'erreur CLM. Imaginons un autre scénario : Ruth est une épouse fidèle, elle parlait vraiment à une dame du catéchisme, et Jerry est un mari soupçonneux. Si Jerry juge que sa femme ment alors qu'elle dit la vérité, il commet l'erreur NPCV.

Durant la Deuxième Guerre mondiale, Hitler commit une erreur CLM – et Staline, une NPCV, tout aussi catastrophique. Par divers moyens – simulation de concentration de troupes, lancement de rumeurs, communication de fausses informations aux espions allemands – les Alliés convainquirent l'Allemagne que le débarquement aurait lieu à Calais et non sur la côte normande. Pendant six semaines après le début de l'offensive, les Allemands persistèrent dans leur erreur en gardant une grande partie de leurs forces sur le qui-vive à Calais au lieu de renforcer leurs lignes en Normandie, pensant que ce débarquement n'était qu'un prélude servant de diversion pour celui de Calais ! Là, c'était croire un mensonge : les Allemands avaient jugé vrais les rapports annonçant un débarquement à Calais alors que c'étaient des tromperies méticuleusement organisées. Les Allemands avaient pris un mensonge pour la vérité.

L'erreur opposée fut commise par Staline lorsqu'il refusa de croire les nombreux rapports qu'il recevait, certains de ses propres espions infiltrés dans l'armée allemande l'avertissant que Hitler s'apprêtait à lancer une offensive sur la Russie. Là, c'était ne pas croire la vérité : Staline avait pris pour des mensonges des informations justes sur le plan allemand.

La distinction entre ces deux erreurs est très importante, car elle attire l'attention sur les dangers jumeaux qui guettent le détecteur. Il n'y a aucun moyen de les éviter totalement l'une et l'autre : la seule possibilité est de choisir en fonction du risque. Le détecteur doit estimer quand il est préférable de risquer d'être dupé et quand il vaut mieux risquer d'accuser à tort. Ce qui peut être perdu ou gagné en suspectant l'innocent ou en accordant du crédit à un menteur est fonction du mensonge, du menteur et du détecteur. Soit les conséquences sont bien pires pour l'une des deux erreurs, soit les deux sont tout aussi désastreuses.

Nous allons voir en quoi chacun des indices comportementaux de tromperie est sensible aux erreurs NPCV et CLM et quelles précautions peuvent être prises pour les éviter.

Les *différences individuelles*, que j'ai appelées plus haut le risque Brokaw, sont la cause des deux types d'erreur. Aucun indice de tromperie sur le visage, le corps, dans la voix ou les paroles n'est infaillible, pas même l'activité du système nerveux autonome mesurée par le décodeur. Les erreurs CLM sont commises parce que certains individus ne font tout simplement pas de fautes quand ils mentent. Il ne s'agit pas seulement des psychopathes, mais aussi des menteurs-nés, des adeptes de la technique Stanislavski et de ceux qui, par d'autres moyens, réussissent à croire à leurs propres mensonges.

Le détecteur doit se rappeler que **l'absence de signes de tromperie n'est pas une preuve de vérité**.

La présence d'un signe de tromperie peut également provoquer l'autre erreur, ne pas croire la vérité. Un indice de tromperie peut être présenté délibérément par un escroc pour faire croire à sa victime qu'elle l'a pris en flagrant délit de mensonge. Les joueurs de poker utilisent cette astuce, que l'on appelle dans ce milieu « une intox ». Par exemple, un joueur peut pendant des heures faire exprès de tousser quand il bluffe. L'adversaire repère rapidement la coïncidence toux-bluff. Lors d'une main cruciale, quand les enchères montent, le trompeur tousse de nouveau, mais cette fois il ne bluffe pas: cela lui permet de remporter le tapis en ayant semé la confusion chez son adversaire[1].

Le jouer de poker a profité du fait qu'on l'a jugé menteur. Le plus souvent, quand un détecteur commet cette erreur, l'individu qui a été jugé à tort comme menteur en pâtit. C'est à cause non pas de son caractère retors qu'un suspect est taxé de mensonge alors qu'il est sincère, mais d'une particularité de son comportement et de sa manière de s'exprimer. Ce qui serait chez la majorité un indice de tromperie n'en est pas un chez lui.

Certains individus sincères:

- ont un discours indirect et alambiqué;
- font de nombreuses pauses brèves et courtes entre les mots;
- commettent beaucoup d'erreurs d'élocution;
- utilisent peu d'illustrants;
- utilisent beaucoup de manipulatoires;
- montrent souvent des signes de peur, de détresse ou de colère dans leurs expressions faciales, quel que soit leur état d'esprit;
- présentent des expressions faciales asymétriques.

La seule manière de réduire les erreurs dues au risque Brokaw est de fonder son jugement sur un changement de comportement du suspect. Le détecteur doit comparer son comportement habituel avec celui qu'il a lorsqu'il est soupçonné.

Les gens sont souvent induits en erreur lors des premières rencontres parce qu'ils ne disposent pas de bases de comparaison. Le jugement absolu – l'individu présente tellement de manipulatoires qu'il doit être mal à l'aise parce qu'il dissimule – a toutes les chances d'être erroné. Le jugement relatif – le suspect présente tellement plus de manipulatoires que d'habitude qu'il doit être mal à l'aise – est le seul moyen de réduire les erreurs NPCV dues aux particularités d'expression d'un individu. Les joueurs de poker éprouvés suivent cette technique en mémorisant les indices de tromperie spécifiques de leurs adversaires habituels[2]. Si un détecteur doit se prononcer après une première rencontre, l'entretien doit être suffisamment long pour qu'il ait la possibilité d'observer le comportement habituel du suspect. Par exemple, le détecteur peut se concentrer pendant un certain temps sur des sujets de conversation qui n'induisent pas de stress. Parfois, ce n'est pas faisable. Tout l'entretien est stressant pour un individu qui redoute ou n'apprécie pas d'être soupçonné. Auquel cas, le détecteur doit prendre conscience qu'il est susceptible de commettre des erreurs de jugement en ignorant les particularités du comportement habituel du suspect.

Les premières entrevues sont aussi l'occasion d'erreurs de jugement à cause de la manière dont chacun réagit aux premières rencontres. Certains individus se surveillent, suivent des règles de conduite bien apprises et, du coup, offrent un échantillon non représentatif de leur comportement habituel. D'autres sont victimes d'angoisse et leur comportement, pour la raison inverse, offre une base de jugement médiocre. Le détecteur doit si possible fonder son jugement sur une série d'entretiens dans l'espoir d'obtenir une meilleure base de connaissances. S'il peut sembler plus facile de détecter les mensonges quand les individus se connaissent intimement, ce n'est pas toujours le cas. Il arrive que conjoints, membres de la famille, amis ou collègues proches acquièrent des préjugés ou une indulgence qui compromet la justesse de leur capacité à détecter des indices de tromperie.

L'interprétation des quatre sources de fuite – lapsus verbaux, tirades, lapsus emblématiques et micro-expressions – n'est pas aussi sensible au risque Brokaw. Il n'est

pas nécessaire de les comparer pour les évaluer, car ils ont un sens en eux-mêmes et dans l'absolu. Rappelez-vous l'exemple du lapsus cité par Freud au chapitre 3. Il fallait connaître les lois spécifiques du divorce à l'époque pour déduire du lapsus que le Dr R. était peut-être bien le mari qui regrettait de ne pas avoir intenté le procès. Mais même sans le savoir, le simple fait qu'il ait dit « il » au lieu de « elle » avait un sens très spécifique compréhensible en soi : le Dr R. regrettait que ce soit l'épouse qui ait obtenu le divorce et non le mari. Les lapsus ne sont pas comme les pauses, qui ne peuvent être comprises que si leur nombre change. Les lapsus peuvent être compris sans qu'il soit besoin de connaître leur fréquence habituelle chez le sujet.
Quelle que soit leur fréquence, un lapsus verbal ou emblématique, une micro-expression ou une tirade révèlent une information. Ils lèvent le voile. Rappelez-vous l'expérience où l'étudiante fait un lapsus emblématique (le doigt d'honneur). Ce n'est pas comme une diminution des illustrants, qui ne peut être évaluée qu'en comparaison de leur utilisation habituelle par le sujet. Le geste en soi est inhabituel et sa signification bien connue. Comme c'est un lapsus emblématique – une simple partie d'un geste emblématique, exécutée en dehors de sa position de présentation habituelle –, le message peut être interprété comme une fuite des émotions que le sujet cherche à dissimuler. Quand Mary, la patiente suicidaire, présente une micro-expression, le message de tristesse est interprétable en lui-même. Le fait que la tristesse soit présentée dans une micro-expression et non une expression normale, plus longue, indique que Mary tente de dissimuler son émotion. Connaître le contexte de la conversation peut aider à interpréter toute l'étendue d'un mensonge, mais les messages fournis par les lapsus, tirades et micro-expressions trahissent une information dissimulée et sont en eux-mêmes significatifs.

C'est uniquement sur ce point que ces quatre sources de fuite (lapsus verbaux, tirades, lapsus emblématiques et micro-expressions) diffèrent de tous les autres indices de tromperie : le détecteur n'a pas besoin de points de comparaison pour éviter de commettre une NPCV. Par exemple, lors des premières entrevues, dans son interprétation des lapsus, micro-expressions et tirades, le détecteur n'a pas besoin de savoir s'il s'agit ou non d'un comportement habituel. Bien au contraire. C'est pour lui une chance si le suspect est coutumier de ces actes. Cependant, s'il n'est pas utile, pour ces quatre sources, de prendre des précautions pour éviter l'erreur NPCV, il convient d'en prendre pour éviter l'erreur CLM. L'absence de ces sources ou de tout autre indice de tromperie ne peut être interprétée comme une preuve de sincérité. Les menteurs ne font pas tous des lapsus, des micro-expressions ou des tirades.

L'erreur d'Othello

Pour le moment, nous n'avons examiné qu'une seule source d'erreur dans la détection de la tromperie : le risque Brokaw. Un autre problème, tout aussi important, conduisant aux erreurs NPCV, est l'erreur d'Othello. Elle se produit quand le détecteur néglige le fait qu'un individu sincère stressé peut apparaître comme un menteur. Chacune des émotions provoquées par le mensonge (chapitre 2) peut être éprouvée pour d'autres raisons par un individu sincère soupçonné de mentir. L'individu sincère peut craindre de ne pas être cru et cette peur peut être confondue avec l'appréhension de détection du menteur. Certains individus peuvent avoir des sentiments de culpabilité si intenses à propos d'autres questions que cette émotion peut apparaître dès qu'ils se rendent compte qu'on les soupçonne d'un méfait. Ces signes de culpabilité peuvent être confondus avec la culpabilité de tromperie du menteur.

Les individus sincères peuvent également éprouver du mépris pour celui qui les accuse à tort, de l'excitation à l'idée de lui prouver qu'il se trompe, ou du plaisir à la perspective de pouvoir se justifier : les signes de ces émotions peuvent ressembler au plaisir de duper du menteur.

D'autres émotions peuvent également être éprouvées par des individus sincères ou menteurs qui se savent soupçonnés. Bien que leurs raisons soient différentes, l'un comme l'autre peuvent éprouver surprise, colère, déception, détresse ou dégoût face aux soupçons et questions du détecteur.

J'ai baptisé ce problème « erreur d'Othello » parce que la scène de la mort dans la pièce de Shakespeare en fournit un exemple aussi parlant que célèbre. Othello vient d'accuser Desdémone d'aimer Cassio et lui demande d'avouer, puisqu'il va la tuer pour sa traîtrise. Desdémone demande que Cassio vienne témoigner de son innocence. Othello lui apprend qu'il l'a tué. Desdémone comprend qu'elle ne pourra pas prouver son innocence et qu'Othello va la tuer.

« Desdémone : Hélas, il est trahi, et je suis perdue !

Othello : Fi donc, prostituée ! tu pleures pour lui devant ma face !

Desdémone : Oh ! bannissez-moi, monseigneur, mais ne me tuez pas.

Othello : À bas, prostituée ![3] »

Othello interprète la peur et la détresse de Desdémone comme une réaction à la nouvelle de la mort de celui qu'il croit son amant, ce qui confirme sa conviction qu'elle est infidèle. Othello ne se rend pas compte que si Desdémone est innocente, elle peut tout de même présenter les mêmes émotions : détresse et désespoir qu'Othello ne la croie pas et que sa dernière chance de prouver son innocence lui échappe, maintenant que Cassio est mort. Elle a aussi peur qu'Othello la tue à présent. Desdémone pleure à la perspective de la mort, à cause de son infortune et du manque de confiance d'Othello, mais elle ne pleure pas la mort d'un amant.

L'erreur d'Othello illustre également comment des *préjugés* peuvent biaiser le jugement d'un détecteur. Othello est convaincu avant cette scène que Desdémone est infidèle. Il ne tient pas compte des autres explications qu'elle lui fournit. Il cherche à confirmer et non à vérifier sa conviction que Desdémone est coupable. Othello est un exemple extrême, mais les préjugés déforment souvent le jugement, amenant le détecteur à ne pas tenir compte d'idées, possibilités ou faits qui ne corroborent pas ce qu'il pense déjà. Cela se produit même quand le détecteur souffre d'avoir des préjugés. Othello est torturé par sa conviction que Desdémone ment, mais cela ne le pousse pas à accepter ses justifications. Il interprète le comportement de Desdémone d'une manière qui lui confirme ce qu'il désire le moins et qui le fait le plus souffrir.

De tels préjugés déformant le jugement du détecteur et le conduisant à des erreurs NPCV peuvent avoir plusieurs origines. Si Othello est convaincu de l'infidélité de Desdémone, c'est l'œuvre de Iago, son malfaisant enseigne qui, pour son profit, provoque la disgrâce d'Othello en éveillant et nourrissant ses soupçons. Iago pourrait ne pas être arrivé à ses fins si Othello n'était pas jaloux de nature. Un individu suffisamment jaloux n'a pas besoin d'un Iago pour être victime de sa jalousie. Il cherche à confirmer ses pires craintes, à découvrir ce qu'il soupçonne – que tout le monde lui ment. Les individus soupçonneux feraient de très mauvais détecteurs, susceptibles d'erreurs NPCV. Il y a bien entendu aussi les naïfs, qui commettent l'erreur inverse, croire le mensonge, sans jamais soupçonner ceux qui les trompent.

L'embrasement émotionnel

Quand l'enjeu est élevé, quand le coût du mensonge pour le détecteur est plus important si le suspect ment, même un individu non jaloux peut tirer des conclusions hâtives. **Un détecteur qui éprouve de la colère, redoute la trahison ou connaît déjà l'humiliation qu'il éprouvera si ses pires craintes sont fondées, peut ignorer tout ce qui pourrait le rassurer et rechercher ce qui augmentera encore sa détresse.**

Il peut accepter l'humiliation avant que la trahison ne soit prouvée, plutôt que d'en risquer une pire encore s'il continue à être dupé. Mieux vaut souffrir sur le moment plutôt que d'endurer le tourment de l'incertitude. Il redoute plus de croire un mensonge – être cocufié, par exemple – que de ne pas croire la vérité – être un époux qui accuse sans raison. Ces choix ne sont pas faits de manière rationnelle. Le détecteur est devenu la victime de ce que j'appelle un *embrasement émotionnel*. Les émotions jaillissent, deviennent incontrôlables et s'intensifient avec le temps au lieu de diminuer, comme c'est généralement le cas. L'individu s'empare de tout ce qui peut alimenter les sentiments les plus noirs et amplifier leurs effets destructeurs. Dans un tel déchaînement, l'individu est impossible à rassurer : ce n'est pas ce qu'il désire. Il agit uniquement pour intensifier l'émotion qu'il éprouve, transformant la peur en terreur, la colère en rage, le dégoût en révulsion, la détresse en angoisse.

Un embrasement émotionnel consume tout ce qui se trouve sur son chemin – objets, inconnus, êtres chers, soi-même – jusqu'à ce qu'il n'ait plus rien à brûler.

Personne ne sait ce qui provoque ces embrasements ni ce qui y met fin. Manifestement, certains individus sont plus susceptibles d'embrasement que d'autres. De toute évidence, un individu saisi par cet embrasement est très mauvais juge d'autrui, puisqu'il ne croit que ce qui va le faire sombrer davantage.

Les erreurs de ne pas croire la vérité (NPCV)

Les erreurs NPCV – chercher la tromperie quand il n'y en a aucune – n'exigent pas un embrasement émotionnel, une personnalité jalouse ni même un Iago. La tromperie peut être soupçonnée parce que c'est une explication utile et commode. Un employé de la CIA durant vingt-cinq ans écrivait ainsi: «Comme explication d'une cause, la tromperie est satisfaisante en elle-même précisément parce qu'elle est méthodique et rationnelle. Quand d'autres explications convaincantes ne sont pas accessibles (peut-être parce que le phénomène que nous cherchons à expliquer a été causé en réalité par des erreurs, des consignes négligées ou d'autres facteurs qui nous sont inconnus), la tromperie offre une explication commode et facile. Elle est commode parce que les agents de renseignement sont généralement sensibles à l'éventualité d'une tromperie et que sa détection est souvent prise comme le signe d'une analyse pénétrante. Elle est facile, parce que presque toute preuve peut être rationalisée pour être cohérente avec l'hypothèse de tromperie; en fait, on pourrait avancer qu'une fois que la tromperie est invoquée comme possibilité sérieuse, cette hypothèse est presque impossible à infirmer[4].»

Ces observations ne valent pas que pour le domaine du renseignement ou de la police.

Même quand cela implique d'accepter que son enfant, un parent, un ami ou un conjoint a trahi la confiance, le détecteur peut commettre l'erreur NPCV, en soupçonnant à tort la tromperie parce qu'elle explique l'inexplicable.

Une fois lancé, le préjugé selon lequel l'être cher ment filtre toute information qui pourrait l'infirmer.
Le détecteur devrait s'efforcer d'être conscient de ses préjugés sur le suspect. Qu'ils soient dus à la personnalité du détecteur, des embrasements émotionnels, des informations tierces, son expérience passée, les exigences de sa fonction, la nécessité de réduire l'incertitude, si les préjugés sur le suspect sont explicitement reconnus, le détecteur a une chance de se protéger contre la probabilité d'interpréter uniquement sous l'angle qui confirme ces préjugés. À tout le moins, le détecteur peut être en mesure de s'apercevoir qu'il a trop de préjugés pour faire confiance à son propre jugement concernant la sincérité du suspect.

Le détecteur doit s'efforcer d'envisager la possibilité qu'un signe d'émotion ne soit pas un indice de tromperie, mais l'indice de ce qu'éprouve un individu sincère quand on le soupçonne de mentir.
Un signe d'émotion est-il provoqué par le fait de mentir ou celui d'être accusé ou jugé à tort ? Le détecteur doit estimer quelles émotions un suspect donné est susceptible d'éprouver, non seulement s'il ment mais, et c'est tout aussi important, s'il est sincère. De la même manière que les menteurs n'éprouvent pas tous l'éventail complet des émotions suscitées par le mensonge, les individus sincères n'éprouveront pas tous l'éventail complet des émotions suscitées par la sincérité. Nous avons étudié au chapitre 2 comment estimer qu'un menteur est susceptible d'éprouver appréhension de détection, culpabilité de tromperie ou plaisir de duper. Voyons maintenant comment évaluer quelles émotions un individu sincère peut éprouver quand il est soupçonné de mentir.
Le détecteur est en mesure de l'estimer en se fondant sur sa connaissance de la personnalité du suspect. Au

début de ce chapitre, j'ai précisé qu'il était nécessaire que le détecteur ait déjà vu le suspect afin de réduire les erreurs fondées sur la première impression, qui ne peut pas prendre en compte les différences individuelles dans certains comportements qui peuvent être des indices de tromperie. Cette fois, c'est une information différente sur le suspect qui est nécessaire et cela en fonction d'un objectif différent. Le détecteur a besoin de connaître les caractéristiques émotionnelles du suspect de manière à pouvoir écarter les signes de certaines émotions de la liste des indices de tromperie.

Tous les individus n'éprouvent pas forcément de la peur, de la colère, de la culpabilité, etc., quand ils sont soupçonnés d'un méfait ou d'un mensonge. Cela dépend en partie de la personnalité du suspect.

Un individu particulièrement vertueux peut être fâché d'apprendre qu'il est soupçonné de mentir, mais ne pas vraiment redouter de ne pas être cru et ne pas éprouver de culpabilité. Un individu timoré, manquant d'assurance et connaissant souvent l'échec peut avoir peur de ne pas être cru, mais risque peu d'éprouver de la colère ou de la culpabilité. Nous avons déjà parlé des individus qui sont tellement rongés par la culpabilité qu'ils se sentent coupables quand ils sont soupçonnés de méfaits qu'ils n'ont même pas commis. En revanche, ce type d'individu peut ne pas être particulièrement effrayé, fâché, surpris, en détresse ni excité.

Le détecteur doit écarter de sa liste d'indices de tromperie tout signe d'une émotion donnée si le suspect, de par sa personnalité, est susceptible de l'éprouver, même s'il dit la vérité.

Déterminer quelles émotions éliminer est fonction du suspect : les émotions ne seront pas toutes facilement provoquées chez tout sujet sincère qui se sait soupçonné.

La, ou les émotions qu'un innocent peut éprouver s'il se sait soupçonné de méfait dépendent également de la relation de l'individu avec le détecteur et de ce que leur passé commun peut susciter chez lui. Dans *L'Honneur des Winslow*, le père de Ronnie sait que son fils le considère comme juste. Il ne l'a jamais accusé ni puni à tort lorsqu'il était innocent. En raison de ce passé, le père n'a pas à considérer des signes de peur comme des indices de sincérité ou de mensonge. Il n'y a aucune raison pour que le garçon redoute de ne pas être cru ; la seule peur qu'il peut éprouver est celle d'être démasqué s'il ment. Ceux qui accusent souvent à tort et qui ont l'habitude de ne pas croire la vérité établissent une relation qui rend les signes de peur ambigus, que le suspect mente ou dise la vérité. Une épouse qui est régulièrement accusée d'infidélité et est victime de violences verbales ou physiques a toutes les raisons d'avoir peur, qu'elle mente ou soit sincère. Son mari ne dispose plus de la référence nécessaire pour pouvoir utiliser les signes de peur comme preuves de mensonge.

Le détecteur doit écarter de sa liste d'indices de tromperie tout signe d'une émotion donnée si le suspect, de par leur relation, est susceptible de l'éprouver même s'il dit la vérité.

Lors d'une première rencontre, malgré l'absence de relation passée, un individu peut être soupçonné de mensonge. Il peut s'agir d'un premier rendez-vous amoureux, où l'un soupçonne l'autre de dissimuler qu'il ou elle est mariée. Un candidat peut soupçonner de mensonge un employeur qui déclare avoir d'autres postulants à voir avant de prendre sa décision. Un criminel peut soupçonner de mensonge le policier qui l'informe que son complice l'a dénoncé en fournissant des preuves accablantes. L'acheteur peut se demander si l'agent immobilier essaie de faire monter le prix en déclarant que le propriétaire n'accepterait même pas de réfléchir à une proposition aussi basse. En l'absence de relation passée avec le suspect et ne connaissant pas sa personnalité, le détecteur est doublement handicapé. Rien ne peut lui indiquer s'il est nécessaire d'écarter telle ou telle émotion parce qu'elle est celle d'un individu sincère victime de soupçons. Quand bien même, connaître ce qu'attend le suspect du détecteur peut aider à estimer quelles émotions un individu sincère peut éprouver quand il est soupçonné de mentir.

Les suspects n'ont pas tous des attentes bien nettes vis-à-vis de tous les détecteurs, et ces attentes sont différentes selon les individus. Imaginons que le suspect soit une personne ayant accès à des documents confidentiels et qu'on l'ait vu fraterniser avec des gens que le FBI soupçonne d'être des agents ennemis étrangers. Il n'est pas nécessaire que le suspect ait déjà été en contact avec un agent du FBI pour avoir vis-à-vis du FBI des attentes qui doivent être prises en compte. Si le suspect croit que le FBI ne commet jamais d'erreurs et est totalement digne de confiance, des signes de peur n'ont pas besoin d'être écartés, mais pourraient être interprétés comme de l'appréhension de détection. Cependant, si le suspect croit que le FBI est incompétent ou a tendance à piéger les gens, des signes de peur devraient être écartés. Il pourrait s'agir de la crainte de ne pas être cru plutôt que d'appréhension de détection.

Le détecteur doit écarter de sa liste d'indices de tromperie tout signe d'une émotion donnée si le suspect, de par ses attentes, est susceptible de l'éprouver même s'il dit la vérité.

Jusqu'à maintenant, je n'ai abordé que la confusion provoquée par les émotions qu'éprouve un individu sincère soupçonné de mentir. Les réactions émotionnelles d'un individu sincère peuvent également clarifier plutôt que provoquer la confusion, en aidant à distinguer l'individu sincère du menteur. Il y a confusion quand l'individu sincère et le menteur ont tous les deux les mêmes réactions émotionnelles devant le soupçon ; il y a clarification quand elles sont différentes. Un individu peut avoir des émotions totalement différentes quand il est soupçonné de mensonge, selon qu'il dit la vérité ou qu'il ment.

L'Honneur des Winslow est un exemple. Le père dispose d'une information abondante – il connaît la personnalité de son fils et ils ont un passé commun – qui lui permet d'estimer très précisément comment son fils risque de se comporter selon qu'il dit ou non la vérité. Il sait que Ronnie n'est pas un menteur-né ni un psychopathe, qu'il n'est pas rongé par la culpabilité et qu'ils ont des valeurs communes. En conséquence, la culpabilité de tromper sera élevée si Ronnie ment. Le mensonge, rappelons-le, serait qu'il nie un vol d'argent s'il en était réellement coupable. Le père connaît le caractère de son fils ; il sait qu'il éprouverait de la culpabilité à la suite d'un tel acte, qu'il doive ou non mentir à ce propos. Aussi, si Ronnie a réellement volé et essaie de le dissimuler, deux sources d'intense culpabilité le trahiront : il se sentira coupable de mentir et coupable du délit commis. Si Ronnie dit la vérité quand il nie le vol, il ne devra pas éprouver de culpabilité. Le père sait également que son fils a confiance en lui. Leur passé commun est tel que Ronnie accepte que son père lui affirme qu'il le croira s'il dit la vérité. En conséquence, Ronnie n'aura pas peur de ne pas être cru. Pour augmenter l'appréhension de détection, le père prétend être infaillible. Ronnie, probablement en raison de leur passé commun, le croit. En conséquence, il devrait redouter d'être pris s'il ment. Enfin, le père lui propose son indulgence s'il avoue. Par ce biais, il élève l'enjeu : si Ronnie ment, il sera l'objet de la colère de son père. Ronnie éprouverait probablement de la honte s'il avait volé et cela pourrait l'empêcher de l'avouer. Son père aurait dû ajouter qu'il comprend qu'un jeune homme puisse céder à la tentation, mais que le plus important est de ne pas dissimuler, mais d'avouer ses méfaits.

Après avoir évalué quelles émotions Ronnie éprouvera s'il ment (peur et culpabilité) et s'être appuyé sur une base d'information pour estimer que ces émotions ne sont pas probables si Ronnie dit la vérité, il faudra franchir une étape supplémentaire avant que le père ne puisse réduire les risques d'erreur d'interprétation des indices de tromperie. Il doit être certain que si Ronnie dit la vérité, il n'éprouvera aucune autre émotion qui ressemble à des signes de peur ou de culpabilité et risquerait d'embrouiller son jugement. Ronnie peut être fâché contre le directeur de l'école qui l'a accusé à tort de vol ; dès lors, il faut éliminer les signes de colère, particulièrement s'ils apparaissent lorsqu'il est question de l'autorité de l'école. Ronnie est probablement désemparé par sa situation et cette détresse est peut-être d'ordre plus général. Dans ce cas, son père peut interpréter la peur et la culpabilité comme une preuve de mensonge, mais colère et détresse pourraient apparaître même si Ronnie dit la vérité.

Même quand la situation est aussi claire et nette – quand on dispose d'une base pour savoir quelles émotions le suspect éprouvera selon qu'il ment ou dit la vérité et quand ce ne sont pas les mêmes émotions –, interpréter les indices comportementaux de tromperie peut encore comporter des risques.

De nombreux comportements sont des signes de plus d'une émotion, et ceux qui entrent dans cette catégorie doivent être écartés quand l'une de ces émotions peut être éprouvée si le suspect est sincère alors qu'une autre peut être éprouvée quand le suspect ment.

Les tableaux 1 et 2 de l'appendice permettent de vérifier rapidement quelles émotions peut produire chaque indice comportemental.

Supposons que le père remarque que Ronnie transpire et déglutit fréquemment. Ces signes sont sans valeur, puisqu'ils sont les signes de n'importe quelle émotion, positive comme négative. Si Ronnie ment, ils seront dus à la peur ou à la culpabilité, et si Ronnie dit la vérité, ils se produiront parce qu'il éprouve détresse ou colère. Si Ronnie présente de nombreux manipulatoires, eux aussi devraient être écartés, étant donné qu'ils augmentent en cas d'émotion négative, quelle qu'elle soit. Même les signes qui indiquent uniquement certaines émotions négatives, comme l'abaissement de la tonalité, devraient être écartés. Si la tonalité devient plus grave à cause de la culpabilité, ce sera un signe de mensonge ; mais elle peut s'abaisser à cause de la tristesse ou de la détresse, et Ronnie peut très bien éprouver cette détresse, qu'il mente ou dise la vérité.

Seuls les comportements qui marquent peur ou culpabilité, mais pas colère, tristesse ou détresse peuvent être interprétés comme des indices de tromperie.

Les comportements qui marquent colère ou détresse, mais pas peur ni culpabilité peuvent être interprétés comme des indices de sincérité. Les tableaux 1 et 2 de l'appendice montrent que les comportements suivants peuvent révéler si Ronnie ment ou non : lapsus verbaux, lapsus emblématiques, micro-expressions et mouvements des muscles faciaux fiables. Ce sont les seuls comportements qui peuvent signaler une information avec suffisamment de précision pour distinguer la peur ou la culpabilité de la colère ou de la détresse. Au passage, notons qu'un test au décodeur pourrait ne pas fonctionner avec Ronnie. L'appareil mesure seulement la présence d'émotion, sans préciser laquelle. Ronnie sera ému, qu'il soit innocent ou coupable. Même si les études évaluant la justesse de la machine prouvent qu'elle obtient des résultats supérieurs au hasard dans un certain nombre d'entre elles, beaucoup d'erreurs NPCV étaient commises.

Comme le démontre mon analyse de *L'Honneur des Winslow*, il est compliqué d'estimer quelles émotions le suspect éprouve s'il dit la vérité, et si elles diffèrent de celles qu'il éprouve s'il ment. Cela exige une bonne connaissance du suspect. Souvent, elle n'est pas suffisante pour procéder à cette estimation. Et quand elle l'est, cette estimation peut ne pas contribuer à repérer le menteur. Cette connaissance peut indiquer que la même émotion peut être probablement éprouvée que le suspect mente ou dise la vérité, comme c'est le cas pour Desdémone. Même quand l'estimation indique que différentes émotions seront ressenties, que le suspect mente ou soit sincère, les indices comportementaux peuvent être ambigus. Il se peut qu'aucun ne soit spécifique aux seules émotions qui différencient le menteur de l'individu sincère. Dans ces situations – quand il n'y a pas de connaissance suffisante pour estimer les émotions éprouvées par le suspect ; quand on estime que les mêmes émotions seront éprouvées, que le suspect mente ou dise la vérité ; quand des émotions différentes seront éprouvées, selon que le suspect ment ou dit la vérité, mais que les indices comportementaux sont ambigus –, le détecteur ne peut pas utiliser les indices de tromperie qui impliquent une émotion. N'oublions pas qu'il existe d'autres indices de tromperie qui, eux, n'impliquent pas les émotions, comme les lapsus verbaux, emblématiques, et les tirades.

C'est seulement quand il s'aperçoit qu'il est dans cette situation difficile que le détecteur peut éviter les erreurs NPCV, et prendre convenablement garde à sa vulnérabilité aux menteurs qui lui fait commettre des erreurs CLM. Bien sûr, parfois, analyser quelles émotions le menteur et l'individu sincère victime de soupçons peuvent respectivement éprouver contribuera à démasquer le menteur. Comme dans l'exemple de *L'Honneur des Winslow*, une telle analyse isolera les indices qui sont des signes non ambigus de sincérité ou de tromperie et facilitera la tâche du détecteur en lui faisant prendre conscience des comportements précis qu'il doit guetter.

Mon explication des dangers et précautions dans la détection des tromperies n'a pour le moment traité que des situations dans lesquelles le suspect sait qu'il est soupçonné de mensonge. Cependant, l'individu sincère peut ne jamais se rendre compte que chaque mot qu'il prononce, chaque geste ou tressaillement facial est scruté par quelqu'un qui le soupçonne de mentir ; en outre, certains individus sincères croient subir ce genre d'analyse lorsque ce n'est pas le cas. Le menteur ne sait pas toujours si sa victime soupçonne ou non sa tromperie.

Un prétexte très élaboré destiné à lever tout soupçon peut au contraire soulever une interrogation dans l'esprit d'une victime jusque-là confiante.

La victime qui soupçonne qu'on lui ment peut à son tour mentir – dissimuler ses soupçons – afin d'endormir le menteur et l'amener à trébucher. Une victime peut avoir d'autres raisons de vouloir endormir le menteur. Dans le contre-espionnage, quand un agent est découvert, il arrive qu'on ne le lui dise pas afin de pouvoir l'utiliser pour intoxiquer l'ennemi. D'autres victimes peuvent dissimuler qu'elles ont conscience qu'on cherche à les tromper afin de s'amuser à renverser les rôles et, pendant un certain temps, regarder le menteur continuer à jouer son numéro sans savoir que la victime l'a percé à jour.

Pour le détecteur, il y a à la fois à perdre et à gagner si le suspect ignore qu'il est soupçonné de mensonge. Un menteur peut ne pas brouiller les pistes, anticiper les questions, préparer des excuses, répéter sa réplique et user de prudence s'il ne s'imagine pas que chacun de ses mouvements est analysé par une victime soupçonneuse. À mesure que le temps passe et que le mensonge semble totalement avalé, le menteur peut tellement se détendre que des erreurs se produisent en raison d'un excès de confiance. Ce gain pour le détecteur est compensé par la faible probabilité que le menteur détendu qui devient négligent éprouve de l'appréhension de détection. Les erreurs de négligence sont obtenues aux dépens d'erreurs dues à l'appréhension de détection. Non seulement les indices comportementaux de tromperie engendrés par l'appréhension de détection sont sacrifiés, mais sont également perdus les effets désorganisateurs de cette peur qui peuvent, comme l'excès de confiance, être la cause d'une planification médiocre. La perte la plus importante est peut-être l'angoisse d'être pris, qui risque de ne pas être assez forte pour amener des aveux si le menteur ne s'imagine pas surveillé.

Ross Mullaney, expert en formation aux interrogatoires policiers, est le partisan de ce qu'il appelle la « stratégie du cheval de Troie », où le policier prétend croire le suspect afin de l'amener à parler davantage et s'emmêler dans ses propres mensonges. Même si l'appréhension de détection peut diminuer, le suspect a plus de probabilités de commettre une erreur révélatrice, comme le déclare Mullaney : « Le policier doit encourager le suspect dans sa tromperie en le faisant avancer, tout en cherchant toujours plus de détails dans les mensonges successifs. En fait, le policier trompe lui aussi en prétendant croire la source. Ce procédé ne peut pas causer de tort à une source sincère. Si le policier a commis une erreur en pensant au départ que le suspect mentait, [cette technique d'interrogatoire] ne provoquera pas d'injustice. Seul le trompeur la redoute[5]. »

Cette stratégie rappelle le conseil de Schopenhauer :

« **Si vous avez des raisons de soupçonner qu'un individu vous ment, apparaissez comme croyant chacune de ses paroles. Cela lui donnera le courage de poursuivre ; il sera encore plus véhément dans ses assertions et finira par se trahir tout seul[6].** »

Alors que croire que la cible est confiante semble avec certitude diminuer l'appréhension de détection du menteur, il est difficile de déterminer comment un tel savoir affecte les autres sentiments provoqués par le mensonge. Certains menteurs peuvent éprouver plus de culpabilité de tromperie en dupant une cible confiante qu'une cible méfiante. D'autres se sentiront moins coupables, estimant qu'aucun mal n'est fait du moment que la cible ne sait rien et n'est pas rongée par les soupçons. De tels menteurs peuvent croire que leurs mensonges sont principalement motivés par la charité, pour épargner la sensibilité de la victime. Le plaisir de duper peut lui aussi varier, augmenter ou diminuer si le menteur sait que la cible est confiante.

Duper une victime totalement confiante peut être particulièrement délicieux et provoquer d'agréables sentiments de mépris ; cependant, tromper une cible méfiante peut être excitant à cause du défi que cela représente.

Il n'y a donc aucun moyen de prédire si un menteur est plus ou moins voué à commettre des erreurs si sa cible fait part de ses soupçons. Il y a bien sûr une chance que les soupçons soient infondés ; le suspect peut être honnête. Serait-il plus facile de déterminer qu'un suspect est sincère lorsqu'il ignore qu'il est soupçonné ? S'il ne sait pas qu'il est soupçonné de mentir, il ne devrait pas avoir peur de ne pas être cru ; pas plus qu'il n'éprouverait de colère ou de détresse d'être soupçonné de mentir, et même s'il est rongé par la culpabilité, il n'aurait aucune raison particulière de se comporter comme s'il commettait un méfait. Tout est pour le mieux, puisque les signes de n'importe laquelle de ces émotions peuvent être interprétés simplement comme des indices de tromperie sans qu'on doive s'inquiéter qu'il puisse en fait s'agir des émotions d'un individu sincère qui est soupçonné. Comme déjà vu plus haut, ce gain est cependant obtenu à un prix : certaines des émotions provoquées par l'acte de mentir qui produisent des indices de tromperie, notamment l'appréhension de détection, seront plus faibles si l'individu qui ne se sait pas soupçonné est en réalité un menteur.

Quand le suspect ignore qu'il est soupçonné, le détecteur est moins susceptible de commettre des erreurs NPCV parce que les signes d'émotion, s'ils apparaissent, sont plus probablement des indices de tromperie ; mais il y a un risque plus élevé d'erreurs CLM, parce que les émotions provoquées par le mensonge ne seront probablement pas assez intenses pour trahir le menteur. L'inverse se produit probablement si les soupçons sont connus : plus d'erreurs NPCV, mais moins d'erreurs CLM.

Le détecteur est-il en meilleure position si le sujet ignore qu'il est soupçonné ? Deux autres problèmes compliquent la question. Premièrement, le détecteur peut ne pas avoir le choix. Toutes les situations ne permettent pas à la cible de dissimuler ses soupçons. Même si c'est possible, les individus qui pensent être la cible d'une tromperie ne veulent pas tous dissimuler leurs soupçons et mentir pour démasquer un menteur. Et les détecteurs ne sont pas tous assez doués dans le mensonge pour ne pas se faire repérer.

Le second problème est pire. Le détecteur risque de ne pas parvenir à dissimuler ses soupçons sans s'en rendre compte. Il ne peut en tout cas pas compter sur le menteur pour le lui dire ! Certains menteurs peuvent avoir l'audace d'affronter leur cible après avoir remarqué qu'elle est soupçonneuse, surtout s'ils peuvent lui reprocher ses tentatives de dissimulation. Le menteur peut jouer la comédie du vertueux indigné et blessé que la cible n'ait pas eu l'honnêteté de formuler ses soupçons, privant injustement le menteur de la possibilité de se justifier. Même si ce stratagème ne convainc pas, il peut au moins intimider temporairement la cible. Les menteurs ne sont pas tous aussi effrontés. Certains peuvent dissimuler qu'ils ont découvert que la cible était méfiante afin d'avoir le temps de brouiller les pistes, trouver une solution de repli, etc. Mais ce n'est pas seulement le menteur qui peut dissimuler cette découverte. Un individu sincère peut

également dissimuler qu'il a découvert qu'on le soupçonne. Les raisons peuvent varier. Cela peut être pour éviter une scène, gagner du temps en espérant réunir des preuves pour se disculper…
Révéler les soupçons présente l'avantage d'éviter un marécage d'incertitudes. Au moins, la cible sait que le suspect sait qu'il est soupçonné. Même dans ce cas, l'individu sincère, comme le menteur, peut tenter de dissimuler les émotions qu'il éprouve parce qu'il est soupçonné. Une fois les soupçons reconnus, le menteur peut vouloir dissimuler toute appréhension de détection, mais l'individu sincère peut aussi tenter de cacher sa peur de ne pas être cru, sa colère ou sa détresse d'être soupçonné, au motif que ces émotions peuvent être interprétées comme des preuves de mensonge. S'il n'y avait que les menteurs qui essayaient de dissimuler leurs émotions, il serait plus facile de détecter la tromperie. Mais si c'était le cas, certains menteurs seraient assez astucieux pour afficher leurs émotions eux aussi.
Autre avantage : si la victime annonce sincèrement qu'elle est soupçonneuse, elle est en mesure d'utiliser ce que l'on appelle le « test du savoir coupable ». David Lykken, physiopsychologue qui critique l'utilisation du décodeur, estime que ce test peut améliorer la fiabilité de l'appareil. L'interrogateur ne demande pas au suspect s'il a commis un crime, mais lui pose uniquement des questions sur des sujets que seul le coupable peut connaître. Supposons qu'un individu soit soupçonné de meurtre ; le suspect a un mobile, il a été vu près de la scène du crime, etc. Avec le test du savoir coupable, le suspect doit répondre à des questions à choix multiple. Par exemple : « La victime était-elle allongée à plat ventre, sur le dos, sur le côté ou était-elle assise ? » Le suspect doit répondre « Non » ou « Je ne sais pas » après chaque proposition. Seul l'individu qui a commis le crime peut savoir que la victime était allongée sur le dos. Dans des expériences en laboratoire sur le mensonge, Lykken a

découvert que la personne qui détient ce savoir coupable présente une modification du système nerveux autonome décelée par le décodeur quand la proposition vraie est mentionnée, alors que l'individu innocent réagit de la même manière à toutes les propositions. Malgré les tentatives de l'individu coupable pour dissimuler qu'il détient un savoir que seul le coupable peut posséder, quand cette technique est utilisée, le décodeur le repère[7].

L'intérêt du test du savoir coupable est que des réactions inhabituelles ne peuvent pas être dues aux émotions qu'éprouve un innocent qui se sait soupçonné. Même si le suspect innocent redoute de ne pas être cru ou est désemparé par sa situation, c'est seulement par hasard qu'il présenterait devant la proposition « allongée sur le dos » une réaction émotionnelle plus intense que devant les autres propositions. Grâce à l'usage de nombreuses questions à choix multiple, toute réaction inhabituelle présentée par un suspect innocent apparaîtra autant devant les propositions vraies que devant les fausses. Par conséquent, le test du savoir coupable élimine le plus grand danger dans la détection de la tromperie : les erreurs NPCV dues à la confusion entre les émotions d'un menteur et celles d'un individu sincère se sachant soupçonné.

Malheureusement, peu d'études ont testé la fiabilité de ce test prometteur et les rares qui ont été faites ne prouvent pas qu'il est toujours aussi juste que le laissent à penser les travaux de Lykken. Un rapport récent du Bureau d'évaluation de la technologie sur la fiabilité du décodeur a noté que le test du savoir coupable « détectait un pourcentage légèrement plus faible de sujets coupables que le test traditionnel ». Il a été découvert qu'il présente une proportion plus élevée d'erreurs CLM, mais un taux moindre d'erreurs NCV[8].

En tout cas, le test du savoir coupable a une utilité très limitée en dehors des interrogatoires criminels. Bien trop souvent, l'individu qui pense être victime d'un mensonge

ne possède pas l'information détenue par le menteur et ne peut donc pas utiliser le test du savoir coupable. Dans le roman d'Updike, Ruth sait qu'elle a une liaison et avec qui. Son mari Jerry n'a que des soupçons, et comme il n'a pas l'information que seul peut posséder le coupable, il ne peut pas utiliser la technique du savoir coupable. Pour l'utiliser, le détecteur doit connaître les faits passés et n'avoir d'incertitude que sur leur auteur.
Le test du savoir coupable nécessite que le détecteur ait une certitude absolue sur un fait ou un événement, la question étant seulement de savoir si le suspect en est ou non l'auteur. Si la question est : « Qu'a fait cet individu ? Qu'éprouve-t-il ? », et si le détecteur l'ignore, le test du savoir coupable ne peut être utilisé.

Évaluer les indices comportementaux de tromperie est risqué. La liste qui suit résume toutes les précautions à prendre pour réduire les risques expliqués dans ce chapitre. Le détecteur doit toujours évaluer la *probabilité* que tout geste ou expression indique mensonge ou sincérité. Dans les rares cas où la probabilité est certaine – une émotion contredisant le mensonge fuite dans une micro-expression faciale, ou une partie de l'information dissimulée surgit lors d'une tirade –, le suspect s'en rendra également compte et avouera.

Précautions à prendre dans l'interprétation des indices comportementaux de tromperie :

1. Essayez de rendre explicite la base de toute intuition qu'un individu ment ou dit la vérité. En étant plus conscient de la manière dont vous interprétez les indices comportementaux de tromperie, vous apprendrez à repérer vos

erreurs et vous saurez quand vous n'avez que de faibles chances de prononcer un jugement correct.

2. N'oubliez pas qu'il existe deux dangers dans la détection du mensonge: ne pas croire la vérité (juger menteur un individu sincère) et croire le mensonge (juger sincère un menteur). Il n'y a aucun moyen d'éviter totalement ces erreurs. Mesurez les conséquences que comporte chaque erreur.

3. L'absence de signe de tromperie n'est pas une preuve de vérité: certains individus ne fuitent pas. La présence d'un signe de tromperie n'est pas toujours une preuve de mensonge: certains individus apparaissent mal à l'aise ou coupables même quand ils disent la vérité. Vous pouvez réduire le risque Brokaw, qui est dû aux particularités individuelles de comportement expressif, en fondant votre jugement sur une modification du comportement du suspect.

4. Recherchez en vous tout préjugé concernant le suspect. Demandez-vous si vos préjugés biaiseront vos chances de prononcer un jugement correct. N'essayez pas de juger si un individu ment lorsque vous vous sentez dominé par la jalousie ou un embrasement émotionnel. Évitez la tentation de soupçonner le mensonge parce qu'il explique commodément des événements par ailleurs inexplicables.

5. Envisagez toujours la possibilité qu'un signe d'émotion ne soit pas un indice de tromperie, mais un indice de ce qu'éprouve un individu sincère qui se sait soupçonné

de mensonge. Écartez tout signe d'émotion ou indice de tromperie, si un suspect sincère éprouve cette émotion à cause de sa personnalité; de la nature de votre relation passée avec lui; des attentes du suspect.

- 6. Gardez à l'esprit que de nombreux indices de tromperie sont les signes de plus d'une émotion et qu'ils doivent dans ce cas être écartés si l'une de ces émotions peut être éprouvée quand le suspect est sincère, alors qu'une autre peut être éprouvée quand le suspect ment.

- 7. Demandez-vous si le suspect sait ou non qu'il est soupçonné et ce qui est à gagner et à perdre dans chaque cas par la détection du mensonge.

- 8. Si vous détenez des informations que seul le suspect peut connaître uniquement s'il ment, et que vous êtes en mesure de l'interroger, préparez le test du savoir coupable.

- 9. Ne concluez jamais de manière définitive qu'un suspect est sincère ou ment en vous fondant uniquement sur les indices comportementaux de tromperie. Ces indices ne doivent servir qu'à vous faire prendre conscience de la nécessité d'information et d'investigation supplémentaires. Les indices de tromperie, comme le décodeur, ne fournissent jamais de preuve absolue.

- 10. Utilisez le tableau 4 de l'appendice pour évaluer le mensonge, le menteur et vous-même, le détecteur, afin d'estimer la probabilité de commettre des erreurs ou de juger correctement de la sincérité.

Chapitre 6

Vérifier le mensonge

La plupart des mensonges réussissent parce que personne ne se donne la peine de chercher comment les détecter. Généralement, ce n'est pas très important. Mais quand les enjeux sont élevés – quand la victime peut être gravement lésée si elle est trompée, et le menteur pâtir considérablement s'il est découvert ou tirer un grand bénéfice s'il est jugé à tort sincère – il y a toutes les raisons de se donner cette peine. Vérifier le mensonge n'est pas une tâche simple et rapide. Beaucoup de questions doivent être examinées pour évaluer si des erreurs sont probables ou non et, auquel cas, quel type d'erreurs attendre et comment les repérer dans des indices comportementaux particuliers. Des questions doivent être posées sur la nature du mensonge lui-même ; sur les caractéristiques du menteur donné et du détecteur donné. Personne ne peut être absolument certain qu'un menteur échoue et qu'un individu sincère s'en sorte. La vérification du mensonge ne permet que de se faire une idée en connaissance de cause.

Vérifier le mensonge permettra à un individu soupçonneux d'évaluer ses chances de confirmer ou infirmer ses soupçons. Parfois, il apprendra simplement qu'il ne peut le faire. Ou bien il peut apprendre que des erreurs sont probables et savoir ce qu'il doit guetter. La vérification peut également être utile pour le menteur. Certains peuvent décider que les chances de réussite sont faibles et ne pas se lancer ni poursuivre dans un mensonge. D'autres peuvent être encouragés en voyant combien il est facile de mentir impunément, ou bien apprendre sur quoi concentrer leurs efforts pour éviter les erreurs qu'ils ont le plus de chances de commettre.

Trente-huit questions doivent être posées pour vérifier un mensonge.

Elles sont réunies sur une liste avec d'autres questions que je n'ai pas encore eu de raison d'aborder. J'analyserai un certain nombre de mensonges différents en utilisant cette liste pour montrer pourquoi certains mensonges sont faciles et d'autres, difficiles. **La liste complète de ces questions figure dans le tableau 4 de l'appendice.**

Un mensonge facile pour le menteur devrait engendrer peu d'erreurs et donc être difficile à repérer pour le détecteur, alors qu'un mensonge difficile pour le menteur devrait être facile à repérer pour le détecteur. Un mensonge facile n'exige pas de dissimuler ou feindre des émotions, il y a toute latitude de s'y entraîner, le menteur est expérimenté et la cible, le détecteur potentiel, n'est pas soupçonneuse. Un article intitulé « Comment les chasseurs de têtes traquent les cadres dans la jungle de l'entreprise[1] » décrit un certain nombre de ces mensonges très faciles.

Les chasseurs de têtes ont pour tâche de rechercher des cadres qui peuvent être débauchés d'une entreprise pour occuper un poste dans une entreprise concurrente. Comme aucune entreprise ne désire perdre des éléments doués au profit de la concurrence, les chasseurs de têtes ne peuvent se renseigner directement auprès d'elles. Sara Jones, chasseuse de têtes d'un cabinet new-yorkais, explique comment elle obtient les informations nécessaires de son « pigeon » en endossant le rôle d'une chercheuse dans l'industrie : « "Nous entreprenons une étude sur les liens entre le cursus et la carrière professionnelle. Pourriez-vous répondre à quelques questions ? Votre identité ne m'intéresse pas, je cherche simplement à alimenter mes statistiques." Et je demande au type tout sur lui, combien il gagne, s'il est marié, son âge, combien il a d'enfants... Être chasseur de têtes, c'est manipuler des gens pour qu'ils donnent des informations[2]. » Un autre chasseur de têtes décrit ainsi son travail : « Quand des gens me demandent dans une soirée ce que je fais, je réponds que je gagne ma vie en mentant, trichant et volant[3]. »

L'entretien avec la patiente Mary fournit un exemple de mensonge très difficile :

« Médecin : Eh bien, Mary, euh, comment vous sentez-vous, aujourd'hui ?

Mary : Bien, docteur. J'ai hâte de passer le week-end, euh, avec ma famille, vous savez. Cela fait, euh, cinq semaines que je suis à l'hôpital.

Médecin : Plus de sensations de dépression, Mary ? Plus de pensées suicidaires, vous en êtes sûre ?

Mary : J'en suis vraiment gênée, maintenant. C'est fini, je n'éprouve plus cela, à présent. Je veux juste rentrer, être chez moi avec mon mari. »

Mary et Sara ont toutes les deux réussi leurs mensonges. Aucune n'a été démasquée, mais Mary aurait pu l'être. À tous égards, les chances étaient contre Mary et en faveur de Sara. Le mensonge de Mary est plus difficile à réussir. Mary est également moins habile comme menteuse et le médecin a plusieurs avantages en tant que détecteur.

Voyons d'abord les différences entre les mensonges en eux-mêmes, indépendamment des caractéristiques des menteurs et des détecteurs. Mary doit mentir sur ses émotions, pas Sara. Mary dissimule l'angoisse qui motive ses projets suicidaires. Ces émotions peuvent fuiter, ou bien la charge de les dissimuler peut trahir les émotions positives qu'elle prétend avoir. Non seulement Mary doit mentir sur ses sentiments, mais, contrairement à Sara, elle éprouve des émotions intenses sur le mensonge lui-même, émotions qu'elle doit également dissimuler. Comme le mensonge de Sara est autorisé – cela fait partie de son métier – elle n'éprouve aucune culpabilité à mentir. Le mensonge non autorisé de Mary engendre de la culpabilité. Un patient est censé être honnête avec le médecin qui essaie de le soigner et, par ailleurs, Mary aime bien son médecin. Mary a également honte de mentir et de projeter de se suicider.

Les mensonges les plus difficiles sont ceux concernant l'émotion éprouvée au moment du mensonge ; plus les émotions sont intenses et plus le nombre d'émotions à dissimuler est élevé, plus le mensonge sera difficile.

Jusqu'à présent, j'ai expliqué pourquoi, outre son angoisse, Mary éprouve de la culpabilité et de la honte.

Délaissons maintenant le mensonge pour nous pencher sur le menteur, et nous verrons pourquoi Mary éprouve une quatrième émotion qu'elle doit également dissimuler. Mary est moins entraînée et habile au mensonge que Sara. Elle n'a encore jamais tenté de dissimuler son angoisse et ses projets de suicide et n'a aucune expérience de mensonge sur quoi que ce soit devant un psychiatre. Son manque de pratique lui fait craindre d'être démasquée et cette peur, bien entendu, peut elle aussi fuiter, ce qui augmente la charge des émotions à dissimuler. Sa maladie mentale la rend particulièrement vulnérable à la peur, la culpabilité et la honte. Et en outre, il y a peu de probabilités qu'elle soit capable de dissimuler ces sentiments.

Mary n'a pas prévu toutes les questions que le médecin risque de lui poser et elle doit improviser son discours au fur et à mesure. Sara est dans le cas exactement inverse. Elle a également l'avantage d'avoir fait du théâtre, ce qui lui permet de jouer habilement des rôles dont elle se convainc souvent elle-même.

Le médecin a trois avantages sur le cadre en tant que détecteur. Ce n'est pas leur première entrevue et ce qu'il sait de Mary lui donne de meilleures chances d'éviter le risque Brokaw dû à la négligence de prendre en compte les différences individuelles. Si tous les psychiatres ne sont pas entraînés à repérer les signes d'émotions dissimulées, il possède cette compétence.

Et, contrairement au cadre, le médecin est circonspect. Il guette la possibilité d'une tromperie, sachant que les patients suicidaires, après quelques semaines en hôpital, peuvent dissimuler leurs véritables émotions afin de pouvoir sortir et se supprimer.

Les erreurs de Mary sont évidentes dans son discours, sa voix, son corps et ses expressions. Elle n'a pas de pratique en tant que menteuse et elle fournit des indices de tromperie dans le choix de ses mots et dans sa voix : erreurs d'élocution, discours alambiqué, incohérences, pauses. Les émotions négatives qu'elle éprouve contribuent également à produire ces erreurs d'élocution et une tonalité plus aiguë. Les indices de ces émotions dissimulées – angoisse, peur, culpabilité et honte – sont également évidents dans la fuite d'emblèmes comme le haussement d'épaules, les manipulatoires, la diminution des illustrants et les microexpressions faciales affichant ces quatre émotions. Toutes les quatre fuitent dans les muscles faciaux fiables, malgré les efforts de Mary pour les dissimuler. Comme le médecin connaît déjà Mary, il devrait pouvoir mieux interpréter ses illustrants et manipulatoires que s'il la voyait pour la première fois. En fait, le médecin ne repère pas les indices de tromperie, bien que je présume qu'il aurait détecté, comme beaucoup d'autres, son mensonge s'il avait eu connaissance de ce que j'ai expliqué.

Sara bénéficie d'une situation quasi idéale pour un menteur : aucune émotion à dissimuler ; de l'entraînement dans ce mensonge précis; le temps de répétition; l'assurance due aux succès précédents; un talent naturel et cultivé qu'elle peut utiliser; l'autorisation de mentir; une victime sans méfiance qui est susceptible d'erreurs de jugement parce que c'est une première entrevue et qui n'est pas particulièrement douée pour juger d'autrui. Bien entendu, dans le cas de Sara, contrairement à celui de Mary, je n'ai pas eu l'occasion d'étudier un film pour y chercher des indices de tromperie, puisque je ne me fonde ici que sur un article de presse. Je peux seulement prédire que ni moi ni quiconque n'en trouverait. C'est un mensonge très facile, Sara n'a aucune raison de commettre des erreurs. Le seul autre avantage que pourrait posséder Sara serait d'avoir une victime qui collabore activement à la tromperie, qui a besoin d'être dupée pour des raisons personnelles. Ni Sara ni Mary n'ont cela. Ruth, la femme infidèle du roman d'Updike, a cet avantage. Son mensonge est très difficile et devrait comporter de nombreuses erreurs, mais sa victime consentante ne les détecte pas. Rappelez-vous: quand Jerry, son mari, l'interroge, prise de court, elle lui donne une réponse incohérente, mais Jerry n'insiste pas. Updike laisse entendre qu'il ne décèle pas la tromperie parce qu'il a une raison d'éviter de confronter Ruth à son infidélité: Jerry lui aussi dissimule une liaison. Comparons le mensonge très difficile, mais non détecté, de Ruth, avec un mensonge très facile, qui est également non détecté mais pour des raisons très différentes. Ce mensonge très facile provient d'une analyse récente des techniques de mensonge utilisées par les escrocs: dans le «jeu de miroir», l'escroc soumet à la victime une pensée cachée, la désarmant en devançant le malaise qu'elle pressent. John Hamrak, l'un des escrocs les plus inventifs du début du XIXe siècle en Hongrie, accompagné d'un complice habillé en technicien, entra dans le bureau d'un conseiller municipal. Hamrak annonça qu'ils venaient chercher la pendule pour la réparer. Le conseiller, probablement à cause de la grande valeur de la pendule, rechignait à la leur confier. Hamrak réagit alors en attirant l'attention du conseiller sur l'extraordinaire valeur de la pendule, déclarant que c'était pour cette raison qu'il était venu la prendre en personne. Les escrocs ont donc tendance à orienter l'attention de leur victime sur le problème le plus sensible, donnant de l'authenticité à leur rôle en faisant semblant de minimiser leurs propres intérêts[4].

Le premier problème à considérer en estimant s'il y aura ou non des indices de tromperie est de savoir si le mensonge implique ou non des émotions éprouvées lors de la tromperie. Comme je l'ai illustré dans mon analyse du mensonge de Mary, les mensonges les plus difficiles impliquent des émotions éprouvées lors de la tromperie. Les émotions ne font pas tout ; d'autres questions doivent être posées, même pour estimer si des émotions seront dissimulées avec succès. Mais s'interroger sur les émotions est un bon début.

Dissimuler des émotions peut être l'objectif principal d'un mensonge – c'est le cas chez Mary, pas chez Ruth. Même quand ce n'est pas le cas, quand le mensonge ne porte pas sur des émotions, il peut impliquer des émotions provoquées par le fait de mentir. Il y a de nombreuses raisons pour lesquelles Ruth peut éprouver de l'appréhension de détection et de la culpabilité de tromperie. D'évidence, elle redoute les conséquences si sa tentative de dissimuler sa liaison est découverte. Ce n'est pas simplement que Ruth ne pourra plus continuer d'obtenir les gratifications que lui procure sa liaison si le mensonge échoue : elle risque d'être punie. Son mari peut la quitter s'il découvre son infidélité ; et s'il y a divorce, un témoignage sur sa liaison la lésera financièrement – à l'époque, le divorce à l'amiable n'existait pas. L'adultère peut aussi compromettre la garde des enfants. Enfin, si le mariage tient, la relation sera tendue, au moins un certain temps.

Les menteurs ne sont pas tous punis s'ils sont démasqués ; ni Sara ni Mary ne seront punies si leurs mensonges échouent. Alors que l'escroc Hamrak le sera – comme Ruth –, d'autres questions peuvent lui faire éprouver de l'appréhension de détection. Hamrak a la pratique de ce type de mensonge et il a un talent personnel qui l'y aide. Bien que Ruth ait déjà réussi à duper son mari, elle n'a pas vraiment une grande pratique de ce que ce mensonge nécessite – couvrir une conversation téléphonique surprise par quelqu'un. Et elle n'a aucune confiance dans ses talents de menteuse.

Le fait de savoir qu'elle sera punie si son mensonge échoue est la seule cause de la peur d'être démasquée qu'éprouve Ruth. Elle craint également d'être punie pour le fait même d'avoir menti. Si Jerry découvre qu'elle a voulu et pu le duper, sa méfiance peut être cause de problèmes, même en dehors de son infidélité.

Certains individus trompés prétendent que c'est la perte de confiance et non l'infidélité qu'ils ne parviennent pas à pardonner.

Là encore, notez que les menteurs ne sont pas tous punis pour l'acte de mentir lui-même ; cela n'arrive que lorsque menteur et victime ont un avenir commun qui peut être compromis par la perte de confiance. Si elle est démasquée, Sara perd seulement la possibilité d'obtenir des informations de tel « pigeon » particulier. Hamrak sera puni non pour avoir usurpé un rôle, mais de vol ou de tentative de vol. Même Mary ne sera pas punie pour son mensonge, mais la découverte de la tromperie pourra rendre le médecin plus circonspect. La confiance en la sincérité de l'autre n'est pas une attente ni une exigence dans toute relation durable, pas même dans tous les mariages.

L'appréhension de détection de Ruth devrait être amplifiée quand elle s'aperçoit que Jerry est soupçonneux. La victime de Hamrak est également soupçonneuse à l'égard de quiconque veut s'emparer de la précieuse pendule. Tout l'intérêt du jeu de miroir est de réduire le soupçon que la victime garde par-devers elle en abordant la question publiquement. La victime pense qu'un voleur ne serait jamais audacieux au point de reconnaître précisément ce que sa victime redoute. Cette logique peut également amener le détecteur à écarter des fuites parce qu'il refuse de croire qu'un menteur commettrait pareille erreur. Dans leur analyse de la tromperie militaire, Donald Daniel et Katherine Herbig notent que « **plus grande est la fuite, moins il est probable que la cible la croie, puisque cela semble trop beau pour être vrai.**

Dans de nombreux cas, des stratèges militaires écartèrent des fuites sous prétexte qu'elles étaient trop patentes pour n'être rien de plus que des intoxications[5]. »

Ruth, comme Mary, partage des valeurs avec sa victime et peut éprouver de la culpabilité à mentir. Mais il est moins clair qu'elle se sente autorisée à dissimuler sa liaison. Même ceux qui condamnent l'adultère n'estiment pas nécessairement qu'un conjoint infidèle doive révéler son infidélité. Avec Hamrak, c'est plus certain. Comme Sara, il n'éprouve aucune culpabilité – mentir fait partie de son « métier ». Il est probable que Hamrak soit aussi un menteur-né ou un psychopathe, ce qui diminuerait également le risque qu'il éprouve de la culpabilité à mentir. Chez les gens comme Hamrak, mentir aux « pigeons » est autorisé.

Les mensonges de Ruth et de Hamrak illustrent deux autres points. Comme elle n'anticipe pas le moment où elle devra mentir, elle ne s'entraîne pas. Cela devrait augmenter sa crainte d'être démasquée une fois le mensonge commencé, puisqu'elle sait qu'elle ne peut pas se replier sur un ensemble de réponses préparées. Même si Hamrak est pris dans une situation aussi difficile – et c'est rare pour un menteur professionnel – il a un talent d'improvisation que Ruth ne possède pas. Mais celle-là a un grand avantage sur Hamrak: elle a une victime consentante, qui n'a pas envie de la démasquer, pour des raisons personnelles. Parfois, une telle victime peut ne même pas être consciente qu'elle se rend complice de la perpétration d'une tromperie. Updike laisse son lecteur se demander si Jerry s'en rend compte et si Ruth a conscience de ce qui se passe. La victime consentante facilite la tâche du menteur de deux manières. Le menteur redoute moins d'être démasqué s'il sait que sa victime est aveugle à ses erreurs. Le menteur éprouve moins de culpabilité à tromper une telle victime, car il peut se convaincre qu'il ne fait que ce que la victime désire.

Le général Anderson ou l'erreur judiciaire

Pour le moment, nous avons analysé quatre mensonges, identifiant pourquoi, dans les cas de Mary et Ruth, il y aurait des indices de tromperie et pourquoi, dans les cas de Sara et Hamrak, il n'y en aurait aucun. Voyons maintenant un cas dans lequel un individu sincère est jugé menteur, afin d'analyser comment la vérification du mensonge aurait pu empêcher une telle erreur de jugement.

Le général Anderson fut accusé du viol et du meurtre de sa voisine Nancy Johnson. Le mari de Nancy, rentré au milieu de la nuit de son travail, trouva le cadavre, courut chez les Anderson, leur annonça que sa femme était morte, qu'il n'arrivait pas à trouver son fils et demanda à M. Anderson d'appeler la police.

Un certain nombre d'incidents firent suspecter Anderson: le lendemain du meurtre, il resta chez lui au lieu d'aller travailler, se saoula dans un bar voisin, parla de meurtres, et ceux qui le raccompagnèrent chez lui l'entendirent sangloter en disant à son épouse : « Je ne voulais pas le faire, mais j'étais obligé. » Il prétendit par la suite qu'il parlait de son escapade dans le bar, mais ne fut pas cru. Quand la police l'interrogea sur une tache de sang sur un des sièges de sa voiture, il prétendit qu'elle y était quand il l'avait achetée. Plus tard, durant l'interrogatoire, il avoua avoir menti parce qu'il avait honte d'admettre qu'il avait giflé son épouse durant une dispute, la faisant saigner du nez. Ses interrogateurs lui répétèrent que cet incident prouvait qu'il était un individu violent et un menteur prêt à le nier. Durant l'interrogatoire, il avoua qu'il avait été impliqué dans un délit sexuel mineur à l'âge de douze ans, mais qu'il n'avait fait aucun mal à sa victime. Par la suite, il se révéla qu'il avait quinze ans et non douze à l'époque. C'était, soulignèrent les policiers, une preuve supplémentaire qu'il était un menteur, qu'il souffrait de troubles sexuels, et qu'en conséquence il pouvait très bien être celui qui avait violé et tué sa voisine Nancy.

Joe Townsend, opérateur professionnel de décodeur, fut appelé et présenté par les policiers comme infaillible pour démasquer un menteur. Il procéda d'abord à deux longues séries de tests sur Anderson et obtint des résultats aussi stupéfiants que contradictoires. Quand Anderson fut interrogé sur le meurtre lui-même et nia sa culpabilité, la machine indiqua la tromperie. Mais quand il fut interrogé sur l'arme du crime et la manière dont il s'en était débarrassé, le tracé de l'appareil révéla qu'il était « innocent ». En termes simplistes, d'après le décodeur, Anderson était « coupable » concernant le meurtre de Nancy et « innocent » concernant l'arme avec laquelle elle avait été affreusement tailladée et poignardée. Questionné sur la provenance du couteau, son type et l'endroit où il se trouvait, Anderson répondit qu'il ne savait pas et le décodeur ne révéla aucune réaction. Townsend lui fit repasser le test trois fois en l'interrogeant sur l'arme et obtint les mêmes résultats. Quand il eut terminé, l'opérateur annonça à Anderson que l'appareil avait détecté ses mensonges[6].

Le jugement de l'opérateur corroborait la conviction des policiers : ils tenaient leur homme. Ils interrogèrent Anderson pendant six jours. Des enregistrements audio de l'interrogatoire révélèrent qu'Anderson était épuisé et avait fini par avouer un crime qu'il n'avait pas commis. Presque jusqu'à la fin, il clama son innocence, protestant qu'il n'était pas coupable puisqu'il ne se rappelait pas avoir tué ni violé Nancy. Les policiers répliquèrent qu'un assassin peut avoir une amnésie. Selon eux, ne pas se rappeler son méfait ne prouvait pas qu'il ne l'avait pas commis. Anderson signa ses aveux une fois que les policiers lui eurent dit que son épouse savait qu'il avait tué Nancy, propos que la femme nia avoir jamais tenus. Quelques jours plus tard, Anderson réfuta ses aveux et sept mois après, le véritable tueur, inculpé d'un autre viol assorti de meurtre, avoua avoir tué Nancy Johnson.

Mon analyse suggère que les réactions émotionnelles d'Anderson aux questions sur le meurtre durant le test du décodeur pouvaient être dues à d'autres facteurs distincts. N'oubliez pas que l'appareil ne détecte pas les mensonges, mais uniquement l'apparition d'émotions. La question est : Anderson aurait-il pu être ému quand on l'interrogeait sur le crime *uniquement* s'il avait tué Nancy ? Y a-t-il d'autres raisons pour qu'il soit ému à cause du crime, même s'il ne l'a pas commis ? S'il y en a, ce serait la preuve que le test du décodeur n'est pas fiable.

Les enjeux étaient si élevés – la punition, si grave – que la plupart* des suspects coupables d'un tel crime auraient peur ; mais il en serait de même pour certains innocents. L'opérateur du décodeur essaie de diminuer la crainte de l'innocent de ne pas être cru et d'augmenter celle du coupable d'être pris, en disant au suspect que l'appareil

---

* Je dis « la plupart », car les meurtriers ne redoutent pas tous d'être pris. Le tueur professionnel ou le psychopathe ne le craindraient pas.

est infaillible. L'une des raisons pour lesquelles Anderson craindrait de ne pas être cru est la nature de l'interrogatoire qui a précédé le test. Les experts de la police[7] distinguent entre les entretiens, destinés à obtenir des renseignements, et les interrogatoires, qui présument d'une culpabilité et sont menés d'une manière accusatoire dans le but d'extorquer des aveux. Souvent, les interrogateurs, comme avec Anderson, usent de leur force de conviction pour convaincre le suspect de renoncer à clamer son innocence. Si cela peut intimider un coupable et l'amener à avouer, cela peut aussi effrayer un innocent qui se rend compte que ses interrogateurs n'envisagent pas d'autre possibilité que sa culpabilité. C'est au bout de vingt-quatre heures ininterrompues d'un tel traitement qu'Anderson a été soumis au décodeur.

Les réactions émotionnelles d'Anderson aux questions sur le meurtre enregistrées par l'appareil pouvaient avoir été produites par sa peur de ne pas être cru, mais aussi par des émotions de honte et de culpabilité. Car même s'il est innocent de ce meurtre, Anderson a honte de deux autres méfaits. Ses interrogateurs savent qu'il a honte d'avoir frappé son épouse et commis un délit sexuel dans son adolescence. Il éprouve également de la culpabilité de tromperie pour avoir tenté de dissimuler ou minimiser ces épisodes. Les interrogateurs jouent de manière répétée sur ces incidents pour le convaincre qu'il est le type d'individu capable de viol et de meurtre, mais cela peut avoir amplifié sa honte et sa culpabilité et lié ces émotions au crime dont on l'accusait.

La vérification du mensonge explique pourquoi tout signe de peur, honte ou culpabilité – qu'ils soient présents dans les expressions, gestes, voix, discours et activités du système nerveux autonome détectées par le décodeur – est un indice de tromperie ambigu. Ces émotions avaient toute probabilité d'apparaître, qu'Anderson soit innocent ou réellement coupable. Un autre incident, dont les interrogateurs n'avaient pas connaissance, les empêchait totalement de déterminer d'après les réactions émotionnelles d'Anderson s'il mentait ou non. Une fois Anderson libéré de prison, James Phelan, le journaliste dont l'article avait contribué à sa libération, lui demanda ce qui avait pu le faire « échouer » au test du décodeur. Anderson révéla une autre cause à ses réactions émotionnelles : la nuit du meurtre de Nancy, quand il était allé avec la police chez son voisin, il avait regardé à plusieurs reprises le corps nu de Nancy. Pour lui, c'était un acte affreux. Dans son esprit, il avait commis un crime différent du meurtre, mais qui lui faisait néanmoins éprouver de la honte et de la culpabilité. Il avait menti, dissimulant ce geste terrible à ses interrogateurs et à l'opérateur – et bien entendu, il s'était senti coupable de leur avoir menti.

Les interrogateurs d'Anderson ont commis l'erreur d'Othello. Comme Othello, ils ont correctement perçu que leur suspect était ému. Leur erreur a été de se méprendre sur la cause de l'émotion, de ne pas comprendre que les émotions correctement identifiées pouvaient être éprouvées que le suspect soit innocent ou coupable. Tout comme la détresse de Desdémone n'est pas due à la mort d'un amant, la honte, la peur et la culpabilité d'Anderson n'étaient pas liées au meurtre, mais à ses autres fautes. Comme Othello, les interrogateurs ont été victimes de leurs préjugés sur le suspect. Eux non plus n'ont pu tolérer de ne pas savoir si leur suspect mentait ou non. Au passage, ils disposaient d'informations, de détails sur l'arme du crime que seul le coupable pouvait connaître et qu'un innocent ignorait obligatoirement. Le fait que le décodeur n'ait pas montré la moindre réaction d'Anderson aux questions sur le couteau aurait dû faire comprendre à l'opérateur que son sujet était peut-être innocent. Au lieu de répéter trois fois son test, il aurait dû mettre sur pied un test de savoir coupable en utilisant les informations sur le crime que seul son auteur pouvait connaître.

Hamrak, l'escroc, et Anderson, l'accusé de meurtre, sont les exemples mêmes des deux types d'erreur qui polluent les tentatives pour arrêter les criminels menteurs. Durant un interrogatoire ou face à un décodeur de mensonges, Hamrak ne montrerait probablement aucune émotion et apparaîtrait totalement innocent de tout méfait. La vérification du mensonge fait clairement apparaître pourquoi un menteur professionnel et expérimenté, un menteur-né ou un psychopathe commettent rarement des erreurs en mentant. Hamrak est l'exemple de l'individu dont les mensonges seront crus. Anderson représente l'inverse. C'est un innocent qui, pour toutes les raisons exposées, a été jugé coupable – la victime d'une erreur de ne pas croire la vérité. Mon objectif, dans l'examen de ces deux cas, n'est pas de démontrer que l'utilisation du décodeur ou des indices expressifs de tromperie doit être écartée quand des suspects de crimes sont examinés. Même si on le souhaitait, il n'y a aucun moyen d'empêcher les gens d'utiliser les indices comportementaux de tromperie.

L'impression que nous avons tous de l'autre se fonde, en partie, sur le comportement expressif.
Ce comportement véhicule des impressions sur bien plus que la sincérité. C'est la principale source d'informations sur l'individu : elle permet de savoir s'il est amical, affable, dominateur, séduisant ou séduit, intelligent, intéressé par ce qui est dit, etc. Généralement, ces impressions se forment involontairement, sans que l'on soit conscient de l'indice comportemental particulier qui les provoque. Si l'on est conscient de la source de ses impressions, si l'on connaît les règles que l'on suit pour interpréter des comportements spécifiques, il est plus facile de les corriger. Les jugements peuvent être plus ouverts à une remise en question, de la part de collègues ou de la personne que l'on juge, et grâce

à l'expérience, qui nous permet d'apprendre quels jugements se sont révélés justes et lesquels se sont révélés faux. Une grande partie de la formation policière ne met pas l'accent sur les indices comportementaux de tromperie. Je présume qu'un inspecteur ne connaît généralement pas le fondement explicite de son intuition quand il sent tel individu coupable ou tel autre innocent.

Il n'est pas possible de renoncer à l'utilisation des indices comportementaux de tromperie dans les interrogatoires criminels et je ne suis pas certain que la justice s'en porterait mieux s'ils n'étaient plus utilisés. Dans les tromperies fatales, quand un individu sincère peut être emprisonné ou exécuté à tort pour un crime et qu'un meurtrier menteur peut échapper à l'inculpation, aucune tentative légale ne doit être négligée pour découvrir la vérité. Mon objectif est au contraire de rendre le processus d'interprétation de ces indices plus explicite, plus délibéré et plus prudent. J'ai souligné le potentiel d'erreurs et comment le détecteur, en considérant chacune des questions de ma liste (tableau 4), peut estimer ses chances de dévoiler un mensonge ou reconnaître la vérité. Je crois que se former pour repérer les indices de tromperie, apprendre les risques et les précautions et se livrer à la vérification du mensonge pourrait rendre les policiers plus efficaces en diminuant à la fois les erreurs de ne pas croire la vérité et les erreurs de croire le mensonge. Mais pour vérifier si j'ai raison, il faudrait faire des recherches sur le terrain, étudier les interrogateurs et les suspects criminels. Ce travail a été entrepris et les résultats semblent prometteurs, mais malheureusement il n'a pas été achevé[8].

Quand les dirigeants de pays rivaux se rencontrent durant une crise internationale, la tromperie peut être bien plus fatale que dans le domaine criminel, et la détecter plus dangereux et difficile. Les enjeux d'un jugement erroné

– ne pas croire la vérité ou croire le mensonge – sont plus élevés que dans la plus effroyable des tromperies criminelles. Seuls quelques politologues ont publié sur l'importance du mensonge et de la détection de la tromperie dans les tête-à-tête entre chefs d'États et hauts dignitaires. Alexander Groth déclare : « La tâche de deviner le sens de l'attitude, les intentions et la sincérité de la partie adverse est cruciale pour échafauder une stratégie politique[9]. » Alors qu'un chef d'État ne souhaite probablement pas acquérir la réputation d'être un menteur éhonté, le prix à payer pour une telle réputation serait compensé, déclare Robert Jervis, « quand une tromperie réussie peut changer les rapports de force sur la scène internationale. Car si le recours à un mensonge peut aider un État à obtenir une position dominante dans le monde, il est possible qu'il se soucie peu d'avoir une réputation de menteur[10]. »

Henry Kissinger ne semble pas en convenir, soulignant que le mensonge et la tricherie sont des pratiques imprudentes : « Seuls les romantiques croient qu'ils peuvent triompher par la tricherie dans une négociation. Pour le diplomate, la tricherie n'est pas la voie de la sagesse, mais du désastre. Étant donné que l'on doit traiter régulièrement avec la même personne, on peut s'en tirer à bon compte une seule fois, dans le meilleur des cas, et la relation sera définitivement rompue[11]. » Peut-être qu'un diplomate ne peut reconnaître l'importance de la tromperie qu'une fois sa carrière terminée, et c'est loin d'être le cas pour Kissinger. En tout cas, son récit de ses efforts diplomatiques regorge d'exemples de circonstances où il s'est engagé dans ce que je qualifierai de dissimulations et semi-dissimulations, et d'autres où il a été amené à se demander si son interlocuteur ne se livrait pas à des manœuvres similaires.

Staline était plus direct : « Les paroles d'un diplomate ne doivent avoir aucune relation avec les actions – sans quoi, quelle sorte de diplomate serait-il ? Les bonnes paroles sont le déguisement des méfaits. Une diplomatie sincère n'est pas plus concevable que de l'eau sèche ou de l'acier en bois[12]. » Manifestement, la déclaration est un peu excessive. Parfois, les diplomates s'expriment avec sincérité, certes pas toujours, et d'autant plus rarement si cela peut gravement nuire aux intérêts de leur pays. Quand il ne fait aucun doute qu'une seule stratégie peut faire progresser ces intérêts, les autres nations savent à quoi s'attendre, mentir ne sera pas un problème et ne sera probablement pas envisagé, car cela paraîtra trop faux. Souvent, l'affaire est plus ambiguë. Un pays croit qu'un autre pense pouvoir gagner en agissant en secret, en trichant, en faisant des déclarations fausses, même si ces malhonnêtetés sont découvertes par la suite. Dans ce cas, l'évaluation des intérêts nationaux n'est pas suffisante, pas plus que les déclarations ou actes du pays. Un pays suspect de tromperie prétendra être digne de confiance exactement comme le ferait un pays réellement digne de confiance. Jervis écrit, concernant l'abandon des armes nucléaires : « Que les Russes aient l'intention de tricher ou pas, ils tenteraient de paraître sincères. Un homme honnête et un menteur répondent l'un comme l'autre "oui" quand on leur demande s'ils vont dire la vérité[13]. »

Rien d'étonnant alors à ce que les gouvernements cherchent les moyens de détecter le mensonge chez leurs adversaires. Les tromperies internationales peuvent survenir dans maints contextes différents, pour servir des objectifs nationaux très divers. L'un d'eux, déjà mentionné, est celui des crises internationales. Chaque partie peut vouloir bluffer, faire des offres non définitives qui sont perçues comme telles, et avoir des intentions sincères qui ne sont pas reconnues. Chaque partie voudra également s'assurer parfois que son adversaire perçoive correctement que ces menaces ne sont pas du bluff, que ces offres sont définitives et que ces intentions ne seront pas mises en œuvre.

L'habileté pour mentir ou détecter le mensonge est également importante pour dissimuler ou découvrir une attaque surprise. Le politologue Michael Handel le décrit ainsi : « Dès le 2 juin 1967, il devint clair pour le gouvernement israélien que la guerre était inévitable. Le problème était de savoir comment lancer une attaque surprise qui réussisse, alors que les *deux* parties étaient mobilisées et aux aguets. Dans le cadre du projet de tromperie destiné à dissimuler les intentions belliqueuses d'Israël, Moshe Dayan [ministre de la Défense israélien] déclara à un journaliste britannique le 2 juin qu'il était à la fois trop tôt et trop tard pour qu'Israël entre en guerre. Il répéta cette déclaration lors d'une conférence de presse le 3 juin[14]. » Alors que ce n'était pas le seul moyen dont usa Israël pour duper ses adversaires, l'habileté à mentir de Moshe Dayan fut un élément qui permit au pays de créer totalement la surprise en lançant son attaque le 5 juin.
Une autre utilisation de la tromperie consiste à induire en erreur l'adversaire concernant ses propres capacités militaires. L'analyse que fait Barton Whaley du réarmement secret de l'Allemagne entre 1919 et 1939 fournit de nombreux exemples de l'habileté des Allemands.

La délégation française et la Luftwaffe

En août 1938, alors que la crise tchécoslovaque s'aggravait sous la pression de Hitler, le général Goering invita les chefs de l'armée de l'air française à inspecter la Luftwaffe. Le général Joseph Vuillemin, inspecteur général de la défense aérienne du territoire, accepta aussitôt. Le général allemand Ernst Udet amena Vuillemin dans son avion personnel. Alors qu'il ralentissait à l'extrême son appareil, arriva le moment qu'Udet avait soigneusement

préparé pour son visiteur. Soudain, un Heinkel He-100 les dépassa à une telle vitesse que ce ne fut presque qu'un sifflement et une silhouette fugitive. Les deux avions atterrirent et les Allemands emmenèrent leurs visiteurs français stupéfaits faire leur visite. « Dites-moi, Udet, demanda avec une nonchalance feinte le général allemand Milch, où en sommes-nous de la production de masse ? » Udet, comme convenu, répondit : « Oh, la deuxième ligne de production est prête et la troisième le sera dans deux semaines. » Vuillemin, effaré, bafouilla à Milch qu'il était « effondré ». La délégation française rentra à Paris avec la certitude défaitiste que la Luftwaffe était invincible[15].
Le He-100, dont la vitesse avait été amplifiée par cette astuce, était l'un des trois seuls appareils fabriqués à cette date.

Ce genre de bluff, prétendre disposer d'une force aérienne invincible, « fut l'un des ingrédients capitaux des négociations diplomatiques de Hitler qui menèrent à une série de triomphes : la politique d'apaisement reposa en partie sur la crainte de la Luftwaffe[16] ».

Alors que les tromperies internationales n'exigent pas toujours un contact personnel direct entre menteur et cible (elles peuvent être exécutées par du camouflage, des communiqués faux, etc.), ces exemples illustrent qu'il y a des occasions où le mensonge a lieu entre deux personnes. Aucun appareil nécessitant la coopération de l'adversaire ne peut être utilisé. Aussi s'est-on demandé s'il était possible d'utiliser les études scientifiques des indices comportementaux de tromperie. Dans mes entrevues avec des représentants de gouvernements, américains et d'autres pays, mes mises en garde sur les dangers encourus n'ont pas semblé impressionner. L'un des objectifs de ce livre est de réitérer ces mises en garde avec précision et exhaustivité, et de les rendre accessibles au plus grand nombre. Comme pour les tromperies criminelles, les choix ne sont pas simples. Parfois, des indices comportementaux de tromperie peuvent aider à déterminer si un dirigeant ou un porte-parole national ment. Le problème est de savoir quand ce sera ou non possible, et quand les dirigeants peuvent être induits en erreur par leur évaluation (faite par eux-mêmes ou leurs experts) des indices de tromperie.

Hitler et Chamberlain

Revenons au premier exemple de ce livre, la première entrevue de Hitler et Chamberlain à Berchtesgaden, le 15 septembre 1938, quinze jours avant la Conférence de Munich. Hitler cherchait à convaincre Chamberlain qu'il ne projetait pas de déclarer la guerre à l'Europe, qu'il souhaitait simplement résoudre le problème des Sudètes allemands en Tchécoslovaquie. Si l'Angleterre acceptait son projet, un référendum serait organisé dans les régions tchécoslovaques où la majorité de la population se composait de Sudètes allemands, et si elle votait en sa faveur, ces régions seraient annexées à l'Allemagne et Hitler n'entrerait pas en guerre. En secret, Hitler était déterminé à la guerre. Il avait déjà mobilisé son armée pour attaquer la Tchécoslovaquie le 1er octobre et ses projets de conquête militaire ne s'arrêtaient pas là. Rappelez-vous la lettre de Chamberlain à sa sœur, lui donnant ses impressions sur Hitler : c'était « un homme en qui on pouvait avoir confiance une fois qu'il avait donné sa parole[17] ». En réponse aux critiques des dirigeants de l'opposition, le Labour, Chamberlain décrivit Hitler comme « un être tout à fait extraordinaire, un homme capable de faire mieux encore que ses promesses[18] ».
Une semaine plus tard, Chamberlain rencontrait Hitler pour la deuxième fois à Godesberg. Hitler formula

alors de nouvelles exigences : les troupes allemandes devaient immédiatement occuper les régions où vivaient les Sudètes allemands, le référendum serait organisé ensuite et non avant, et enfin le territoire qu'il réclamait était plus étendu. Après quoi, pour convaincre son cabinet d'accepter ces exigences, Chamberlain déclara : « Afin de comprendre les actes des individus, il était nécessaire d'évaluer leurs raisons et de voir comment fonctionnait leur esprit. *Herr* Hitler avait un esprit étroit et de violents préjugés sur certains sujets, mais il n'aurait pas trompé un homme qu'il respectait et avec qui il avait négocié. » Il ne doutait pas que Hitler avait désormais du respect pour lui : « Quand Hitler annonçait qu'il allait entreprendre quelque chose, il était incontestable qu'il le ferait[19]. » Après avoir cité ainsi Chamberlain, l'historien Telford Taylor demande : « Hitler avait-il en effet totalement trompé Chamberlain ou bien Chamberlain trompait-il les siens afin de leur faire accepter les exigences de Hitler[20] ? » Admettons, comme Taylor, que Chamberlain avait cru Hitler, du moins lors de leur première entrevue à Berchtesgaden. Tous les récits des acteurs de l'époque s'accordent à le penser, à une exception près. Dans son rapport à Washington sur sa rencontre avec Chamberlain, Joseph Kennedy déclarait : « Chamberlain en est revenu avec un profond dédain pour Hitler. Il est cruel, autoritaire, dur, et n'éprouve aucun scrupule, dans ses objectifs comme dans ses méthodes. »
Ces enjeux très élevés auraient pu faire éprouver à Hitler de l'appréhension de détection, mais il n'en ressentit probablement pas. Il avait une victime consentante. Il savait que si Chamberlain découvrait qu'il mentait, il comprendrait que toute sa politique d'apaisement avait échoué. À l'époque, une politique d'apaisement n'était pas une politique honteuse et était même admirée : le sens du mot changea quelques semaines plus tard, quand l'attaque surprise de Hitler fit comprendre clairement que Chamberlain avait été berné. Hitler était déterminé à s'emparer de l'Europe par la

force. S'il avait été digne de confiance, s'il avait respecté ses engagements, Chamberlain aurait connu les louanges du monde entier pour avoir sauvé l'Europe de la guerre. Chamberlain voulait croire Hitler, et celui-ci le savait. Un autre facteur diminuant sa peur d'être démasqué était que Hitler savait exactement quand il serait nécessaire de mentir et ce qu'il devrait dire, il pouvait donc préparer et répéter son discours. Il n'avait aucune raison d'éprouver culpabilité ou honte – il considérait que tromper les Anglais était un acte honorable, exigé par son rôle et par sa perception de l'histoire. Hitler n'était pas le seul dirigeant honni à n'éprouver ni honte ni culpabilité en mentant à ses adversaires. Dans l'opinion de nombreux analystes politiques, les mensonges sont attendus dans la diplomatie internationale et ne sont discutables que s'ils ne servent pas les intérêts nationaux. L'unique émotion que Hitler aurait pu éprouver et fuiter est le plaisir de duper. Il a été rapporté qu'il éprouvait du plaisir à parvenir à duper les Anglais, et la présence d'autres Allemands comme témoins de cette tromperie réussie aurait très bien pu amplifier l'excitation et le plaisir de Hitler à berner Chamberlain. Mais Hitler était un menteur très habile et il parvint apparemment à prévenir toute fuite de ces émotions.

Quand menteur et cible viennent de cultures différentes et ne parlent pas la même langue, détecter la tromperie est, pour de nombreuses raisons, beaucoup plus difficile. Groth remarqua ce problème, sans expliquer comment et pourquoi il survient : « Les impressions personnelles des dirigeants ont toutes les chances d'induire en erreur en fonction de l'écart politique, idéologique, social et culturel des parties. » Même si Hitler avait commis des erreurs et que Chamberlain n'avait pas été une victime consentante, l'Anglais aurait eu du mal à repérer ces erreurs. L'une des raisons est qu'ils avaient recours à des interprètes. Cela accorde au menteur deux avantages sur la conversation directe. S'il commet la moindre erreur verbale – lapsus, pauses trop longues, erreurs de langage –, l'interprète peut les couvrir. Et le processus de la traduction simultanée donne au locuteur le temps, durant la traduction de chaque phrase, de réfléchir précisément à la formulation de la suivante. Même si l'auditeur comprend la langue du menteur, si ce n'est pas sa langue maternelle, il risque de manquer dans l'élocution et la formulation les subtilités qui seraient des indices de tromperie.

Les différences nationales et culturelles peuvent également rendre difficile l'interprétation des indices de tromperie vocaux, faciaux et corporels. **Chaque culture a ses propres styles prescrits qui gouvernent, dans une certaine mesure, le débit, le ton et le volume de la parole, ainsi que l'utilisation des mains et du visage pour illustrer le discours.** Les signes vocaux et faciaux d'émotion sont également gouvernés par ce que j'ai appelé les *règles d'affichage*, qui dictent la gestion de l'expression émotionnelle et qui varient selon la culture. Si le détecteur ne connaît pas ces différences et ne les prend pas explicitement en compte, il est plus susceptible de se méprendre sur tous ces comportements et de faire des erreurs de croire le mensonge ou de ne pas croire la vérité.

À ce stade, un agent de renseignement peut demander jusqu'à quel point il aurait été possible de procéder à mon analyse des entretiens Hitler-Chamberlain à l'époque. Si la vérification du mensonge n'était faisable que de nombreuses années plus tard, après que des faits non disponibles à l'époque sont apparus, elle ne serait pas utile aux acteurs principaux ni à leurs conseillers quand ils ont besoin d'aide. Ma lecture des récits de l'époque laisse à penser que beaucoup de mes jugements étaient évidents, du moins à certains, en 1938. Chamberlain avait tellement en jeu à souhaiter croire Hitler que d'autres auraient dû comprendre la nécessité de juger avec circonspection de la sincérité du Führer. Selon plusieurs sources, Chamberlain s'estimait supérieur à ses confrères en politique, se montrait condescendant envers eux[21] et n'aurait pas accepté de telles mises en garde.

Le désir de Hitler de mentir à l'Angleterre était également bien connu à l'époque de cette entrevue. Chamberlain n'aurait même pas eu besoin de lire ou croire ce que disait Hitler dans *Mein Kampf*. Il y avait de nombreux exemples, comme sa violation dissimulée du pacte naval anglo-allemand ou ses mensonges sur ses intentions à l'égard de l'Autriche. Avant sa rencontre avec Hitler, Chamberlain avait déclaré qu'il le soupçonnait de mentir à propos de la Tchécoslovaquie et de dissimuler ses projets de conquête de l'Europe[22]. Hitler était également connu pour avoir été un menteur habile, non seulement dans les manœuvres diplomatiques et militaires, mais aussi en tête à tête avec sa victime. Il était capable de manifester charme ou fureur et savait, avec une grande maîtrise, impressionner ou intimider, inhiber ou feindre ses émotions et ses intentions.

Les experts en politique et histoire spécialisés dans les relations anglo-allemandes en 1938 devraient pouvoir juger, si je ne me trompe pas, en affirmant qu'on en savait assez à l'époque pour répondre aux questions de la liste de vérification (tableau 4). Je ne pense pas que la vérification du mensonge aurait pu prédire alors avec certitude que Hitler allait mentir. Mais cela aurait pu révéler que Chamberlain aurait eu peu de chances de démasquer Hitler s'il y avait procédé. D'autres leçons sur le mensonge sont à tirer de l'entrevue Hitler-Chamberlain, mais elles seront plus intéressantes à étudier une fois que nous aurons vu un autre exemple de circonstances où le mensonge d'un dirigeant aurait pu être détecté grâce aux indices comportementaux de tromperie.

Kennedy et Khrouchtchev

Durant la crise des missiles de Cuba, deux jours avant une rencontre entre le président John F. Kennedy et le ministre soviétique des Affaires étrangères Andrei Gromyko, le 14 octobre 1962, Kennedy fut informé par McGeorge Bundy qu'un avion U2 survolant Cuba avait apporté la preuve irréfutable que l'Union soviétique était en train d'installer des missiles sur l'île. Des rumeurs sur le sujet avaient couru, et avec l'élection prévue en novembre, Khrouchtchev (selon le politologue Graham Allison) « avait assuré au président, de la manière la plus directe et personnelle, qu'il comprenait le problème intérieur de Kennedy et ne ferait rien pour le compliquer. Plus précisément, Khrouchtchev avait solennellement assuré à Kennedy que l'URSS ne placerait pas de missiles offensifs à Cuba[23] ». Kennedy fut « furieux[24] » (selon Arthur Schlesinger), et bien que « fâché devant les efforts de Khrouchtchev pour le tromper, [il] accueillit la nouvelle calmement, mais avec une expression de surprise[25] » (selon le récit de Theodore Sorensen). Comme le raconte Robert Kennedy, « alors que les représentants de la CIA expliquaient les photos ce matin-là, nous nous rendîmes compte que tout n'avait été qu'un gigantesque tissu de mensonges[26] ». Les conseillers du président se réunirent pour réfléchir aux mesures que devait prendre le gouvernement. Le président décida qu'« il ne fallait pas dévoiler publiquement que nous étions au courant de la présence de missiles soviétiques à Cuba tant qu'un plan d'action n'était pas arrêté et prêt. La sécurité était essentielle et le président déclara sans ambiguïté qu'il était déterminé à ce qu'il n'y ait pour une fois dans l'histoire de Washington rigoureusement aucune fuite[27] » (selon Roger Hilsman, à l'époque aux Affaires étrangères). Deux jours plus tard, le 16 octobre, alors que ses conseillers débattaient encore de la stratégie à adopter pour le pays, le président Kennedy rencontra Gromyko. « Gromyko était aux États-Unis depuis plus d'une semaine, mais aucun officiel américain ne savait exactement pourquoi il avait demandé une audience à la Maison-Blanche. La demande était parvenue à peu près au moment où avaient surgi [les preuves photographiques du U2]. Les Russes avaient-ils repéré l'avion ? Désiraient-ils parler à Kennedy pour le sonder ? Allaient-ils profiter de cet entretien pour informer Washington que Khrouchtchev était au même moment en train d'annoncer au monde la présence des missiles et de révéler son coup avant que les États-Unis n'aient le temps de réagir[28] ? » Kennedy était anxieux alors que le rendez-vous approchait, mais il parvint à sourire quand il accueillit Gromyko et [Anatoly] Dobrynin [l'ambassadeur soviétique] dans son bureau[29] » (selon Sorensen). N'étant pas prêt à réagir, Kennedy estimait important de dissimuler à Gromyko qu'il connaissait la présence des missiles à Cuba, afin d'éviter que les Soviétiques aient un avantage supplémentaire.

La réunion commença à 17 heures et dura jusqu'à 19 h 15. Le secrétaire d'État Dean Rusk, Llewellyn Thompson (ancien ambassadeur des États-Unis auprès de l'Union soviétique) et Martin Hildebrand (directeur du Bureau des affaires allemandes) y assistèrent d'un côté, tandis que Dobrynin, Vladimir Semenov (vice-ministre soviétique des Affaires étrangères) et un troisième représentant soviétique y assistaient de l'autre. Chaque délégation était accompagnée d'interprètes. « Kennedy s'assit dans son fauteuil à bascule face à la cheminée, Gromyko, à sa droite sur l'un des canapés beiges. Des photographes entrèrent, prirent des clichés pour la postérité (voir photo), puis sortirent. Le Russe s'appuya sur le coussin rayé et commença à parler[30]. »

Après s'être étendu longuement sur Berlin, Gromyko aborda enfin le sujet de Cuba. Selon le récit de Robert Kennedy, « Gromyko déclara qu'il souhaitait en appeler aux États-Unis et au président Kennedy de la part de Khrouchtchev et de l'Union soviétique pour atténuer les tensions concernant Cuba. Kennedy l'écouta, étonné mais aussi avec une certaine admiration pour l'audace de la position de Gromyko. [Le président] s'exprima fermement, mais avec beaucoup de retenue, quand on considère la provocation[31]. » Le journaliste Elie Abel raconte : « Le président donna à Gromyko une occasion très nette d'éclaircir la situation en faisant allusion aux propos répétés de Khrouchtchev et Dobrynin assurant que les missiles de Cuba n'étaient que des armes de défense antiaériennes. Gromyko resta sur les mêmes déclarations, que Kennedy savait désormais être des mensonges. Il ne le confronta pas aux faits[32]. » Kennedy « demeura impassible et ne montra aucun signe de tension ni de colère[33] » (selon Sorensen).

Assis, de gauche à droite : Anatoly Dobrynin, Andreï Gromyko et John F. Kennedy.

Gromyko était d'une «jovialité inhabituelle[34]» (selon Abel) quand il quitta la Maison-Blanche. Des journalistes lui demandèrent ce qui s'était dit lors de l'entretien. «Gromyko leur sourit, manifestement de bonne humeur, et déclara que les discussions avaient été "utiles, très utiles"[35]. » Robert Kennedy raconte : «Je vins peu après le départ de Gromyko. Le président était, on peut le dire, mécontent du porte-parole de l'Union soviétique[36]. [...] Je mourais d'envie de lui mettre nos preuves sous le nez[37]» (selon le politologue David Detzer). Dans son bureau, Kennedy fit ce commentaire à Robert Lovette et McBundy qui venaient d'arriver: «Gromyko, dans cette pièce même, il y a une dizaine de minutes, m'a débité plus de mensonges éhontés que je n'en avais encore entendu en si peu de temps. Durant toutes ces dénégations, j'avais les photos dans le tiroir central de mon bureau et j'étais affreusement tenté de les lui montrer[38]. »

Voyons d'abord l'ambassadeur Dobrynin. C'était probablement le seul de cette entrevue qui ne mentait pas. Robert Kennedy pensait que les Soviétiques avaient menti à leur ambassadeur, ne se fiant pas à ses talents de menteur, et que Dobrynin avait été sincère, selon ce qu'il savait, en niant qu'il y ait eu le moindre missile à Cuba durant ses précédents entretiens avec Robert Kennedy. Il n'aurait pas été inhabituel qu'un ambassadeur soit berné par son propre gouvernement dans un tel but. John F. Kennedy avait fait exactement la même chose avec Adlai Stevenson en ne l'informant pas de la baie des Cochons et, comme le remarque Allison, «de la même manière, l'ambassadeur japonais n'était pas au courant de Pearl Harbor; l'ambassadeur allemand à Moscou n'était pas au courant de Barbarossa [le plan d'invasion allemand de la Russie[39]] ». Dans la période entre juin 1962, quand les Soviétiques étaient présumés avoir décidé d'implanter des missiles à Cuba, et cet entretien de la mi-octobre, les Soviétiques utilisèrent Dobrynin et Georgi Bolshakov, chargé de relations publiques de l'ambassade soviétique, afin qu'ils assurent constamment à l'administration Kennedy (Robert Kennedy, Chester Bowles et Sorensen) qu'aucun missile offensif n'était mis en place à Cuba. Bolshakov et Dobrynin n'avaient pas besoin de connaître la vérité et ne la connaissaient d'ailleurs probablement pas. Ni Khrouchtchev, ni Gromyko, ni quiconque connaissant la vérité ne traita jamais directement avec la partie adverse, jusqu'au 14 octobre, deux jours avant l'entretien de Gromyko et Kennedy. Khrouchtchev rencontra l'ambassadeur américain à Moscou Foy Kohler et nia qu'il y eût le moindre missile à Cuba. C'est seulement à ce moment que, pour la première fois, les Soviétiques prirent le risque que leurs mensonges soient découverts si Khrouchtchev ou, deux jours plus tard, Gromyko commettaient une erreur.

À l'entrevue de la Maison-Blanche, il y eut deux mensonges, l'un de Kennedy et l'autre de Gromyko. Certains lecteurs trouveront étrange que j'utilise le mot « mensonge » dans le cas de Kennedy et pas seulement pour Gromyko. La plupart des gens n'apprécient pas que ce mot soit accolé à quelqu'un qui est admiré, parce qu'ils considèrent, contrairement à moi, que mentir est un mal inhérent. Les actions de Kennedy lors de cette réunion correspondent à ma définition d'un mensonge par dissimulation. Les deux hommes, Kennedy et Gromyko, ont dissimulé l'un à l'autre la vérité, à savoir le fait qu'il y avait des missiles à Cuba. Mon analyse suggère pourquoi Kennedy avait plus de risques que Gromyko de présenter des indices de tromperie.

Du moment que l'un et l'autre avaient préparé leur discours – et ils en avaient amplement le temps – il ne devait y avoir aucun problème pour dissimuler mutuellement l'information qu'ils connaissaient l'un comme l'autre. Les deux hommes pouvaient éprouver de l'appréhension de détection à cause de l'importance de l'enjeu. Il est probable que l'anxiété que Kennedy a dit avoir éprouvée quand il accueillit Gromyko était de l'appréhension de détection. Les enjeux (et donc l'appréhension de détection) devaient être plus élevés pour Kennedy que pour Gromyko. Les États-Unis n'avaient pas encore décidé quoi faire. Les renseignements sur le nombre de missiles et l'avancement de l'installation n'étaient même pas complets. Les conseillers de Kennedy estimaient qu'il devait garder le secret sur la découverte, car si Khrouchtchev devait l'apprendre avant que les États-Unis n'agissent, ils craignaient que le dirigeant soviétique, par des menaces ou des manœuvres d'évasion, ne complique l'action des Américains et gagne un avantage tactique.

Selon McGeorge Bundy, « cela changeait tout. J'estimais – et j'estime toujours – que les Russes étaient pris en flagrant délit en train de prétendre maladroitement qu'ils n'avaient pas fait ce que le monde entier savait qu'ils avaient fait[40] ». Les Soviétiques aussi avaient besoin de temps pour achever la construction de leurs bases de missiles, mais il importait peu que les Américains apprennent leur existence à ce moment-là. Les Soviétiques savaient que les avions U2 les découvriraient, si ce n'était déjà fait. Même si l'on n'accorde aucune différence dans les enjeux, Kennedy pouvait éprouver plus d'appréhension de détection que Gromyko, car il avait probablement moins confiance dans ses capacités à mentir. Il y était certainement moins entraîné que Gromyko. En outre, Gromyko devait se sentir plus assuré s'il partageait l'opinion que s'était faite Khrouchtchev de Kennedy lors du sommet de Vienne l'année précédente : il estimait que Kennedy n'était pas très coriace.

En dehors de la possibilité que Kennedy éprouve plus d'appréhension de détection que Gromyko, il est attesté qu'il avait aussi le fardeau d'autres émotions à dissimuler. Les récits que j'ai cités rapportent que durant l'entretien, Kennedy éprouva de l'admiration, de l'étonnement et du mécontentement. Une fuite de n'importe laquelle de ces émotions l'aurait trahi, car ces émotions, dans un tel contexte, auraient signifié que Kennedy était au courant de la tromperie soviétique. De son côté, Gromyko devait éprouver du plaisir de duper. Cela corroborerait les récits qui le disent jovial à son départ.

Les risques de fuite ou d'indices de tromperie ne devaient pas être élevés, étant donné que les deux hommes étaient habiles et avaient chacun des caractéristiques personnelles les rendant capables de dissimuler ce qu'ils éprouvaient. Pourtant, la charge de Kennedy était plus lourde que celle de Gromyko, et il était moins habile et moins confiant dans ses capacités à tromper. Les différences linguistiques et culturelles pouvaient couvrir tous ses indices de tromperie, mais l'ambassadeur Dobrynin était en mesure de les repérer. Très familiarisé, après des années aux États-Unis, avec le comportement américain et très à l'aise dans la langue, Dobrynin avait également l'avantage d'être un observateur plus qu'un participant direct, et de pouvoir se consacrer à l'étude du suspect. L'ambassadeur Thompson était dans la même position, et pouvait lui aussi repérer tout indice comportemental de tromperie chez Gromyko.

Si j'ai eu la possibilité de m'appuyer sur de nombreux récits de cette entrevue du côté américain, il n'existe pas d'information du côté soviétique, et donc aucun moyen de deviner si Dobrynin perçut ou non la vérité. Les récits déclarant que Dobrynin parut abasourdi et visiblement ébranlé quand, quatre jours plus tard, le secrétaire d'État Rusk l'informa de la découverte des missiles et du début du blocus naval américain, ont été interprétés comme la preuve que les Soviétiques ignoraient jusque-là la découverte des Américains[41]. Si son propre gouvernement l'avait tenu dans l'ignorance de l'installation des missiles, c'était la première fois qu'il en entendait parler, et même s'il savait que les États-Unis en avaient appris l'existence, il pouvait encore être abasourdi et ébranlé par la décision

américaine de réagir militairement. La plupart des analystes s'accordent à penser que les Soviétiques ne s'attendaient pas à ce que Kennedy réagisse ainsi.
Le but ici n'est pas de déterminer si la dissimulation de Kennedy fut découverte, mais d'expliquer pourquoi il y avait un risque qu'elle le soit et de démontrer que, quand bien même, déceler les indices de tromperie n'aurait pas été une tâche simple. Selon les récits, Kennedy n'avait perçu aucune erreur dans les mensonges de Gromyko. Comme il connaissait déjà la vérité, il n'avait pas besoin de chercher des indices de tromperie. Mais armé de ce savoir, Kennedy pouvait admirer le talent de Gromyko.

Les chefs d'État et le mensonge

En analysant les deux dernières tromperies internationales, j'ai dit que Hitler, Kennedy et Gromyko étaient tous les trois des menteurs-nés, inventifs et habiles dans l'invention, de beaux parleurs avec des manières convaincantes. Je crois que tout politicien qui arrive au pouvoir en partie grâce à son talent d'orateur et de polémiste, qui sait gérer les questions dans les conférences de presse et jouit d'une image télé et radio impeccable a les atouts pour être un menteur-né. Alors que Gromyko n'était pas parvenu au pouvoir par ce biais, il y resta, contrairement à beaucoup d'autres, durant une très longue période, et en 1963 il avait déjà une grande expérience de la diplomatie et de la politique des luttes intestines de l'URSS. Ce genre d'individu est convaincant, cela fait partie des compétences nécessaires à son métier. Qu'ils choisissent ou non de mentir, ils ont les capacités pour le faire. Bien sûr, il y a d'autres voies pour parvenir au pouvoir. Les talents impliqués dans la tromperie ne sont pas indispensables pour monter un coup d'État. Ni pour un dirigeant qui parvient au pouvoir grâce à ses talents de bureaucrate, par héritage ou en battant ses rivaux par des manœuvres privées.

Le talent oratoire – la faculté de dissimuler ou feindre dans les paroles, avec les expressions et gestes appropriés – n'est pas nécessaire tant que le menteur n'a pas à discuter avec sa cible ni à se trouver en face d'elle. Les cibles peuvent être trompées par écrit, par des intermédiaires, des communiqués de presse, des actions militaires, etc. Cependant, toute forme de mensonge échoue si le menteur ne possède pas des compétences de stratège et est incapable de planifier ses actions et celles de sa cible. Je présume que tous les dirigeants politiques doivent être des stratèges rusés et réfléchis, mais que seuls certains possèdent les talents oratoires qui leur permettent de mentir au nez de leurs proies, dans le genre de situations de tromperie que nous avons envisagées dans ce livre.

Tout le monde n'est pas capable de mentir ni prêt à le faire. Je suppose que la plupart des dirigeants politiques y sont disposés, du moins à certaines cibles et dans certaines circonstances. Même Jimmy Carter, qui fit campagne en jurant qu'il ne mentirait jamais aux Américains, mentit plus tard en dissimulant ses plans pour le sauvetage armé des otages retenus en Iran. Des analystes spécialisés dans la tromperie militaire ont tenté d'identifier des politiciens plus disposés ou capables de mentir. Une possibilité est qu'ils appartiennent à une culture qui cautionne le mensonge[42], mais nous avons peu de preuves que de telles cultures existent. Une autre idée encore invérifiée est que les dirigeants plus disposés à mentir officient dans des pays (surtout les dictatures) où ils jouent un grand rôle dans les décisions militaires[43]. Personne n'est parvenu à découvrir dans les documents historiques un type de personnalité trompeuse caractérisant les dirigeants connus pour avoir menti[44].

Rien ne prouve incontestablement, dans un sens ou un autre, que les politiciens possèdent réellement des talents de menteurs hors du commun, et qu'ils sont plus habiles et disposés à mentir que, par exemple, les dirigeants d'entreprises. Si c'est le cas, cela rendrait les tromperies internationales d'autant plus difficiles et cela soulignerait l'importance, pour le détecteur, d'identifier les exceptions, ces chefs d'État qui sont connus pour ne pas posséder les talents habituels d'un menteur.

Considérons à présent le revers de la question : les chefs d'État sont-ils plus doués que d'autres en tant que détecteurs ?

Des études ont découvert que certains individus sont des détecteurs exceptionnellement doués et que cette faculté n'a aucun lien avec la capacité de mentir[45]. Malheureusement, les sujets de ces études étaient principalement des étudiants d'université. Aucune recherche n'a été entreprise sur des individus occupant des postes de dirigeants. Si tester ces individus amenait effectivement à conclure que certains d'entre eux sont des détecteurs doués, une autre question se poserait : est-il possible d'identifier à distance des détecteurs doués, c'est-à-dire sans leur faire passer un test ? Si des détecteurs exceptionnellement doués peuvent être identifiés à partir du genre d'information généralement disponible sur les personnages publics, un politicien qui envisage de mentir serait en mesure d'évaluer avec plus de précision la capacité de son adversaire de détecter des fuites ou des indices de tromperie.

Le politologue Groth a avancé l'idée convaincante selon moi que les chefs d'État sont des détecteurs exceptionnellement *médiocres*, moins prudents que les diplomates professionnels dans leurs capacités d'évaluer le caractère et la sincérité de leurs adversaires. « Chefs d'État et représentants à l'étranger manquent fréquemment des savoir-faire élémentaires de négociation et de communication ou de l'information de fond, par exemple, qui pourrait les aider à évaluer de manière compétente leurs adversaires[46]. » Jervis le rejoint en notant que les chefs d'État surestiment peut-être leur talent de détecteur si « leur arrivée au pouvoir dépendait en partie d'une fine capacité à juger les autres[47] ». Même si un dirigeant croit à raison être un détecteur exceptionnellement doué, il peut négliger de prendre en compte combien il est difficile de détecter le mensonge quand le suspect appartient à une autre culture et parle une autre langue.

J'ai jugé que Chamberlain avait été une victime consentante de tromperie, tellement préoccupé d'éviter la guerre, si tant est que ce fût possible, qu'il voulait désespérément croire Hitler et avait surestimé sa capacité d'analyser son caractère. Cependant, Chamberlain n'était pas un imbécile, il n'ignorait pas non plus la possibilité que Hitler mente. Mais il avait une raison très forte de vouloir croire Hitler, car sinon c'était la guerre immédiate. De telles erreurs de jugement de la part de chefs d'État et une telle méprise vis-à-vis de leurs capacités de détecteurs ne sont pas inhabituelles, d'après Groth. Selon ma conception, c'est d'autant plus probable quand les enjeux sont très élevés. C'est au moment où les pires dégâts peuvent survenir qu'un chef d'État est susceptible de devenir une victime consentante de la tromperie de son adversaire.

Considérons un autre exemple de victime consentante. Pour égaliser le score, j'ai choisi cette fois, parmi les nombreux exemples fournis par Groth, l'opposant de Chamberlain, Winston Churchill. Churchill raconte qu'avoir entendu Staline « parler aussi souvent de "la Russie" que de "l'Union soviétique" et faire allusion à Dieu[48] » l'avait conduit à se demander si Staline n'avait pas encore en lui quelque croyance religieuse. Jimmy Carter avait eu une impression similaire. En décrivant sa première entrevue avec le président soviétique Leonid Brejnev, Carter cite le discours d'ouverture qu'il prononça en réponse le lendemain devant Brejnev : « Cette entrevue a connu des retards excessifs, mais maintenant que nous sommes enfin réunis, nous devons faire un maximum de progrès. J'ai été vraiment impressionné hier quand le président Brejnev m'a dit : "Si nous ne réussissons pas, Dieu ne nous pardonnera jamais !" » Carter ajoute que « Brejnev sembla quelque peu gêné » par cette remarque, ce qui laisse entendre que Carter, comme Churchill, prenait sérieusement cette référence à Dieu. Lors d'un autre incident, en revenant de Yalta en 1945, Churchill défendit sa confiance dans les promesses de Staline en ces termes : « Je sens qu'ils sont liés par leur parole. Je ne connais aucun gouvernement qui s'en tienne à ses obligations, même à ses dépens, avec plus de fermeté que le gouvernement russe[49]. » L'un de ses biographes dit de Churchill : « Malgré tout ce qu'il connaissait du passé de l'Union soviétique, Winston était prêt à accorder à Staline le bénéfice du doute et à avoir confiance dans ses intentions. Il lui était difficile de faire autrement que croire à la probité des personnages haut placés avec lesquels il traitait[50]. » Ce n'était pas réciproque. Milovan Djilas cite des propos de Staline en 1944 : « Peut-être pensez-vous que, parce que nous sommes les alliés des Anglais, nous avons oublié qui ils sont et qui est Churchill ? Ils n'éprouvent jamais autant de plaisir qu'en trompant leurs alliés. Churchill est de ceux qui, si on ne les surveille pas, vous voleraient un sou dans votre poche[51]. » Le désir d'anéantir Hitler qui animait Churchill et son besoin de l'aide de Staline ont pu faire de lui une victime consentante des tromperies du dirigeant russe.

J'ai accordé plus de place aux tromperies entre chefs d'État qu'à toute autre forme de tromperie abordée dans ce chapitre. Ce n'est pas parce qu'il s'agit du domaine le plus prometteur pour détecter des indices comportementaux de tromperie, mais parce que c'est le plus risqué, celui où des jugements erronés peuvent coûter le plus, les tromperies étant souvent fatales. Pourtant, comme pour la détection des tromperies chez les criminels, il est inutile de soutenir qu'il faut renoncer à détecter la tromperie à partir des indices de comportement. C'est impossible à empêcher, dans quelque pays que ce soit. Il est dans la nature humaine de recueillir ce type d'information, au moins de manière informelle, à partir des indices comportementaux. Et, comme je l'ai dit à propos des risques de détection de la tromperie durant les interrogatoires, c'est probablement plus sûr si les participants et ceux qui les conseillent sont conscients de leurs jugements des indices expressifs de tromperie, que si de telles impressions devaient demeurer dans le domaine de l'intuition.

Comme je l'ai souligné concernant la détection de la tromperie chez les suspects criminels, même s'il était possible de renoncer à l'interprétation des indices comportementaux de tromperie dans les réunions internationales, je ne pense pas que ce serait souhaitable. Les annales de l'histoire récente contiennent des tromperies internationales célèbres. Qui ne voudrait pas que son pays soit mieux à même de déceler de tels mensonges ? Le problème est de le faire sans augmenter les risques de jugements erronés. Malheureusement, l'excès de confiance de Chamberlain et Churchill dans leurs capacités de percevoir la tromperie et d'évaluer le caractère de leurs interlocuteurs n'est rien à côté d'experts en sciences du comportement qui gagnent leur vie en prétendant être capables de détecter les signes de tromperie chez les chefs d'État étrangers.

J'ai essayé de remettre en question, quoique indirectement, les experts comportementaux qui travaillent pour un pays comme détecteurs de tromperie, en les rendant conscients de la complexité de leur tâche et en éveillant le scepticisme de leurs clients – ceux qu'ils conseillent. Cette remise en question ne peut être qu'indirecte, car de tels experts, s'ils existent effectivement, travaillent en secret. Bien que personne n'avouera étudier la question, j'ai entretenu une correspondance avec des employés du ministère de la Défense et eu certaines conversations avec la CIA, qui laissent entendre qu'il existe des gens qui étudient les indices de tromperie dans le contre-espionnage et la diplomatie. L'unique étude non classée confidentielle que j'aie pu voir, financée par le ministère de la Défense, était proprement épouvantable et ne respectait pas les critères scientifiques courants. Travailler en secret, c'est aussi le cas de ceux qui effectuent des recherches confidentielles sur les moyens de détecter la tromperie chez les négociateurs et chefs d'État. J'espère rendre ces chercheurs anonymes plus prudents, et leurs commanditaires plus critiques et exigeants sur la qualité de leurs travaux.

Qu'il n'y ait aucune méprise. Je tiens à ce que de telles recherches soient menées, je les estime urgentes, et je comprends qu'un pays désire les conduire secrètement. Je m'attends à ce que des recherches qui tentent d'identifier les bons et mauvais menteurs et détecteurs chez ceux qui sont appelés à devenir des décideurs nationaux concluent que c'est pratiquement impossible à faire, mais cela doit être découvert. De la même manière, je crois que des recherches portant sur des situations similaires aux réunions au sommet ou aux négociations de crise – avec des participants internationaux et hautement qualifiés et des enjeux très élevés (et non les habituels tests en laboratoire avec des étudiants) – concluront que cela n'apporte pas grand-chose. Mais cela aussi doit être découvert, et si tel est le cas, les résultats devront être publiés.

Ce chapitre a montré que **le succès d'une tromperie ne dépend pas du domaine où elle s'exerce**. Ce n'est pas que tous les mensonges entre époux échouent ni que toutes les tromperies entre nations, dans les affaires ou les crimes soient couronnées de succès. L'échec et le succès dépendent des particularités du mensonge, du menteur et du détecteur. C'est un peu plus compliqué au niveau international qu'entre un père et son enfant, mais tous les parents savent qu'il n'est pas toujours facile d'éviter l'erreur, même dans une situation aussi simple.

Le tableau 4 de l'appendice contient la liste des trente-huit questions essentielles. Les dix-huit premières aident à déterminer si le menteur devrait dissimuler ou feindre des émotions, mentir sur des émotions ou éprouver des émotions dues au mensonge.

Utiliser cette liste ne fournira pas toujours une évaluation. Les informations ne seront pas toujours suffisantes pour répondre à nombre de ces questions, ou bien les réponses seront mitigées, certaines suggérant que le mensonge sera facile à détecter, d'autres indiquant le contraire. Mais ce sera utile à savoir. Même quand une évaluation peut être faite, elle peut ne pas fournir une prédiction correcte, car les menteurs peuvent être trahis non pas par leur comportement mais par des tiers, et l'indice de tromperie le plus évident peut accidentellement passer inaperçu. Mais le menteur comme le détecteur doivent connaître cette évaluation.

Chapitre 7

Les mensonges dans la vie publique

J'ai ouvert ce livre sur le récit de la première entrevue en 1938 entre Adolf Hitler, chancelier de l'Allemagne nazie, et Neville Chamberlain, Premier ministre britannique. J'ai choisi cet événement parce qu'il s'agit de l'une des tromperies les plus fatales de l'histoire qui comporte une leçon essentielle: comment les mensonges réussissent. Rappelez-vous que Hitler avait déjà secrètement ordonné à l'armée allemande d'attaquer la Tchécoslovaquie. Cependant, il lui fallait encore quelques semaines pour qu'elle soit entièrement mobilisée pour l'offensive. Désirant avoir l'avantage de la surprise, Hitler dissimula cette décision de déclarer la guerre. Il dit à Chamberlain qu'il était disposé à la paix si les Tchécoslovaques acceptaient ses exigences de redessiner les frontières entre les deux pays. Chamberlain crut au mensonge de Hitler et tenta de convaincre la Tchécoslovaquie de ne pas mobiliser l'armée tant qu'il existait encore une chance de paix. Dans un sens, Chamberlain était une victime consentante qui désirait être trompée. Déceler le mensonge de Hitler l'aurait obligé à reconnaître que toute sa politique envers l'Allemagne avait échoué et qu'il avait mis en danger la sécurité de son pays.

La leçon ici est que certaines victimes acceptent à leur insu d'être trompées. Le jugement critique est aboli et les informations contradictoires ignorées, parce que connaître la vérité est plus pénible, du moins à court terme, que croire le mensonge.

Alors que je pense que c'est une leçon capitale qui s'applique à beaucoup d'autres mensonges, pas seulement à ceux des chefs d'État, je m'inquiète que l'entrevue entre Hitler et Chamberlain puisse impliquer deux autres leçons incorrectes sur le mensonge. Il peut sembler que, si Chamberlain n'avait pas été disposé à croire Hitler, le mensonge aurait échoué. Les recherches que nous avons effectuées depuis laissent à penser que même Winston Churchill, rival de Chamberlain qui avait mis en garde contre Hitler, aurait très bien pu être incapable de déceler le mensonge de Hitler. Si Chamberlain avait été accompagné d'experts en détection – de Scotland Yard ou des services d'espionnage anglais – ils ne s'en seraient probablement pas mieux sortis.

Ce chapitre expose nos nouvelles découvertes qui m'ont amené à ces nouvelles conclusions. J'y relate ce que nous avons appris sur ceux qui sont capables de détecter les menteurs et sur la manière de détecter le mensonge. J'y ajouterai quelques astuces permettant d'appliquer nos recherches expérimentales aux mensonges du quotidien, fondées sur mes cinq dernières années passées à former ceux qui ont régulièrement affaire à des individus suspects de mensonge.

Comme Hitler était particulièrement malfaisant, cet exemple peut également impliquer qu'il est toujours mal pour un chef d'État de mentir. Une telle conclusion est trop simple. Dans certaines circonstances, le mensonge public est justifié – je pense à plusieurs incidents bien connus de l'histoire politique américaine récente. En utilisant les déclarations fallacieuses de l'ancien président Lyndon Johnson sur les prétendus succès militaires de l'armée américaine pendant la guerre du Vietnam, ainsi que les décisions de la NASA de lancer la navette spatiale *Challenger* malgré le risque élevé d'explosion, nous nous demanderons s'il s'agissait ou non d'*auto-illusion*. Et dans ce cas, si ceux qui se sont menti à eux-mêmes doivent être tenus pour responsables de leurs actes.

Qui peut déceler des menteurs ?

En écrivant ce livre, je pensais que le type de mensonges que j'avais étudié – des tromperies visant à dissimuler des émotions intenses éprouvées au moment même de l'acte de mentir – avait une certaine pertinence par rapport aux mensonges proférés par les diplomates, politiciens, criminels ou espions. Je redoutais que les détecteurs professionnels – policiers, agents de la CIA, juges, experts psychologues et psychiatriques travaillant pour le gouvernement – n'en surestiment leurs capacités à déterminer à partir des indices comportementaux quand quelqu'un ment. Je désirais mettre en garde ceux dont la profession exige qu'ils se prononcent sur le mensonge et la sincérité contre quiconque se prétend capable de détecter la tromperie d'après les indices comportementaux, ce que le système judiciaire appelle « comportement ». Je tenais à leur conseiller d'être moins confiants dans leur capacité de repérer un menteur.

Il y a maintenant des preuves nettes que j'avais raison à cet égard. Mais je me suis également rendu compte que j'avais peut-être exagéré. À ma surprise, j'ai découvert que certains détecteurs professionnels sont très doués pour déceler le mensonge d'après les indices comportementaux. J'ai pu savoir qui ils étaient et pourquoi ils étaient si doués. Et j'ai désormais des raisons de croire que ce que j'ai appris sur le mensonge des émotions peut s'appliquer à certains mensonges dans les domaines de la politique, du crime ou du contre-espionnage.

Je n'aurais probablement jamais appris cela si je n'avais pas déjà écrit ce livre. Un professeur de psychologie qui entreprend des recherches expérimentales en laboratoire sur le mensonge et les émotions ne rencontre généralement pas des gens qui travaillent dans le système judiciaire ou l'univers de l'espionnage et du contre-espionnage. Ces professionnels de la détection ont eu connaissance de mes travaux, non par mes publications scientifiques des trente dernières années, mais grâce à la couverture médiatique qui a accompagné la publication de cet ouvrage. J'ai été rapidement invité à organiser des ateliers pour des juges de toutes compétences, des avocats, policiers et opérateurs de décodeur de plusieurs agences gouvernementales (FBI, CIA, NSA, DEA, Services secrets) ainsi que de la Navy et de l'Air Force.

Pour ces gens, mentir n'est pas un sujet d'étude. Ils considèrent leur travail et mes théories avec le plus grand sérieux. Ce ne sont pas des étudiants qui prennent les cours de leur professeur pour parole d'Évangile parce que c'est lui qui les note et qui a écrit le livre. À tout prendre, mon CV universitaire est plutôt un handicap vis-à-vis de ces gens. Ils exigent des exemples tirés de la vraie vie, n'hésitent pas à remettre en question, demandent que je tienne compte de leur expérience personnelle et que mon enseignement leur soit utile au quotidien. Ils sont disposés à accepter toute l'aide que je peux leur proposer, au-delà de la mise en garde de prudence, mais ils sont extrêmement sceptiques et critiques.

Étonnamment, ils faisaient aussi preuve de beaucoup plus de souplesse que je n'en ai rencontré dans le monde universitaire. Ils étaient plus disposés à envisager de changer leur manière de travailler que la plupart des comités universitaires. Durant une pause, un juge me demanda s'il devait réorganiser sa salle d'audience pour pouvoir voir le visage des témoins plutôt que leurs nuques. Je n'avais jamais songé à une idée aussi simple. Dès lors, je fis systématiquement cette suggestion quand je m'adressais aux juges, et beaucoup ont modifié la disposition de leur prétoire.

Un agent des Services secrets me confia combien il était difficile de déterminer si un individu qui a proféré des menaces contre le président ment, quand il prétend qu'elles n'étaient pas sérieuses et juste destinées à se faire mousser auprès d'amis. Je vis sur son visage une expression terrible quand il me raconta comment ses collègues et lui avaient décidé que Sarah Jane Moore était une « cinglée » et non une vraie meurtrière, et la relâchèrent quelques heures seulement avant qu'elle n'ouvre le feu – sans l'atteindre – sur le président Gerald Ford le 22 septembre 1975. Je lui annonçai que l'atelier que je proposais pouvait lui apporter un très léger avantage, peut-être 1 % seulement d'efficacité. « Génial, me répondit-il. Allons-y ! »

Ma consœur Maureen O'Sullivan[1] et moi commencions toujours nos ateliers en testant brièvement la capacité de chaque participant de déterminer d'après son comportement si un individu ment. Nous reprenions dix infirmières de l'expérience : cinq d'entre elles disaient la vérité, les cinq autres mentaient. J'avais deux raisons de procéder à ce test. Je ne pouvais pas manquer l'occasion d'apprendre avec quelle justesse des gens qui travaillent sur les tromperies les plus fatales peuvent réellement déceler quand un individu ment. J'étais également convaincu que procéder à un test de détection de mensonge serait une bonne manière de commencer. Cela mettrait mon auditoire face à la difficulté de la tâche. Je les alléchais en leur disant : « Vous allez avoir une occasion unique d'apprendre la vérité sur vos capacités à détecter le mensonge. Vous procédez quotidiennement à ce genre de jugement, mais combien de fois avez-vous la certitude de ne pas commettre d'erreur? Voici l'occasion ou jamais. En quinze minutes, vous allez connaître la réponse ! » Juste après le test, je donnais les bonnes réponses. Puis, je demandais à chacun de donner son score, l'inscrivant au tableau pour que chacun puisse se comparer aux autres.

Je m'attendais à ce que la plupart n'aient pas de très bons résultats. Leur en faire prendre conscience était cohérent avec ma mission : qu'ils soient plus précautionneux dans leur jugement. Durant les premiers ateliers, je craignais que mes « étudiants » ne se froissent et n'apprécient pas que leurs résultats soient visibles de tous s'ils n'étaient pas très bons. Je pensais qu'ils remettraient en question la validité du test en arguant que les mensonges présentés n'étaient pas pertinents pour leur métier. Cela ne s'est jamais produit. Ces gens qui travaillaient dans le milieu de la justice et du renseignement étaient disposés à voir leurs compétences exposées devant tous. Ils étaient plus courageux que mes confrères chercheurs auxquels j'avais offert la même occasion devant leurs collègues et leurs étudiants.

Constater leurs piètres résultats força ces détecteurs professionnels à renoncer aux règles de base qu'ils avaient observées jusqu'ici. Ils devinrent beaucoup plus prudents en jugeant la tromperie d'après le comportement.

Je les mis en garde contre les nombreux stéréotypes que nous avons dans ce domaine – comme l'idée qu'un individu qui s'agite ou qui détourne le regard en parlant est forcément un menteur.

Plus positivement, je leur montrai comment utiliser la liste de vérification (tableau 4 en appendice) sur des exemples du quotidien. Et je soulignai longuement, comme dans les premiers chapitres, comment certaines émotions peuvent trahir un mensonge et comment repérer les signes de ces émotions. Je leur montrai très rapidement des dizaines d'expressions faciales, durant un centième de seconde, afin qu'ils puissent apprendre à repérer sans peine les micro-expressions. J'utilisai des enregistrements vidéo d'exemples de mensonges divers sur lesquels ils pouvaient pratiquer leurs compétences nouvellement acquises.

En septembre 1991, nos découvertes sur les détecteurs professionnels furent publiées[2]. Il se trouva que seul un groupe professionnel avait eu des résultats supérieurs au hasard – les agents des Services secrets. Un peu plus de la moitié d'entre eux atteignirent plus de 70 % d'exactitude, et presque un tiers, 80 % et plus. J'imagine que c'est parce que beaucoup d'entre eux avaient l'expérience de la protection rapprochée, qui consiste à guetter dans la foule tout individu qui peut menacer la personne protégée. Ce genre de vigilance constitue une excellente préparation pour repérer de subtils indices comportementaux de tromperie.

Beaucoup de gens sont stupéfaits quand ils apprennent que tous les autres groupes professionnels concernés par le mensonge – juges, avocats, policiers, opérateurs de décodeurs de mensonges de la CIA, du FBI, de la NASA, de l'armée, et experts judiciaires psychiatres – eurent de piètres résultats. Tout aussi étonnant, la plupart des professionnels testés ignoraient qu'ils n'étaient pas capables de détecter la tromperie dans le comportement. Leur réponse à la question que nous posions avant le test et immédiatement après – « À combien estimez-vous votre performance ? » – était largement optimiste.

Je fus surpris de trouver parmi ces détecteurs professionnels certains qui soient capables de repérer correctement des mensonges, alors qu'ils n'avaient pourtant pas d'expérience de cette situation particulière ni des caractéristiques des menteurs qui leur étaient présentés. J'avais conçu la situation de la vidéo au plus proche de celle de Mary ; seuls des psychiatres et psychologues pouvaient avoir l'expérience d'une telle situation et ce groupe ne fit pas mieux que le hasard. Pourquoi les agents des Services secrets réussissaient-ils si bien à repérer ce type de tromperie ? Peut-être que les groupes professionnels que nous testions auraient eu de meilleurs résultats si nous leur avions présenté un mensonge spécifique à la situation qu'ils vivaient habituellement. Nous aurions, alors seulement, appris lesquels sont les bons détecteurs, quelle que soit leur familiarité avec une situation, et non lesquels sont les bons détecteurs quand ils travaillent dans leur propre domaine. Je pense que ce n'est pas le cas, mais seules d'autres recherches pourront écarter cette possibilité.

Cela ne m'était pas évident sur le moment, mais réfléchir à nos nouvelles découvertes me donna une idée sur la circonstance dans laquelle il est possible de détecter la tromperie d'après les indices comportementaux.

Le détecteur n'a pas besoin d'avoir beaucoup d'informations sur le suspect ou la situation *si* des émotions intenses sont éprouvées.

Quand quelqu'un paraît effrayé, coupable ou agité et que ces expressions ne sont pas cohérentes avec son discours, il y a fort à parier que l'individu ment. Quand il y a de nombreuses ruptures (pauses, « euh », etc.), qu'il n'y a aucune raison pour que le suspect ne sache pas quoi dire et qu'il ne s'exprime pas ainsi d'habitude, c'est probablement qu'il ment. De tels indices comportementaux de tromperie seront plus rares quand aucune émotion n'est éprouvée. Si le menteur ne dissimule pas des émotions intenses, une détection réussie de la tromperie exige que le détecteur connaisse mieux les particularités de la situation et du menteur.

Quand les enjeux sont élevés, il y a une chance pour que la peur d'être démasqué ou le défi de vaincre le détecteur (ce que j'appelle le plaisir de duper) permettrent une détection juste du mensonge sans que le détecteur ait besoin de connaître les particularités de la situation ou du suspect. Mais, et c'est un « mais » important, ce n'est pas parce que les enjeux sont élevés que tous les menteurs auront peur d'être démasqués. Les criminels qui ont l'habitude de passer à travers les mailles du filet n'éprouveront pas cette peur, pas plus que l'infidèle qui a réussi plusieurs fois à dissimuler ses liaisons, ni le négociateur éprouvé. Et des mensonges à enjeu élevé peuvent donner à des suspects qui craignent de ne pas être crus l'apparence de menteurs, même s'ils sont sincères.

Si le menteur respecte la cible et partage des valeurs avec elle, il y a des chances pour qu'il se sente coupable de mentir et que des signes comportementaux de tromperie trahissent le mensonge ou motivent un aveu.
Mais le détecteur doit éviter la tentation d'avoir une trop haute opinion de lui-même en présumant un respect auquel il n'a pas droit. La mère méfiante ou hypercritique doit se connaître assez bien pour savoir qu'elle possède ces caractéristiques et ne doit pas présumer que sa fille se sentira coupable de lui mentir. Le patron injuste doit savoir qu'il est perçu comme tel par ses employés et ne peut donc s'appuyer sur des signes de culpabilité qui trahiraient leurs tromperies.

Il n'est jamais prudent de se fier à son propre jugement pour déterminer si quelqu'un ment, si l'on n'a aucune connaissance du suspect ou de la situation.
Mon test de détection du mensonge ne donnait pas au détecteur la possibilité de se familiariser avec chaque individu qu'il devait juger. Il fallait trancher entre qui mentait et qui disait la vérité en ne voyant l'individu qu'une seule fois,

sans aucune information sur lui. Dans de telles circonstances, très peu de gens ont un jugement juste. Ce n'était pas impossible, mais simplement difficile pour la plupart. Une autre version de notre test montre deux exemples de chaque personne ; quand le détecteur peut comparer le comportement d'un individu dans deux situations, son jugement est meilleur, même si malgré tout la plupart continuent à n'avoir des résultats qu'à peine supérieurs au hasard[3].

La liste de vérification (tableau 4 en appendice) devrait aider à estimer si, dans un mensonge à enjeu élevé, il y a des indices comportementaux utiles, trompeurs ou en faible quantité. Elle devrait permettre de détecter l'appréhension de détection, la culpabilité de tromperie ou le plaisir de duper. Le détecteur ne doit simplement jamais présumer qu'il est toujours possible de déceler la tromperie à partir des indices comportementaux. Il doit résister à la tentation de résoudre son incertitude en surestimant sa capacité de repérer un mensonge.

Bien que les membres des Services secrets aient été le seul groupe professionnel dont les résultats furent supérieurs au hasard, dans chaque autre groupe quelques personnes eurent d'excellents résultats. Je poursuis mes recherches pour comprendre pourquoi simplement quelques personnes sont très justes dans la détection du mensonge. Comment ont-elles appris ? Pourquoi tout le monde n'apprend-il pas à détecter le mensonge avec plus de justesse ? Est-ce réellement un savoir-faire qui peut s'acquérir, ou bien est-ce plutôt un don que l'on possède ou non ? Cette étrange idée m'est venue quand j'ai découvert que ma fille de onze ans avait des résultats presque aussi bons que les meilleurs agents des Services secrets. Elle n'a pas lu mes livres ni mes articles. Peut-être qu'elle n'est pas si spéciale que cela et que la plupart des enfants sont plus doués que les adultes pour cela. Nous avons entrepris des recherches sur ce point.

Les participants à notre test devaient indiquer dans un compte-rendu quels indices comportementaux ils avaient utilisés. Nous y avons trouvé un début de réponse à la question que nous nous posions. En comparant ceux qui étaient les plus doués et les moins doués dans tous les groupes, **nous avons découvert que les détecteurs justes disaient utiliser des informations provenant du visage, de la voix et du corps, alors que les autres ne se fondaient que sur les paroles prononcées**. Cette découverte corrobore évidemment parfaitement ce qui est dit dans les premiers chapitres de ce livre, mais aucun de nos participants ne l'avait lu avant de subir le test. Certains, les détecteurs doués, savaient qu'il est beaucoup plus facile de déguiser des mots que des expressions, la voix ou les gestes. Non que les mots n'aient pas d'importance – très souvent, la contradiction dans les paroles peut être très révélatrice, et il est très possible que des analyses sophistiquées du discours puissent révéler le mensonge[4] – mais il ne faut pas uniquement se concentrer sur le contenu. Il nous reste encore à découvrir pourquoi tout le monde ne compare pas le discours avec le visage et la voix.

De nouvelles découvertes sur les indices comportementaux de tromperie

D'autres recherches que nous avons récemment achevées corroborent encore et complètent ce qui est dit dans ces pages sur l'importance du visage et de la voix dans la détection du mensonge. En mesurant comparativement les expressions faciales des vidéos des infirmières lorsqu'elles disaient la vérité et mentaient, nous avons trouvé des différences entre les deux types de sourire. Quand elles éprouvaient un plaisir sincère, elles

présentaient beaucoup plus de sourires éprouvés (figure 5A) et quand elles mentaient, elles présentaient ce que nous appelons des *sourires masquants*. Dans le sourire masquant, outre les lèvres qui sourient, nous avons des signes de tristesse (figure 3A), de peur (figure 3B), de colère (figures 3C ou 4) ou de dégoût[5].
La distinction entre les types de sourire est confirmée par des études sur les enfants et les adultes, dans plusieurs pays, dans des circonstances très différentes, et pas seulement quand les individus mentent. Nous avons découvert des différences dans ce qui se passe au niveau du cerveau et dans ce que les individus déclarent éprouver quand ils présentent un sourire sincère, par rapport à d'autres types de sourire.

Le meilleur indice pour déterminer si l'individu éprouve réellement du plaisir quand il sourit est le mouvement du muscle orbital et pas uniquement les lèvres souriantes[6]. Il ne s'agit donc pas seulement de guetter l'apparition de pattes-d'oie autour des yeux, car cela ne fonctionne pas toujours. Les pattes-d'oie sont un signe utile de sourire éprouvé uniquement si le sourire est léger et que le plaisir n'est pas très intense. Dans un large sourire, les lèvres elles-mêmes produisent les pattes-d'oie et il faut donc regarder les sourcils. Si le muscle orbital est mobilisé parce qu'il s'agit vraiment d'un sourire de plaisir, les sourcils s'abaisseront très légèrement. C'est un indice subtil, mais nous avons découvert que les gens pouvaient le repérer sans entraînement particulier[7].
Nous avons également découvert que la tonalité de la voix montait quand les infirmières mentaient sur leurs émotions. Cette modification de tonalité dénote une augmentation de l'émotion et ce n'est pas un signe de mensonge en soi. Si un individu est censé savourer une scène agréable et relaxante, la tonalité ne devrait pas devenir plus aiguë.

Les menteuses ne montraient pas toutes des signes faciaux ou vocaux de leur tromperie. Utiliser les deux sources d'information a donné les meilleurs résultats : un taux de repérage correct de 86 %. Mais cela signifie qu'une erreur était encore commise sur 14 % ; sur la base des mesures faciales et vocales, nous pensions que l'individu était sincère alors qu'il mentait ou l'inverse. Aussi, même si les mesures fonctionnent sur la majorité des individus, ce n'est toujours pas la totalité. Je n'escompte pas que nous puissions jamais obtenir un ensemble de mesures comportementales qui fonctionnent sur tout le monde. Certains individus sont des acteurs-nés et ne seront pas démasqués, et d'autres ont un comportement tellement particulier que ce qui trahit le mensonge chez d'autres ne fonctionnera pas avec eux.

Au cours de nos recherches, le Dr Mark Frank et moi avons découvert la première preuve corroborant mon hypothèse qu'il existe de très bons menteurs, qui sont des acteurs-nés, et des individus qui sont de très mauvais menteurs et ne parviendront jamais à tromper les autres. Nous avons demandé à des sujets de mentir ou de dire la vérité dans deux scénarios de tromperie. Dans l'un ils devaient faire croire qu'ils avaient volé cinquante dollars dans un sac, qu'ils avaient le droit de conserver s'ils parvenaient à convaincre l'interrogateur qu'ils disaient la vérité en affirmant ne pas l'avoir pris. Dans l'autre scénario, ils pouvaient soit mentir, soit dire la vérité concernant leur opinion sur un sujet délicat comme l'avortement ou la peine capitale. Frank découvrit que ceux qui réussissaient dans un scénario réussissaient dans l'autre, et que ceux qui étaient faciles à détecter quand ils mentaient à propos de leurs opinions l'étaient également quand ils mentaient sur leur prétendu vol[8]. Cela peut sembler très évident, mais une grande partie du raisonnement des chapitres précédents pourrait laisser à penser que ce sont les spécificités du mensonge, et non la capacité de l'individu, qui déterminent

si tel mensonge particulier réussit. Les deux facteurs ont probablement leur importance.
Certains individus sont si bons ou si mauvais pour mentir que la situation ou les particularités du mensonge n'auront guère d'importance : ils réussiront ou échoueront systématiquement. La plupart des gens ne sont pas aussi tranchés et, pour eux, les facteurs qui déterminent la réussite de leur mensonge sont leur victime, la teneur du mensonge et l'enjeu.

Les fanions du vice-amiral Poindexter

Les indices comportementaux du visage, du corps, de la voix et de la manière de parler ne sont pas des signes de mensonge en eux-mêmes. Ils peuvent être des signes d'émotions qui ne correspondent pas avec ce qui est dit. Ou bien des signes que le suspect pense à ce qu'il va dire avant de s'exprimer. Ce sont des *fanions* qui signalent des zones demandant à être explorées. Ils indiquent au détecteur qu'il se passe quelque chose qu'il doit découvrir en posant d'autres questions, vérifiant les informations, etc. Regardons un exemple de fonctionnement de ces fanions. Rappelez-vous qu'au milieu de l'année 1986, les États-Unis vendirent des armes à l'Iran dans l'espoir d'obtenir la libération d'otages américains détenus au Liban par des groupes manipulés par l'Iran. L'administration Reagan déclara que ce n'était pas simplement un échange armes contre otages, mais que cela faisait partie d'une tentative de renouer des relations avec le pouvoir islamique modéré apparu en Iran après la mort de l'ayatollah Khomeyni. Mais un scandale énorme apparut quand il fut rapporté qu'une partie des bénéfices de cette vente d'armes était utilisée, en violation directe d'une loi du congrès (les amendements

Boland), pour acheter des armes pour les Contras, le groupe rebelle pro-Américain qui luttait contre le gouvernement sandiniste prosoviétique au Nicaragua. Lors d'une conférence de presse la même année, le président Reagan et le ministre de la Justice, le général Edwin Reese, dévoilèrent eux-mêmes ce détournement des fonds au profit des Contras. En même temps, ils déclarèrent n'en avoir pas eu connaissance. Ils annoncèrent que le vice-amiral John Poindexter, conseiller à la sécurité nationale, avait démissionné et que son collègue, le lieutenant-colonel de marine Oliver North, avait été relevé de ses fonctions au Conseil national de sécurité. La couverture médiatique du scandale Iran-Contras fut large et des sondages effectués à l'époque montrèrent que la majorité de la population américaine ne croyait pas que Reagan ignorait le détournement de fonds.

L'ancien conseiller à la sécurité nationale, le vice-amiral John Poindexter.

Huit mois plus tard, le lieutenant-colonel North déposa devant le comité du Congrès qui enquêtait sur cette affaire.

Il déclara qu'il avait souvent discuté de toute la question avec William Casey, directeur de la CIA. Mais celui-là venait de décéder trois mois plus tôt. North déclara au comité que Casey l'avait averti qu'il faudrait qu'il soit « le lampiste » et que Poindexter devrait peut-être également jouer les fusibles pour protéger le président Reagan.

Poindexter déposa et déclara au comité qu'il avait lui seul approuvé le plan de détournement du colonel North. « Il prétend avoir exercé cette autorité sans jamais en parler au président, afin de le protéger d'un drame potentiel qui a fini par voir le jour. C'est moi qui ai pris la décision[9] », déclara-t-il d'un ton calme et sans émotion.

À un moment de sa déposition, alors qu'on lui parle d'un déjeuner qu'il a eu avec le directeur de la CIA, Poindexter répond qu'il ne se rappelle pas ce qui s'y est dit, mais seulement qu'ils ont mangé des sandwichs. Le sénateur Sam Nunn reproche vivement au vice-amiral son manque de mémoire et, durant les deux minutes suivantes, Poindexter présente deux très rapides micro-expressions faciales de colère, une élévation de la tonalité de la voix, quatre déglutitions, et de nombreuses pauses et répétitions. Ce moment de la déposition de Poindexter illustre quatre points importants :

1. Quand les changements de comportement ne sont pas limités à une seule modalité (visage ou voix, ou modifications du système nerveux autonome indiquées par exemple par la déglutition), **c'est un fanion capital qui signale que quelque chose d'important se passe et doit être exploré**. Alors que nous ne devrions pas ignorer des signes qui sont limités à un seul type de comportement, comme c'est peut-être tout ce que nous avons à notre disposition, il y a des chances qu'ils soient plus fiables, et que les émotions causant ces modifications soient plus intenses quand les signes s'étendent sur différents aspects du comportement.

2. **Il est moins risqué d'interpréter une *modification* de comportement que d'interpréter certains traits comportementaux répétés par l'individu.** Poindexter ne présentait pas souvent d'hésitations, pauses, déglutitions, etc. Le détecteur doit toujours guetter des modifications de comportement, à cause du risque Brokaw. Nous ne pouvons pas être induits en erreur par les particularités d'un individu si nous nous concentrons sur les modifications de comportement.
3. Quand le comportement change en relation avec une question ou un sujet spécifiques, cela indique au détecteur qu'il peut s'agir d'une zone sensible à explorer. Même si le sénateur Nunn et d'autres membres du comité avaient sondé Poindexter sur de nombreux sujets, le vice-amiral ne présenta ces comportements que lorsqu'il fut interrogé sur son déjeuner avec le directeur Casey. Le comportement suspect de Poindexter disparut quand Nunn passa à un autre sujet. **Chaque fois qu'un groupe de modifications comportementales se produit apparemment en relation avec un sujet spécifique, le détecteur doit essayer de vérifier s'il y a réellement un lien** ; une manière de s'y prendre consiste à abandonner le sujet, passer à un autre, puis revenir brusquement à ce sujet pour voir si le groupe de comportements réapparaît.
4. **Le détecteur doit essayer de trouver, à l'apparition de ces changements de comportement, une explication autre que la possibilité qu'il s'agisse de signes de tromperie.** Si Poindexter mentait à propos du déjeuner, il devait en être ému. Il était connu pour être pieux : son épouse était diaconesse de leur paroisse. Il est probable qu'il éprouverait un certain conflit à propos du mensonge même s'il jugeait qu'il était justifié pour l'intérêt national. Et il craindrait probablement aussi d'être démasqué. Mais il y a d'autres possibilités qui doivent être prises en compte. Poindexter déposa pendant plusieurs jours. Imaginons que durant la pause déjeuner, il consulte toujours ses

avocats en mangeant un sandwich préparé par son épouse. Imaginons que ce jour-là, quand il demande à son épouse si elle l'a préparé, elle s'agace et lui réponde : « John, je ne peux pas te préparer un sandwich tous les jours, semaine après semaine. J'ai d'autres responsabilités ! » Et si le couple exprime rarement la colère, Poindexter peut avoir été ému par cet incident. Dans la matinée, quand Nunn l'interroge sur le déjeuner et que Poindexter répond qu'ils ont mangé des sandwichs, les émotions réprimées durant la dispute avec son épouse peuvent réapparaître et ce sont ces émotions que nous voyons, non pas de la culpabilité parce qu'il ment sur l'affaire ou qu'il a peur d'être démasqué.
Je n'ai aucun moyen de savoir si cette hypothèse est fondée. Et c'est ce que je veux démontrer. Le détecteur doit toujours envisager une explication autre que le mensonge et chercher des informations permettant de l'écarter. Ce que Poindexter a révélé, c'est que quelque chose concernant ce déjeuner avec Casey est sensible, mais nous ignorons quoi, et en conséquence, nous ne devons pas conclure précipitamment qu'il ment sans avoir éliminé les autres explications.

Le talent d'acteur d'Oliver North et la justification de son mensonge

La déposition du lieutenant-colonel North durant les auditions illustre un autre point de cet ouvrage. Il semble être un bon exemple de ce que j'appelle un acteur-né[10]. Je ne veux pas suggérer ici que North mentait (bien qu'il ait été accusé de mensonge dans son précédent témoignage devant le Congrès), mais seulement que s'il mentait, il était impossible de le déduire de son comportement. S'il

avait dû mentir, il aurait été très convaincant. Sa performance en tant que telle était tout à fait admirable[11].
Les sondages d'opinion effectués à l'époque montrèrent que North était très admiré de la population. Il y a à cela plusieurs raisons. Il pouvait être perçu comme un David affrontant le Goliath du puissant gouvernement, en l'occurrence le comité du Congrès. Et pour certains, l'uniforme y contribua. Il peut également être apparu comme le lampiste qui était puni à la place du président ou du directeur de la CIA. Sa séduction fut due en partie à ses manières elles-mêmes, à son comportement.

L'une des caractéristiques des acteurs-nés est qu'ils sont agréables à regarder : nous aimons les voir jouer. Il n'y a aucune raison de penser que de tels individus mentent (bien qu'ils puissent en être plus tentés, puisqu'ils savent qu'ils peuvent s'en tirer à bon compte), mais quand ils mentent, leurs mensonges sont impeccables.
À un moment de sa déposition, le lieutenant-colonel North avoua qu'il avait menti quelques années plus tôt au Congrès sur le détournement des fonds iraniens au profit des Contras nicaraguayens. « Mentir ne m'est pas facile, déclara-t-il. Mais nous devions mettre dans la balance les vies et les mensonges. » North citait là la justification classique du mensonge avancée depuis des siècles par la philosophie. Que faut-il dire à un homme qui brandit un revolver et demande : « Où est ton frère ? Je vais le tuer. » Ce scénario est un dilemme pour la plupart d'entre nous. Nous ne révélons pas où est notre frère. Nous mentons en indiquant un endroit faux. Comme le disait Oliver North, si la vie elle-même est en jeu, il faut mentir. Un exemple plus prosaïque est la consigne donnée par les parents à l'enfant qu'ils laissent seul à la maison : si un inconnu frappe à la porte, l'enfant ne doit pas dire qu'il est seul, mais que ses parents font une sieste.

Dans son livre publié quatre ans après son audition devant le comité, North décrit ce qu'il éprouvait à l'égard du Congrès et de la justesse de sa cause: «Pour moi, beaucoup de sénateurs, députés et même leurs assistants étaient des gens privilégiés qui avaient abandonné sans scrupules la résistance nicaraguayenne et laissé les Contras sans protection devant un ennemi puissant et bien armé. Et voilà qu'ils voulaient me reprocher ce que eux auraient dû faire! Je ne me suis jamais considéré comme au-dessus de la loi, pas plus que je n'ai eu l'intention de commettre quoi que ce soit d'illégal. J'ai toujours cru, et je le crois encore, que les amendements Boland n'empêchaient pas le Conseil de sécurité nationale de soutenir les Contras. Même le plus strict des amendements comportait des faiblesses que nous avons utilisées pour faire en sorte que la résistance nicaraguayenne ne soit pas abandonnée[12].» North reconnaissait dans son livre qu'il avait induit les membres du comité en erreur en 1986 quand ils essayaient de savoir s'il était directement impliqué dans l'aide fournie aux Contras.

Mentir pour sauver des vies, le motif invoqué par North n'est pas justifié, parce que d'abord il n'est pas certain que son choix ait été clair. Il prétend que les Contras étaient condamnés à cause des amendements Boland, par lesquels le Congrès avait interdit, à un moment, de leur fournir des armes. Mais il n'y avait aucun consensus parmi les experts affirmant que ne pas fournir cette aide signerait leur arrêt de mort. C'était un jugement politique, auquel la plupart des démocrates et des républicains n'adhérèrent pas. Cela n'a rien à voir avec la certitude que le meurtrier qui déclare vouloir tuer mettra sa menace à exécution.

Deuxième objection à l'argument du mensonge pour sauver des vies: la cible des mensonges de North. Il ne mentait pas à celui qui clame son intention de tuer. Si des gens devaient mourir, ce serait de la main de l'armée nicaraguayenne, pas de celle des membres du comité. Alors que ceux qui étaient en désaccord avec les amendements Boland pourraient prétendre que ce serait une conséquence, ce n'était pas l'intention déclarée de ceux qui les avaient votés ; il ne pourrait pas être dit non plus que c'était le but recherché, même non déclaré, d'une telle législation.

Des gens prudents et sans doute tout aussi moraux étaient en désaccord sur les conséquences de l'interdiction de fournir des armes et sur la solidité des verrous des amendements. Dans son zèle, North ne vit pas, ou s'il le vit ne s'en soucia pas, qu'il n'y avait là aucune vérité sur laquelle s'accordaient tous les individus rationnels. Son tort fut de donner à son jugement plus de poids qu'à celui de la majorité du Congrès, et de croire que c'était une justification suffisante pour mentir.

Troisième objection : le mensonge de North violait un contrat qu'il avait noué et qui lui interdisait de mentir au Congrès. Personne n'est obligé de répondre sincèrement à un meurtrier déclaré. Les actes déclarés d'un meurtrier violent les lois auxquelles lui et nous sommes soumis. Nos enfants n'ont aucune obligation de dire la vérité à un inconnu qui frappe à la porte, bien que la situation devienne moins limpide si cet inconnu déclare demander de l'aide. Cependant, tout le monde est obligé de dire la vérité devant un comité du Congrès et peut être poursuivi pour mensonge. North avait des raisons supplémentaires d'être sincère, en raison de son métier. En tant qu'officier de l'armée, il avait fait serment de respecter la Constitution. En mentant au Congrès, North violait la répartition des pouvoirs garantie par la Constitution entre les deux branches du gouvernement, plus précisément le contrôle du budget que la Constitution attribue au Congrès afin de contrebalancer le pouvoir de l'exécutif[13]. North n'était pas sans recours s'il estimait qu'il était forcé de suivre une politique qu'il jugeait moralement dangereuse pour

d'autres. Il aurait pu démissionner et ensuite s'exprimer publiquement contre les amendements Boland.
Le débat continue aujourd'hui, alors que des membres de la CIA qui auraient menti au Congrès sont maintenant poursuivis. La presse se demande désormais s'il existe des règles particulières pour les membres de la CIA qui, en raison de la nature secrète de leur travail, pourraient ne pas être obligés de dire la vérité au Congrès. Étant donné que North prenait ses ordres auprès du directeur de la CIA, Casey, ses actes pourraient être justifiés comme suivant la norme des employés de l'Agence. David Whipple, directeur de l'Association des anciens employés de la CIA, déclare: «À mon avis, dévoiler le moins d'information possible devant le Congrès, si c'est faisable impunément, n'est pas une mauvaise chose. J'ai personnellement du mal à en vouloir à ces agents[14].» Ray Cline, également ancien employé de la CIA, déclare: «Selon l'ancienne tradition de la CIA, nous jugions que les hauts responsables de l'Agence devaient être à l'abri du regard du public[15].» Stansfield Turner, directeur de la CIA de 1977 à 1981 sous Jimmy Carter, affirme qu'un président ne devrait jamais autoriser la CIA à mentir devant le Congrès et que ses employés devraient être conscients qu'ils ne seront pas protégés en cas de mensonge[16].
Les poursuites à l'encontre de North, Poindexter et, plus récemment, des agents de la CIA Alan Fiers et Clair George pour mensonge devant le Congrès en sont peut-être l'illustration. George est le responsable le plus élevé de la CIA à avoir été poursuivi pour mensonge devant le comité du Congrès en 1987. Comme l'opinion générale est que le directeur de la CIA Casey ne suivait pas ces règles, on peut avancer qu'il est mal de punir des gens que l'on avait amenés à croire qu'ils ne faisaient qu'exécuter les consignes du président et seraient protégés s'ils étaient découverts.

« Lieutenant-colonel Oliver North »

Le président Richard Nixon et le scandale du Watergate

L'ancien président Nixon est probablement la personnalité publique qui a été le plus souvent condamnée pour mensonge. Il fut le premier président à démissionner, mais ce ne fut pas simplement à cause de mensonges. Pas plus qu'il n'y fut forcé parce que des employés de la Maison-Blanche avaient été surpris en juin 1972 en train de tenter d'entrer par effraction au siège du parti démocrate. Ce fut à cause de l'opération de couverture qu'il dirigea et des mensonges qu'il prononça pour la maintenir. Des enregistrements de conversations à la Maison-Blanche, rendus publiques par la suite, révélèrent que Nixon avait dit à l'époque : « Je me fiche de ce qui se passe, je veux que vous fassiez obstruction, qu'ils plaident le cinquième amendement ou ce qu'ils veulent, du moment que cela sauve la situation. »

La couverture fonctionna pendant presque un an jusqu'à ce que l'un des hommes inculpés dans l'effraction, James McCord, déclare au juge que le cambriolage faisait partie d'un complot plus vaste. Puis il apparut que Nixon avait enregistré toutes les conversations dans le bureau Ovale. Malgré les tentatives du président pour faire disparaître les informations les plus compromettantes de ces enregistrements, il en restait assez pour que le comité judiciaire de la Chambre invoque la destitution. Quand la Cour suprême ordonna à Nixon de communiquer les enregistrements au grand jury, Nixon démissionna, le 9 août 1974.

D'après moi, le problème n'était pas que Nixon avait menti, car je maintiens que les chefs d'État doivent parfois le faire ; le problème était ce sur quoi Nixon avait menti, son mobile et ceux à qui il avait menti. Ce n'était pas une tentative pour induire en erreur un autre gouvernement : la cible du mensonge du président était le peuple américain. Il n'était pas possible d'invoquer comme justification le besoin d'atteindre des objectifs de politique étrangère. Nixon dissimula sa connaissance d'un crime, la tentative de voler des documents au siège du parti démocrate du Watergate. Son mobile était de rester en fonction, de ne pas risquer la réprobation des électeurs s'ils apprenaient qu'il savait que ceux qui travaillaient pour lui avaient enfreint la loi pour lui procurer un avantage dans l'élection à venir. Le premier article de la procédure de destitution l'accusa d'obstruction de justice ; le deuxième, d'abus de pouvoir dans l'exercice de ses fonctions et d'avoir manqué à garantir l'exécution fidèle de la loi ; et le troisième, d'avoir délibérément désobéi aux réquisitions des enregistrements et autres documents réclamés par le comité judiciaire.

Le mensonge justifié du président Jimmy Carter

Un bon exemple de circonstance où le mensonge d'une personnalité publique est justifiable survint sous la présidence de Jimmy Carter. En 1976, l'ancien gouverneur de Géorgie fut élu président en battant Gerald Ford, qui était devenu président à la suite de la démission de Nixon. Durant sa campagne, Carter promit de restaurer la moralité à la Maison-Blanche, après le scandale du Watergate. Sa campagne fut marquée par ses apparitions devant les caméras, déclarant de manière assez simpliste qu'il ne mentirait jamais au peuple américain. Cependant, trois ans plus tard, il mentit à plusieurs reprises pour dissimuler les projets de sauvetage des otages américains en Iran.

Durant les premières années de la présidence de Carter, le shah d'Iran fut renversé par la révolution fondamentaliste islamique. Contraint à l'exil, et ayant toujours bénéficié du soutien américain, il fut autorisé par Carter à se rendre aux États-Unis pour recevoir un traitement médical. Furieux, l'Iran s'empara de l'ambassade américaine à Téhéran et prit soixante otages. Les efforts diplomatiques pour régler cette crise durèrent des mois sans résultats, tandis que les télévisions décomptaient les semaines, puis les mois que durait leur captivité.

Peu après la prise d'otages, Carter ordonna secrètement à l'armée de commencer un entraînement pour une opération de sauvetage. Cette préparation ne fut pas seulement dissimulée, mais les représentants du gouvernement firent à plusieurs reprises des déclarations fallacieuses afin d'apaiser tout soupçon sur ce qui se mijotait. Durant des mois, le Pentagone, le ministère des Affaires étrangères et la Maison-Blanche répétèrent qu'une mission de sauvetage était logistiquement impossible. Le 8 janvier 1980,

Carter mentit au cours d'une conférence de presse, disant qu'une intervention militaire « serait presque certainement un échec et causerait la mort des otages ». À l'instant où il prononçait ces paroles, la Force Delta répétait l'opération de sauvetage dans le désert au sud-ouest des États-Unis. Carter mentit au peuple américain parce qu'il savait que les Iraniens écoutaient ce qu'il lui disait et qu'il souhaitait endormir la méfiance des geôliers en leur donnant une fausse impression de sécurité. Il fit nier par son secrétaire de presse Jody Powell que le gouvernement planifiait un sauvetage pendant même que l'opération était en cours. Il écrivit dans ses *Mémoires* : « Tout soupçon d'une intervention de la part des militants aurait condamné nos efforts à l'échec. Le succès dépendait d'une surprise totale[17]. » Rappelez-vous que Hitler avait également menti pour avoir l'avantage de la surprise sur son adversaire. Nous condamnons Hitler non parce qu'il a menti, mais à cause de ses objectifs et de ses agissements. Le mensonge d'un chef d'État pour obtenir un avantage sur l'ennemi n'est en soi pas répréhensible.

La cible primaire des mensonges de Carter était les Iraniens qui avaient violé les lois internationales en prenant en otage le personnel de l'ambassade américaine. Il n'y avait aucun moyen de les tromper sans mentir au peuple américain et au Congrès. Le mobile était de protéger ses troupes. Et le mensonge ne dura pas. Bien que certains membres du Congrès se soient demandé si Carter avait le droit d'agir sans les mettre au courant, comme l'exige la loi sur les pouvoirs de guerre, Carter déclara que l'opération était un acte de charité et non un acte de guerre. Il fut condamné parce que la mission échoua, pas parce qu'il avait rompu sa promesse de ne jamais mentir.

Stansfield Turner, directeur de la CIA sous Carter, dans un texte sur l'affaire Iran-Contras et la nécessité des dirigeants de la CIA de ne pas mentir au Congrès, se demanda ce qu'il aurait fait au cas où le Congrès lui aurait demandé si la CIA préparait une opération de sauvetage: «J'aurais eu de grosses difficultés à répondre. J'espère que j'aurais dit quelque chose comme: "Je crois qu'il n'est pas raisonnable de discuter d'aucun plan visant à résoudre le problème des otages, à moins que des conclusions fausses n'aient été tirées et n'aient fuité vers les Iraniens." J'aurais ensuite consulté le président pour savoir si je devais revenir et répondre à la question franchement[18].» Turner ne dit pas ce qu'il aurait fait si Carter lui avait donné pour consigne de retourner au Congrès et nier qu'il y avait le moindre plan de sauvetage.

Les mensonges de Lyndon Johnson sur la guerre du Vietnam

Plus dangereuse fut la dissimulation au public par le président Lyndon B. Johnson d'informations négatives sur les progrès de la guerre au Vietnam. Johnson avait accédé à la présidence après l'assassinat de John F. Kennedy en 1963, mais il s'était présenté à l'élection en 1964. Durant la campagne, l'opposant républicain Barry Goldwater, sénateur d'Arizona, déclara qu'il était prêt à utiliser l'arme atomique pour remporter la guerre. Johnson prit le parti inverse: «Nous n'enverrons pas de jeunes Américains à quinze mille kilomètres de chez eux faire ce que de jeunes Asiatiques devraient se faire à eux-mêmes.» Une fois élu, et convaincu que la guerre ne pouvait être remportée qu'en dépêchant des troupes, Johnson envoya un demi-million de jeunes Américains au Vietnam en quelques années. Au final, l'Amérique lâcha plus de bombes sur le pays qu'il n'en avait été utilisé durant toute la Deuxième Guerre mondiale.

Johnson pensait qu'il pourrait négocier une fin convenable à la guerre uniquement si le Vietnam Nord croyait qu'il avait l'opinion américaine derrière lui. Aussi choisissait-il ce qu'il révélait à l'opinion sur les progrès de la guerre. Ses chefs militaires apprirent qu'il voulait les meilleures images possibles des succès américains et des défaites du Vietnam Nord et du Viêt-cong, et au bout d'un moment, ce fut tout ce qu'ils lui firent parvenir. Mais la comédie cessa quand en janvier 1968 une offensive dévastatrice de l'ennemi durant la fête du Têt révéla aux Américains et au monde entier que l'Amérique était loin de gagner cette guerre. L'événement se produisit durant la campagne présidentielle suivante. Le sénateur Robert Kennedy, qui se présentait contre Johnson aux primaires démocrates, déclara que l'offensive du Têt « faisait voler en éclats le masque de l'illusion officielle avec lequel nous nous sommes à nous-mêmes dissimulé la vérité de la situation ». Quelques mois plus tard, Johnson annonça sa décision de ne pas se représenter aux élections.

Dans une démocratie, il n'y a aucun moyen facile de duper un autre pays sans tromper sa propre population, et cela fait de la tromperie une politique très dangereuse si elle est pratiquée longtemps. Le mensonge de Johnson sur les progrès de la guerre ne se mesurait ni en jours, ni en semaines, ni même en mois. En créant l'illusion d'une victoire imminente, Johnson privait l'électorat de l'information nécessaire pour faire un choix politique en connaissance de cause. Une démocratie ne peut pas survivre si un parti politique contrôle l'information dont dispose l'électorat pour prendre sa décision.

Comme le remarqua le sénateur Kennedy, je soupçonne qu'un autre prix à payer pour cette tromperie fut que Johnson et au moins certains de ses conseillers finirent par croire à leurs propres mensonges. Il n'y a pas que les représentants de gouvernements qui sont susceptibles de tomber dans ce piège.

Je crois que plus souvent un individu raconte un mensonge, plus cela devient facile pour lui. À mesure qu'un individu répète un mensonge, il se demande de moins en moins s'il est juste de s'engager dans la tromperie. Après un certain temps, le menteur peut devenir tellement à l'aise avec son mensonge qu'il ne remarque plus qu'il ment. Cependant, si on le sonde ou le remet en question, le menteur se rappelle qu'il invente. Bien que Johnson ait voulu croire en ses déclarations fallacieuses sur la guerre et puisse avoir cru plusieurs fois qu'elles étaient vraies, je doute qu'il ait jamais réussi à se leurrer entièrement.

Le désastre de la navette *Challenger* et l'auto-illusion

Dire que quelqu'un s'est leurré lui-même est une toute autre affaire. **Dans l'auto-illusion, l'individu ne se rend pas compte qu'il se ment à lui-même.** Et il ignore pour quelle raison il se trompe lui-même. **L'auto-illusion se produit, je pense, beaucoup plus rarement que ne le prétendent les coupables pour se dédouaner a posteriori, de leurs méfaits.**

Les agissements qui ont conduit au désastre de la navette *Challenger* soulèvent la question : ceux qui prirent la décision de la lancer malgré les fortes mises en garde d'accident pouvaient-ils être les victimes de leurs auto-illusions ? Comment pouvons-nous expliquer autrement une telle décision prise par ceux qui en connaissaient les risques ?

Le lancement de *Challenger* le 29 janvier 1986 fut regardé par des millions de personnes à la télévision. Cet événement avait bénéficié d'une immense publicité, car l'équipage comprenait une institutrice, Christa McAuliffe. Parmi les téléspectateurs se trouvaient de nombreux écoliers, dont les élèves de la jeune fille. Elle devait leur faire un cours depuis l'espace. Mais soixante-treize secondes après le lancement, la navette explosa, provoquant la mort des sept personnes qui se trouvaient à son bord.

La nuit précédant le lancement, un groupe d'ingénieurs de Morton Thiokol, la firme qui avait construit les réacteurs, recommanda officiellement que le lancement soit reporté en raison des prévisions de baisse de température qui risquaient de diminuer gravement l'élasticité des joints en caoutchouc. Si cela se produisait, une fuite de carburant pouvait provoquer une explosion des réacteurs. Les ingénieurs de Thiokol appelèrent la NASA en demandant unanimement que le lancement ait lieu le lendemain matin.

L'équipe de la navette *Challenger*.

Il y avait déjà eu trois reports, alors que la navette, selon la promesse de la NASA, devait faire des vols réguliers. Lawrence Mulloy, directeur de projet à la NASA, répondit aux ingénieurs de Thiokol qu'il n'était pas suffisamment prouvé qu'une température basse endommagerait les joints. Il parla cette nuit-là au directeur de Thiokol, Bob Lund, qui déposa plus tard devant la commission présidentielle d'enquête sur la catastrophe. Lund déclara que Mulloy lui avait dit cette nuit-là de mettre « sa casquette de gestionnaire » au lieu de « sa casquette d'ingénieur ». Obéissant apparemment, Lund changea d'opinion sur le lancement et court-circuita ses ingénieurs. Il contacta également Joe Kilminister, l'un des vice-présidents de Thiokol, et lui demanda de signer l'approbation de lancement officielle. Ce qu'il fit à 23 h 45 en faxant l'autorisation à la NASA. Allan McDonald, directeur du projet chez Thiokol, refusa de la signer ; deux mois plus tard, il devait quitter ses fonctions.

La commission présidentielle découvrit plus tard que quatre des responsables clés de la NASA ayant autorisé tous les lancements n'avaient jamais été mis au courant du désaccord entre les ingénieurs de Thiokol et l'équipe chargée de la fusée. Robert Sieck, directeur de la navette au Centre spatial Kennedy, Gene Thomas, directeur de lancement de Challenger à Kennedy, Arnold Aldrich, directeur des transports spatiaux au Centre spatial Johnson de Houston, et le directeur de la navette Moore devaient par la suite déclarer qu'ils n'avaient pas été informés que les ingénieurs de Thiokol étaient opposés à la décision de lancement.

Comment Mulloy avait-il pu lancer la navette en sachant qu'elle pouvait exploser ? Une explication est que sous la pression, il devint la victime de son auto-illusion, convaincu que les ingénieurs exagéraient ce qui était en réalité un risque négligeable. Si Mulloy était vraiment la victime de son auto-illusion, pouvons-nous en toute équité le juger responsable de sa propre décision? Imaginons que quelqu'un d'autre ait menti à Mulloy en lui disant qu'il n'y avait aucun risque. Nous ne lui en voudrions certainement pas d'avoir pris la mauvaise décision. Y a-t-il une différence s'il s'est menti à lui-même? J'estime qu'il n'y en a probablement pas, si Mulloy s'est réellement menti à lui-même. La question est de savoir si c'était une auto-illusion ou un mauvais jugement.

Pour le savoir, comparons ce que nous savons de Mulloy avec l'un des exemples très nets d'auto-illusion discutés par les experts[19]. Un patient cancéreux au stade terminal qui croit qu'il va guérir, même s'il y a des signes d'une progression rapide d'une tumeur maligne, entretient une croyance fausse. Mulloy entretenait lui aussi une croyance fausse en pensant que la navette pouvait être lancée. J'estime que nous pouvons écarter l'hypothèse que Mulloy avait la certitude qu'elle exploserait. Le patient cancéreux croit qu'il va guérir, malgré toutes les preuves du contraire. Il sait qu'il s'affaiblit, que la douleur augmente, mais il soutient qu'il s'agit simplement de difficultés temporaires. Mulloy soutenait également sa croyance fausse malgré les preuves du contraire. Il savait que les ingénieurs estimaient qu'une température basse endommagerait les joints et que si le carburant fuyait, la fusée pourrait exploser, mais il écarta leurs mises en garde au prétexte qu'ils exagéraient.

Ce que j'ai décrit jusqu'ici ne nous dit pas si le cancéreux et Mulloy sont des menteurs délibérés ou les victimes de leur auto-illusion.

L'exigence cruciale de l'auto-illusion est que la victime soit inconsciente de ce qui la pousse à entretenir sa croyance fausse.

Il peut apparaître que l'auto-illusion est simplement un autre terme pour ce que Freud appelle «refoulement».

Mais il y a au moins deux différences : dans le refoulement, l'information dissimulée à la conscience provient d'un besoin profond dans la structure de la personnalité, ce qui n'est pas le cas dans l'auto-illusion. Et certains soutiennent que confronter l'individu auto-illusionné à la vérité peut mettre un terme à la tromperie, alors que dans le refoulement cela n'amènera pas à la reconnaissance de la vérité.

Le cancéreux ne sait pas que sa tromperie est motivée par son incapacité à affronter sa peur d'une mort imminente. Cet élément – ne pas être conscient du mobile de l'auto-illusion – est manquant chez Mulloy. Quand celui-là dit à Lund de mettre sa « casquette de gestionnaire », il démontre qu'il est conscient de ce qu'il doit faire pour entretenir la croyance que le lancement doit avoir lieu.

Richard Feynman, le Nobel de physique qui fut nommé à la commission présidentielle d'enquête, justifie ainsi la mentalité de « gestionnaire » de Mulloy : « Quand le projet lunaire fut abandonné, la NASA dut convaincre le Congrès qu'il existait un projet qu'elle était seule à pouvoir entreprendre. Pour cela, il était nécessaire – du moins apparemment dans ce cas – d'exagérer : exagérer le modèle économique de la navette, exagérer la fréquence de ses vols, exagérer sa sécurité, exagérer les grandes découvertes scientifiques qu'elle permettrait[20]. » Le magazine *Newsweek* écrivit : « Dans un sens, l'agence semblait victime de ses arguments publicitaires en se comportant comme si un vol spatial était en fait aussi anodin qu'un trajet en bus. »

Mulloy était simplement l'une des nombreuses personnes à la NASA qui entretenaient ces exagérations. Il devait craindre la réaction du Congrès si le vol de la navette était reporté une quatrième fois. Toute mauvaise publicité contredisant les prétentions exagérées de la NASA aurait pu compromettre les prochaines allocations budgétaires. C'était une certitude : le report du lancement aurait effectivement été une mauvaise publicité. Le risque dû aux conditions météorologiques n'était qu'une possibilité, pas une certitude. Même les ingénieurs opposés au lancement n'étaient pas absolument certains qu'il y ait une explosion. Certains déclarèrent par la suite avoir pensé seulement quelques minutes auparavant qu'elle pourrait se produire.

Nous devrions condamner Mulloy pour son erreur de jugement, sa décision de donner plus de poids aux préoccupations de gestionnaire qu'à celles d'ingénieur. Hank Shuey, l'expert en sécurité de fusées qui examina les preuves à la demande de la NASA, déclara : « Ce n'était pas un défaut de conception. C'était une erreur de jugement. » Nous ne devrions pas expliquer ni excuser les erreurs de jugement au prétexte de l'auto-illusion. Nous devrions également condamner Mulloy pour ne pas avoir informé ses supérieurs, qui avaient l'autorité en dernier recours concernant la décision de lancement, ce qu'il faisait et pourquoi il le faisait. Feynman explique de manière convaincante pourquoi Mulloy endossa la responsabilité : « Les gens qui essaient d'obtenir l'approbation du Congrès pour leurs projets ne veulent pas entendre parler de problèmes ni de risques. Il est préférable qu'ils n'en aient pas vent pour pouvoir être plus "honnêtes" : ils ne veulent pas se retrouver en train de mentir au Congrès ! Du coup, les comportements changent : l'information remontante qui est désagréable – "Nous avons un problème avec les joints, nous devrions les réparer avant de voler de nouveau" – est écartée par les grosses légumes et les cadres qui disent : "Si vous me parlez de problèmes de joints, nous devrons immobiliser la navette et la réparer." Ou : "Non, non, continuez les vols, parce que sinon ça fera mauvais effet." Ou encore : "Ne me le dites pas. Je ne veux pas en entendre parler." Peut-être qu'ils ne le formulent pas explicitement, mais ils découragent toute communication qui revient à cela[21]. »

La décision de Mulloy de ne pas informer ses supérieurs

sur le désaccord à propos du lancement peut être considérée comme un mensonge par omission. Rappelez-vous que ma définition du mensonge est qu'un individu, délibérément, par choix, en induit un autre en erreur sans qu'il y ait de mise en garde préalable. Peu importe si le mensonge est effectué en donnant une information fausse ou en omettant une information cruciale. Ce ne sont que des différences de technique; le résultat est le même.

La mise en garde préalable est le problème principal. Les acteurs ne sont pas des menteurs, mais ceux qui se font passer pour quelqu'un d'autre le sont, car le public de l'acteur est prévenu qu'un rôle est joué. Le poker est un peu plus ambigu, car les règles autorisent certains types de tromperie comme le bluff, ainsi que les ventes d'immobilier, où personne ne s'attend à ce que le vendeur révèle sincèrement dès le début le prix auquel il accepte de vendre. Si Feynman voit juste, si les hauts responsables de la NASA avaient découragé toute communication en disant essentiellement: «Ne m'en parlez pas», cela pourrait constituer une mise en garde préalable. On peut présumer que Mulloy et d'autres personnes à la NASA savaient que les mauvaises nouvelles ou les décisions difficiles ne devaient pas être transmises à la hiérarchie. Si tel était le cas, Mulloy ne devrait pas être considéré comme un menteur pour ne pas avoir informé ses supérieurs, car ceux-là avaient autorisé la tromperie et savaient qu'ils ne seraient pas avertis. Dans mon jugement, les supérieurs ont une part de responsabilité dans la catastrophe. Ils sont responsables non seulement d'une décision de lancement mais également d'avoir instauré le climat dans lequel travaillait Mulloy; ils ont contribué aux circonstances qui l'ont conduit à son erreur de jugement et à son choix de ne pas les impliquer dans la décision.

Feynman note des similitudes entre cette situation à la NASA et ce qu'éprouvaient les responsables intermédiaires dans l'affaire Iran-Contras, comme Poindexter, à l'idée d'informer le président Reagan de leurs agissements. Créer une atmosphère dans laquelle les subordonnés croient que ceux qui ont l'autorité finale ne doivent pas être informés de décisions qui pourraient leur être reprochées, et servent de fusibles à un président, détruisent la gouvernance. L'ancien président Harry Truman avait sur son bureau à la Maison-Blanche une pancarte qui disait : « La responsabilité ne doit pas être mise sur le dos d'un autre. » Le président ou le chef de l'exécutif doit surveiller, évaluer, décider et prendre la responsabilité de ses décisions. Imaginer autre chose peut être avantageux à court terme, mais cela met en danger l'organisation hiérarchique en encourageant les électrons libres et un environnement de tromperie autorisée.

Le juge Clarence Thomas et le professeur Anita Hill

Nous pouvons tirer de nombreuses leçons sur le mensonge à partir des témoignages très contradictoires du juge Clarence Thomas pressenti pour la Cour suprême et du professeur Anita Hill à l'automne 1991. Le dramatique affrontement télévisé commença quelques jours avant que le Sénat ne confirme la nomination de Thomas à la Cour suprême. Anita Hill déclara devant le comité judiciaire du Sénat qu'entre 1981 et 1983, alors qu'elle était l'assistante de Clarence Thomas, d'abord au bureau des droits civils du ministère de l'Éducation, puis quand Thomas dirigea la commission contre les discriminations au travail, elle avait été victime de harcèlement sexuel. « Il parlait d'actes qu'il avait vu dans des films pornographiques : des femmes avec des animaux, des scènes de groupe ou de viol. Il parlait de personnes dotées d'énormes pénis ou de gros seins pratiquant divers actes sexuels. À plusieurs occasions, Thomas m'a décrit en détail ses prouesses sexuelles. Il disait que si je mentionnais à quiconque son comportement, cela ruinerait sa carrière. » Elle parlait avec un calme absolu, elle était cohérente, et de nombreux observateurs la trouvèrent convaincante.

Immédiatement après ce témoignage, le juge Thomas réfuta absolument toutes ses accusations. « Je tiens à déclarer que je nie catégoriquement et sans aucune équivoque tous les gestes ou propos allégués par Anita Hill. » Vertueusement indigné que le comité entache sa réputation, Thomas se déclara victime d'une attaque raciste : « Je ne peux me débarrasser de ces accusations parce qu'elles jouent sur les pires stéréotypes que nous avons sur les hommes noirs dans ce pays. » Se plaignant de l'épreuve que le Sénat lui faisait subir, il s'exprima ainsi : « J'aurais préféré la balle d'un assassin plutôt que ce genre d'enfer sur terre. » D'après lui, l'audience avait été « le lynchage high-tech des Noirs arrogants ».

Clarence Thomas.

Cette semaine-là, la couverture du *Times* annonça : « Sous les yeux du pays, deux témoins crédibles présentent chacun une vision contradictoire d'événements datant de presque dix ans ». La chroniqueuse Nancy Gibbs écrivit dans le magazine : « Même après avoir écouté en totalité ces témoignages douloureux, qui pourrait affirmer avec certitude savoir ce qui s'est réellement passé ? Lequel des deux est un menteur colossal ? »

Je me concentrerai davantage sur le comportement de Hill et Thomas lors de leur déposition, plutôt que sur les déclarations de Thomas devant le comité avant l'affaire Anita Hill, ou les dépositions d'autres témoins sur le passé de chacun d'eux. En considérant simplement leur attitude, je n'ai trouvé aucune information nouvelle ni particulière. Je n'ai pu remarquer que ce qui était évident pour la presse, qu'ils se comportaient et s'exprimaient l'un et l'autre de manière tout à fait convaincante. Mais nous pouvons tirer de cet affrontement quelques leçons sur le mensonge et le comportement.

Il n'aurait pas été facile pour l'un et l'autre de mentir délibérément devant le pays tout entier. Les enjeux étaient pour chacun extrêmement élevés. Songez à ce qui leur serait arrivé si l'un ou l'autre avait agi de manière à être catalogué, à tort ou à raison, comme menteur par les médias et le peuple américain. Ce n'est pas arrivé : tous les deux semblaient sincères.

Imaginons que Hill ait été sincère et que Thomas ait décidé de mentir délibérément. S'il avait consulté ce livre, il y aurait appris que la meilleure manière de dissimuler la peur d'être démasqué est d'afficher une autre émotion. Avec l'exemple du roman d'Updike, je décris comment l'épouse infidèle Ruth aurait pu tromper les soupçons de son mari suspicieux en prenant l'offensive, en se fâchant pour le mettre sur la défensive parce qu'il ne l'avait pas crue. C'est exactement ce que fit Clarence Thomas. Sa colère était intense, sa cible n'était pas Anita Hill, mais le

Sénat. Il bénéficiait en outre de la sympathie de tous ceux qui en veulent aux politiciens et apparaissait comme un David luttant contre le puissant Goliath.
Tout comme Thomas aurait perdu la sympathie publique s'il avait attaqué Hill, les sénateurs l'auraient perdue s'ils avaient attaqué Thomas, un Noir qui se disait victime d'un lynchage à cause de son arrogance. S'il devait mentir, il était logique qu'il ne regarde pas le témoignage d'Anita Hill, afin que les sénateurs ne puissent pas facilement le questionner sur le sujet.

Anita Hill.

Alors que ce raisonnement devrait plaire à ceux qui s'opposaient à Thomas avant l'audition, il ne prouve pas qu'il mentait. Il aurait très bien pu attaquer le comité sénatorial s'il disait la vérité. Si Hill était la menteuse, Thomas avait tous les droits d'en vouloir au Sénat pour avoir prêté l'oreille à ses histoires, rendues publiques au moment où ses adversaires politiques n'étaient pas parvenus à empêcher sa nomination. Si Hill était la menteuse, Thomas aurait été si bouleversé et furieux qu'il n'aurait pas pu la regarder déposer à la télévision.

Est-il possible qu'Anita Hill ait menti? J'estime que c'est improbable, étant donné que, dans ce cas, elle aurait dû avoir peur de ne pas être crue mais qu'elle ne montrait aucun signe d'appréhension. Elle déposa calmement, avec réserve, en montrant très peu d'émotion. Mais l'absence d'indices comportementaux de tromperie ne signifie pas que l'individu est sincère. Anita Hill avait eu le temps de préparer et répéter sa version. Il est possible qu'elle ait été capable de le faire de manière convaincante, mais c'est simplement peu probable.

Bien qu'il soit plus probable que Thomas soit le menteur plutôt qu'Anita Hill, il existe une troisième possibilité qui me paraît la plus plausible. Ni l'un ni l'autre ne disait la vérité, et pourtant aucun ne mentait. Imaginons que quelque chose se soit réellement passé, pas aussi grave que ce qu'avançait Hill, mais plus que ce qu'avouait Thomas. Si les exagérations de l'une et les dénégations de l'autre avaient été répétées maintes et maintes fois, il y avait peu de chances pour que, une fois venu le moment où nous les avons vus à la télévision, ils se rappellent que ce qu'ils disaient n'était pas entièrement vrai.

Thomas peut très bien avoir oublié ce qu'il a fait ou, même s'il s'en souvient, il se rappelle une version très expurgée. Sa colère devant ses accusations est alors tout à fait justifiée. Il ne ment pas, car d'après son souvenir et sa vision des faits il dit la vérité. Et s'il y a une raison pour Hill d'en vouloir à Thomas, pour quelque affront ou faute réels ou imaginaires, ou pour toute autre raison, il est possible qu'avec le temps elle ait fini par broder, exagérer ce qui s'est réellement passé. Elle aussi dit la vérité telle qu'elle se la rappelle et la voit. C'est similaire à l'auto-illusion, la différence clé étant que dans ce cas la croyance fausse se développe lentement avec le temps, par des répétitions qui se surajoutent. Ceux qui étudient l'auto-illusion pourraient considérer que cette différence n'a pas beaucoup d'importance.

Il n'y a aucun moyen de dire d'après le comportement quelle version est la vraie : ment-il ? ment-elle ? ou bien tous les deux ne disent-ils pas toute la vérité ? Pourtant, quand les gens ont une opinion bien arrêtée – sur le harcèlement sexuel, sur la Cour suprême, le Sénat, les hommes, etc. – il est difficile de tolérer de ne pas savoir quelle conclusion tirer. La plupart des gens se tirent de cette ambiguïté en se convainquant qu'ils peuvent déterminer qui dit la vérité en se fondant sur le comportement. C'est généralement celui ou celle pour qui ils éprouvaient le plus d'affinités dès le début.

Ce n'est pas que les indices comportementaux de tromperie soient inutiles, mais nous devrions savoir quand ils seront ou non exploitables, et comment accepter qu'il soit impossible de déterminer si un individu est sincère ou non. Il y a un délai de prescription aux accusations de harcèlement sexuel – quatre-vingt-dix jours. L'une des excellentes raisons à cette prescription est que les problèmes sont plus récents et que les indices de tromperie sont peut-être plus détectables. Si nous avions eu la possibilité de voir les deux protagonistes témoigner quelques semaines après les faits reprochés, nous aurions eu beaucoup plus de chances de déterminer d'après leur comportement qui disait la vérité, et peut-être que les accusations et les dénégations auraient été différentes.

L'empire du mensonge

Il y a quelques années, je pensais que l'Amérique était devenue l'empire du mensonge, entre ceux de Lyndon Johnson sur la guerre du Vietnam, le scandale du Watergate avec Nixon, Reagan et l'Iran-Contras, le mystère encore irrésolu du rôle tenu par le sénateur Edward Kennedy dans la mort d'une amie à Chappaquiddick, le plagiat du sénateur Biden et le mensonge de l'ex-sénateur Gary Hart durant la campagne présidentielle de 1984 concernant une liaison adultère. Il ne s'agit pas seulement de politique : les mensonges dans le monde des affaires sont apparus au premier plan, avec les scandales de Wall Street et des crédits, les mensonges dans le sport, comme le dopage dissimulé de Ben Johnson. Puis j'ai passé cinq semaines à donner des conférences en Russie en mai 1990.

Ayant déjà séjourné en Russie comme professeur en 1979, j'ai été étonné de constater combien les gens étaient devenus plus francs entre-temps. Ils n'avaient plus peur de parler à un Américain ni de critiquer leur propre gouvernement. « Vous êtes venu dans le pays qu'il faut, me disait-on souvent. C'est le pays des mensonges ! Soixante-dix ans de mensonges ! » À plusieurs reprises, des Russes m'ont déclaré qu'ils avaient toujours su que leur gouvernement leur mentait. Pourtant, durant mes cinq semaines sur place, j'ai pu constater qu'ils étaient abasourdis d'apprendre de nouveaux mensonges qu'ils n'avaient jamais soupçonnés. Un exemple poignant en est la révélation des souffrances des habitants de Leningrad durant la Deuxième Guerre mondiale.

Peu après l'invasion allemande de la Russie en 1941, les troupes nazies encerclèrent Leningrad (l'actuelle Saint-Pétersbourg). Le siège dura neuf cents jours. Il est fait état d'un million et demi de victimes, principalement de famine.

Presque tous les adultes que je rencontrai me parlèrent de membres de leur famille décédés durant le siège de la ville. Mais pendant mon séjour, le gouvernement révéla que le nombre de victimes civiles avait été grossi. Le 9 mai, jour de la commémoration nationale de la victoire sur les nazis, le gouvernement soviétique annonça que les pertes avaient été très élevées parce qu'il n'y avait pas assez d'officiers pour commander les troupes : Staline en avait fait exécuter un grand nombre durant une purge avant la guerre.

Ce n'est pas simplement la révélation de mensonges passés que l'on ne soupçonnait pas, mais de nouveaux mensonges qui continuent. Juste un an après l'arrivée au pouvoir de Mikhaïl Gorbatchev se produisit le catastrophique accident nucléaire de Tchernobyl. Un nuage radioactif se répandit sur les régions d'Europe, mais le gouvernement soviétique n'en révéla d'abord rien. Des scientifiques scandinaves relevèrent des niveaux de radiation élevés dans l'atmosphère. Trois jours plus tard, les autorités soviétiques admirent qu'un important accident était survenu, faisant trente-deux victimes. C'est seulement plusieurs semaines plus tard que Gorbatchev s'exprima publiquement, et la plupart du temps pour critiquer la réaction à l'Ouest. Le gouvernement n'a jamais avoué que la population de la région n'avait pas été évacuée à temps et que beaucoup souffraient des suites de l'irradiation. Les scientifiques russes estiment désormais que Tchernobyl a fait environ dix mille victimes.

J'ai appris cela d'un médecin ukrainien qui partageait mon compartiment dans le train de nuit pour Kiev. Les dignitaires du parti communiste avaient fait évacuer leurs familles, me raconta-t-il, alors qu'on affirmait à tous les autres qu'il n'y avait aucun danger. Ce médecin traitait désormais des jeunes filles atteintes de cancer des ovaires, affection qui ne se rencontre normalement pas à leur âge. Dans le service des patients soignés pour irradiation, les corps des enfants luisaient dans l'obscurité.

À cause de la barrière linguistique, j'ignore s'il s'agissait d'une métaphore ou d'une réalité. « Gorbatchev nous ment comme tous les autres, me dit-il. Il sait ce qui s'est passé et il sait que nous savons qu'il ment. »
Je fis la connaissance d'un psychologue chargé d'interroger ceux qui vivaient à proximité de Tchernobyl, pour évaluer comment ils supportaient le stress trois ans plus tard. Il estimait que leur souffrance aurait pu être en partie allégée s'ils ne s'étaient pas sentis autant abandonnés par leur gouvernement. Il souhaitait que Gorbatchev s'adresse au pays et reconnaisse : « Nous avons commis une terrible erreur en sous-estimant la gravité des radiations. Nous aurions dû faire évacuer un plus grand nombre et plus rapidement, mais nous n'avions aucun endroit où vous reloger. Et une fois que nous avons appris notre erreur, nous aurions dû vous dire la vérité, mais nous ne l'avons pas fait. À présent, nous voulons que vous la connaissiez et que le pays souffre avec vous. Nous vous ferons bénéficier des soins nécessaires et nous vous soutiendrons. » Sa recommandation resta sans réponse.
La colère suscitée par les mensonges de Tchernobyl ne s'est pas apaisée. Au début du mois de décembre 1991, plus de cinq ans après l'accident, le parlement ukrainien exigea que Mikhaïl Gorbatchev et dix-sept autres hauts responsables russes et ukrainiens soient poursuivis. Le président de la commission législative ukrainienne qui enquêta sur l'accident, Volodymyr Yavorivsky, déclara : « Toute la hiérarchie, depuis Gorbatchev jusqu'au déchiffreur de télégrammes codés, était consciente de la gravité de la contamination radioactive. » Les dirigeants ukrainiens considéraient que le président Gorbatchev « avait personnellement couvert l'étendue des fuites radioactives ».
Pendant des décennies, les Soviétiques ont appris que pour réussir quoi que ce soit ils devaient contourner les règles. L'URSS devint un pays où mentir et tricher était normal, où tout le monde savait que le système était

corrompu et les lois injustes, et qu'il fallait battre le système pour survivre. Les institutions sociales ne peuvent pas fonctionner quand tout le monde estime que les règles doivent être enfreintes ou contournées. Je ne suis pas convaincu que le moindre changement de gouvernement modifiera rapidement de telles attitudes. Personne ne croit désormais rien de ce qu'annoncent les dirigeants. Parmi celles que j'ai rencontrées, peu de personnes avaient confiance en Gorbatchev, et nous étions un an avant le coup d'État manqué de 1991. Un pays ne peut survivre si personne ne croit ce que déclarent les autorités. C'est peut-être à cause de cela qu'une population est prête – s'empresse, même – à accorder sa confiance à n'importe quel dirigeant à poigne dont les déclarations et les actes sont assez fermes pour susciter la confiance. Les Américains plaisantent sur les mensonges des politiques : « À quoi on voit qu'un politicien ment ? À ses lèvres qui bougent ! » Ma visite en Russie m'a convaincu que, au contraire, nous attendons toujours de nos dirigeants qu'ils soient sincères, même si nous nous doutons qu'ils ne le seront pas. La loi fonctionne quand la plupart des gens la croient juste, quand c'est une minorité et non la majorité qui estime juste de la violer. Dans une démocratie, le gouvernement ne fonctionne que si la plupart des individus croient qu'on leur dit la vérité la majorité du temps et que l'on peut réclamer justice et équité.

Aucune relation importante ne survit si la confiance est entièrement perdue. Si vous découvrez que votre ami vous a trahi, vous a menti à plusieurs reprises pour en tirer un avantage, une telle amitié ne peut continuer. Pas plus qu'un mariage lorsqu'un conjoint apprend que l'autre a commis des infidélités, non pas une, mais plusieurs fois.

Le mensonge des personnalités publiques fait encore la une de la presse et est condamné, pas admiré. Les mensonges et la corruption font partie de notre histoire. Ils n'ont rien de nouveau, mais ils sont encore considérés comme une aberration et non comme la norme. Nous croyons encore pouvoir nous débarrasser des gens malhonnêtes.

Alors que le Watergate et l'affaire Iran-Contras peuvent être vus comme la preuve que le système américain a échoué, nous pouvons aussi y voir le contraire. Nixon fut obligé de démissionner. Quand le juge de la Cour suprême Warren Burger fit prêter serment à Gerald Ford pour succéder à Nixon, il déclara à l'un des sénateurs présents: «Le système a fonctionné, Dieu merci[22].» North, Poindexter et d'autres ont été poursuivis pour avoir menti devant le Congrès. Enfin, durant les auditions de l'affaire Iran-Contras, le député Lee Hamilton réprimanda Oliver North avec une citation de Thomas Jefferson: «Tout l'art de gouverner consiste à être honnête.»

Chapitre 8

Nouvelles découvertes et idées sur le mensonge et sa détection

J'ai rédigé ce chapitre à l'occasion de la publication de la troisième édition de ce livre, afin de le compléter. Premièrement, je décris de nouvelles distinctions entre le mensonge et d'autres formes de fausse information. Ensuite, j'aborde les mobiles conduisant un individu à mentir. Enfin, je traite des nombreuses raisons pour lesquelles les gens ont du mal à détecter les menteurs.

Je présente ici deux nouvelles découvertes : nous sommes maintenant beaucoup plus compétents pour identifier les mensonges que ce que j'ai annoncé dans les premiers chapitres ; et nous avons trouvé d'autres groupes professionnels aussi doués que les agents des Services secrets pour détecter les menteurs d'après leur comportement.

Les autres formes de mensonges

Les secrets

Bok[1] définit la dissimulation intentionnelle comme étant un *secret*. J'estime que cela rend la question confuse, car la mise en garde est la clé pour distinguer entre le secret et le mensonge par dissimulation. **Je réserve le terme « secret » pour une situation dans laquelle l'intention de ne pas révéler une information est annoncée.** En qualifiant quelque chose de secret, nous établissons notre droit de ne pas révéler et de garder une certaine intimité. Les secrets peuvent appartenir à un seul individu, ou bien plusieurs peuvent conserver une information qu'ils considèrent secrète vis-à-vis d'autrui. Si je demande à ma fille si elle a un petit ami, elle peut légitimement me répondre que « c'est un secret ». Si elle a effectivement un petit ami, elle me l'aura donc dissimulé, mais comme le fait est reconnu, il est qualifié de secret. Imaginons que je ne lui aie pas posé la question, mais qu'elle sache que je m'en soucie d'après d'autres conversations. Si elle a un petit ami et qu'elle ne me le dit pas, elle s'engage dans une dissimulation, mais ce n'est pas un secret, parce qu'elle n'a pas formulé son droit à dissimuler la vérité, et ce n'est pas un mensonge parce qu'elle n'a pas reconnu qu'il y a une obligation à m'informer de ses affaires de cœur.

Les promesses non tenues

Une *promesse non tenue* n'est pas un mensonge. Une semaine avant l'entrée en fonctions du président Clinton, un journaliste l'accusa de ne pas avoir tenu une promesse de campagne concernant l'immigration haïtienne, puisqu'il adoptait désormais la position de son prédécesseur, George Bush, politique qu'il avait critiquée durant sa campagne. Clinton se défendit avec une certaine irritation, en disant que le peuple américain le considérerait comme un imbécile s'il ne modifiait pas sa politique en fonction des circonstances. Selon mon cadre de travail, Clinton mentait seulement s'il avait su à l'époque où il critiquait Bush qu'il suivrait la même politique.

Le président Bush lui-même fut accusé de mensonge pour avoir augmenté les impôts vers la fin de son mandat. Certes, dans sa campagne, il avait promis de ne pas les augmenter, mais il ne pourrait être qualifié de menteur que s'il pouvait être prouvé qu'il savait, à l'époque où il avait fait cette promesse, qu'il avait l'intention de ne pas la tenir.

L'incapacité de se rappeler

L'*incapacité de se rappeler* n'est pas un mensonge, même si les menteurs invoquent souvent cette excuse quand ils sont démasqués. Il n'est pas rare d'oublier des actes que l'on regrette, mais si l'oubli est réellement survenu, nous ne devons pas considérer cela comme un mensonge, car il n'y a pas de choix délibéré. Souvent, il sera impossible de déterminer si la perte de mémoire s'est réellement produite ou si cette excuse est elle-même un mensonge.

Si un individu fournit un récit erroné de ce qui s'est réellement produit, cela ne signifie pas qu'il avait l'intention d'induire en erreur, et s'il n'y a pas d'intention délibérée, une déclaration erronée ne peut pas être considérée comme un mensonge. En quoi cela importe-t-il ? Il ne s'agit pas simplement d'une question de sémantique ou de définition. Si l'individu ne ment pas, s'il ne croit pas qu'il s'engage dans une tromperie en prononçant ces paroles, je m'attends alors à ce que son comportement soit celui d'un individu sincère. Il ne devrait pas y avoir d'indices comportementaux qui signalent que le récit n'est pas vrai si l'individu qui le fournit ne pense pas mentir au moment où il parle. Si je n'ai aucune preuve directe de cette hypothèse, elle est cohérente avec ma théorie générale du comportement trahissant le mensonge, et d'autres preuves la corroborent[2]. Il y a de nombreuses manières par lesquelles un individu peut fournir une information erronée qu'il croit être vraie.

Les gens interprètent en effet mal les événements, surtout la signification des actes de l'autre et les raisons pour lesquelles il agit de telle ou telle manière. Le fait que l'individu interprète les choses d'une manière qui lui donne le beau rôle, qui lui permet d'entreprendre des actions qu'il désire, ne signifie pas qu'il s'agit plus d'un mensonge que d'une interprétation erronée. Je ne considérerais pas nécessairement cela non plus comme un exemple d'auto-illusion. Une compréhension ou une interprétation erronées ne sont pas toujours une auto-illusion.

Prenons l'exemple d'un individu accusé de viol qui déclare que sa victime était consentante. Même si les violeurs qui savent que leur victime n'était pas du tout consentante invoquent souvent cette excuse et mentent pour échapper à leur châtiment, cette déclaration en elle-même ne nous indique pas qu'elle est fausse. Même si c'est improbable, elle peut se concevoir comme vraie. Imaginons que c'était un viol dans le cadre d'un rendez-vous amoureux ; la victime était timide ou très effrayée, a protesté seulement une fois, et plutôt faiblement, puis n'a plus opposé de résistance. Un violeur peut mal interpréter les protestations initiales, puis considérer l'absence de protestations et la passivité qui s'ensuivent comme un consentement. Le violeur serait-il victime d'auto-illusion ? J'estime que non, sauf s'il était certain qu'il n'avait aucune conscience que cette mauvaise interprétation du comportement de sa victime était motivée par la volonté de combler son désir. Un viol a-t-il eu lieu ? J'estime que oui, bien que le violeur ne le pense pas et

puisse dire sa propre vérité en déclarant que sa victime était implicitement consentante. Et l'une des raisons pour lesquelles un individu qui fait une telle déclaration peut apparaître crédible dans son comportement est qu'il croit à son discours et ne pense pas qu'il ment.
Bien sûr, ce n'est pas la seule raison pour laquelle un individu peut paraître crédible. Les acteurs-nés ont la capacité de devenir le rôle qu'ils jouent, de croire presque instantanément pendant un certain temps tout ce qu'ils disent, et comme ils croient dire la vérité, leur comportement est totalement crédible.
L'interprétation erronée n'est pas la seule manière dont un individu peut croire que ses propos sont vrais.

Un individu peut savoir au départ qu'il ment, puis se mettre à croire à son mensonge à mesure que le temps passe. Une fois qu'il croit que son mensonge est un récit fidèle de ce qui s'est passé, il peut paraître sincère. Prenons l'exemple d'un homme accusé d'attouchements sur un enfant. Il peut d'abord déclarer qu'il ne faisait que le câliner, qu'aucun de ses gestes n'était déplacé. Même s'il sait au départ qu'il ment, il peut, à force de répétitions de son récit, maintenir dans sa conscience à la fois le souvenir de l'événement exact (les attouchements) et la croyance artificielle (des câlins). Ou bien, le souvenir exact peut avec le temps devenir moins accessible que la croyance artificielle, voire plus du tout accessible.
Voyons maintenant le cas d'une enfant qui ment délibérément en prétendant qu'un professeur a abusé d'elle, en sachant que ce n'est pas arrivé. Supposons que l'enfant menteuse est motivée seulement par le désir de punir le professeur qui l'a humiliée devant la classe parce qu'elle avait eu une mauvaise note. Si l'enfant se sent légitimement le droit de se venger, elle peut avoir le raisonnement suivant : c'est le genre de professeur qui aurait pu abuser d'elle,

qui aurait probablement voulu le faire, qui a probablement déjà abusé d'autres enfants, etc. J'estime qu'il n'est pas possible d'écarter la possibilité qu'avec le temps l'enfant finisse par croire que le professeur a abusé d'elle.
Ces exemples sont troublants parce que nous ignorons à quelle fréquence ils peuvent se produire. Pas plus que nous ne savons si les enfants sont plus susceptibles que des adultes de croire que ce qui est faux est vrai, ni qu'il existe des caractéristiques de personnalité spécifiques associées à ce phénomène. Nous n'avons pour le moment aucun moyen infaillible de déterminer si un souvenir est vrai, ou partiellement ou totalement construit. Nous avons les moyens, comme nous le verrons plus loin, d'identifier un récit erroné, mais seulement quand l'individu qui le formule sait qu'il fournit un récit faux.

Il existe une grande diversité de tromperies courantes. Les mensonges de politesse et le tact n'entrent pas facilement dans ces catégories ; selon ma définition, il ne s'agit pas de mensonges, parce que les règles de politesse comportent une mise en garde implicite. Un cas plus difficile est un mensonge nécessaire pour permettre l'organisation d'une surprise ; peut-être faut-il le ranger dans la catégorie de l'intimité.

Les mobiles de mensonge

Mes entretiens avec des enfants[3] et mes données sur les adultes provenant de questionnaires indiquent qu'**il y a neuf mobiles différents de mensonge**.

1. **Pour éviter d'être puni.** C'est le mobile le plus fréquemment mentionné par les enfants ou les adultes. Il peut

s'agir du châtiment d'un méfait ou d'une erreur involontaire.

2. **Pour obtenir une récompense impossible à obtenir autrement.**
3. **Pour protéger quelqu'un d'un châtiment.**
4. **Pour se protéger d'une menace physique.** La menace est différente du châtiment, car elle n'est pas la punition d'un méfait. Un exemple de ce mobile serait l'enfant qui dit à un inconnu frappant chez lui que son père dort et qu'il faut revenir plus tard.
5. **Pour gagner l'admiration d'autrui.**
6. **Pour échapper à une situation sociale gênante.** Par exemple, invoquer des problèmes de baby-sitter pour pouvoir quitter une soirée ennuyeuse ou mettre fin à une conversation téléphonique en prétextant que quelqu'un sonne à la porte.
7. **Pour éviter une gêne.** L'enfant qui prétend que sa culotte est mouillée parce qu'il a renversé de l'eau et non parce qu'il s'est oublié en est un exemple, si l'enfant ne redoute pas le châtiment mais seulement la gêne.
8. **Pour garder une certaine intimité**, sans faire de mise en garde préalable de l'intention de conserver certaines informations comme privées.
9. **Pour exercer un pouvoir sur autrui** en contrôlant l'information dont bénéficie la cible.

La difficulté de la détection

Tout au long de ce livre, j'ai souligné combien il était difficile de détecter les mensonges d'après le comportement. Nos découvertes actuelles renforcent et contredisent tout à la fois cette notion. Dans les études des mensonges sur le vol d'argent et des mensonges sur les opinions, nous parvenons à distinguer les menteurs des individus sincères dans plus de 80 % des cas en nous basant simplement sur les mesures faciales. Je m'attends, une fois ajoutées les mesures des gestes, de la voix et du discours, à obtenir plus de 90 % d'identification correcte. Il convient de ne pas oublier que ces mesures prennent des heures. Comme je l'exposerai plus loin, nous constatons encore que la plupart des individus qui ne voient les vidéos qu'une seule fois ont un résultat à peine meilleur que le hasard dans l'identification des menteurs et des individus sincères.

Nous avons découvert des preuves d'une capacité générale à distinguer individus menteurs et sincères. La justesse dans la détection du mensonge sur le vol d'argent est corrélée à celle de la détection du mensonge sur les opinions. Je pense qu'il en est ainsi parce que, lorsque les enjeux sont élevés, les indices comportementaux sont similaires, quel que soit le propos du mensonge. Bien sûr, les mensonges varient également dans la fréquence de certains types d'indices. Par exemple, pour le mensonge sur les opinions, nous avons beaucoup plus d'indices dans le discours que pour le mensonge sur le vol d'argent. **Cependant, quel que soit le type de mensonge, plus l'individu parle, plus il est jugé avec justesse.** Les bons interrogateurs savent que leur tâche principale consiste à faire parler leur interlocuteur. Plus il parle, mieux c'est, nous l'avons constaté. Ce n'est pas simplement parce qu'il y aura plus d'indices dans le discours, mais aussi parce qu'ils seront plus nombreux dans le visage, le corps et la voix quand les gens parlent.

Nous (Frank et Ekman, travaux non publiés) avons aussi la preuve que la capacité de proférer un mensonge est également répartie sur tous les types de mensonges. Le succès dans l'exécution d'un mensonge sur les opinions est corrélé au succès dans celle d'un mensonge sur le vol d'argent.

Nous avons identifié trois groupes professionnels supplémentaires qui ont des résultats supérieurs au hasard dans l'identification des individus menteurs ou sincères, dans le mensonge sur les opinions. L'un des groupes était composé de membres d'agences fédérales différentes, volontaires pour un atelier d'une journée portant sur la détection du mensonge dans le comportement. Personne n'était obligé d'y assister et aucune sélection n'avait été faite. Leur faculté de détecter le mensonge était testée avant l'atelier comme pour tous les autres groupes décrits ci-dessous. Ces officiers fédéraux étaient beaucoup plus exacts que les membres des groupes de forces de l'ordre ou les juges fédéraux.

Le deuxième groupe était composé de membres des services de police volontaires pour un atelier de deux semaines portant sur la formation d'autres policiers aux techniques d'interrogatoire. Dans la plupart des cas, ces individus avaient une réputation de bons interrogateurs. Ils se sont montrés beaucoup plus exacts que les membres de différents groupes des forces de l'ordre.

Le troisième groupe comprenait des psychologues cliniciens en cabinet qui avaient choisi de renoncer à deux journées de revenus pour suivre un cours sur la tromperie et le comportement. Ces psychologues étaient beaucoup plus exacts qu'un groupe comparatif de psychologues cliniciens qui n'avaient pas choisi de suivre ce cours et qu'un groupe de psychologues universitaires.

Dans les quatre groupes exacts – Services secrets (chapitre 7), officiers fédéraux, shérifs de Los Angeles et psychologues cliniciens –, presque personne n'a obtenu de résultats inférieurs au hasard et plus d'un tiers, un taux d'exactitude de plus de 80 %. Dans les autres groupes, moins de 10 % obtiennent d'aussi bons résultats, alors que beaucoup ont des résultats égaux ou inférieurs au hasard.

En examinant tous les sujets que nous avons étudiés – psychiatres, juges, avocats, policiers, officiers fédéraux et psychologues – nous avons découvert que l'âge, le sexe

et l'expérience professionnelle n'étaient pas des facteurs d'exactitude. Ceux qui étaient les plus exacts étaient plus confiants dans leurs capacités que d'autres, mais en général l'assurance n'était que faiblement corrélée à l'exactitude. La capacité de repérer les micro-expressions faciales était liée à l'exactitude dans la détection des mensonges, et des vérités dans la description des émotions éprouvées, qu'il s'agisse de vol d'argent ou d'opinions sur des questions sociales.
Les groupes les plus exacts ont eu de bien meilleurs résultats que les autres dans la détection de mensonges ; ils n'étaient pas très différents des autres dans la détection de la sincérité. Cela souligne la nécessité d'enseigner comment identifier l'individu sincère soupçonné de mensonge.

Voyons à présent ce que nous savons de la capacité des individus à détecter le mensonge d'après le comportement. La preuve que la plupart sont assez médiocres pour détecter des mensonges nous est apportée par l'expérience suivante. Des étudiants sont recrutés pour mentir ou dire la vérité sur un sujet qui ne présente généralement pas d'importance pour eux. Il n'a aucun lien avec leur passé ni leurs espérances d'avenir. Parfois, dans une piètre (selon moi) tentative de les motiver, on leur explique qu'il est important d'être capable de mentir ou que seuls les individus intelligents y parviennent. Des vidéos de leur comportement sont présentées à d'autres étudiants à qui on demande d'identifier les menteurs et les sincères. Typiquement, la plupart procèdent au hasard ou font à peine mieux. Nos études sont différentes à plusieurs égards.
Nous avons essayé d'utiliser des mensonges pertinents pour les sujets et de monter au maximum les enjeux en cas de succès ou d'échec. Et cela pour deux raisons. Premièrement, ce sont seulement les mensonges à enjeu

élevé qui provoquent des émotions concernant le mensonge (peur, culpabilité, excitation ou ce que j'ai appelé plaisir de duper) et peuvent trahir la tromperie. Ce ne sont pas seulement les fuites de ces émotions intenses qui fournissent des indices comportementaux de tromperie, mais ces émotions intenses peuvent interrompre le processus cognitif du menteur et rendre le discours évasif, non plausible et hésitant. Une deuxième raison à l'étude des mensonges à enjeu élevé est que ce sont ceux qui préoccupent le plus la société.

Dans l'un de nos scénarios expérimentaux, nous avons examiné comment les infirmières pouvaient dissimuler les émotions négatives qu'elles éprouvaient en visionnant des films sanglants. Elles étaient fortement motivées pour réussir à mentir, parce qu'elles pensaient que notre expérience leur procurait l'occasion de développer un savoir-faire qui leur serait nécessaire quand elles seraient confrontées à des scènes de ce genre dans leur travail. Dans un autre scénario, les sujets avaient une chance de gagner cinquante dollars s'ils réussissaient à convaincre l'interrogateur qu'ils n'avaient pas pris cet argent. Les sujets qui ne l'avaient pas pris pouvaient gagner dix dollars si l'interrogateur les croyait quand ils affirmaient qu'ils n'avaient pas pris l'argent. Dans le dernier scénario, nous avons identifié d'abord les questions sur lesquelles les sujets avaient des opinions très arrêtées, puis nous leur avons demandé de les exposer honnêtement (ils gagnaient dix dollars s'ils étaient crus) ou de prétendre avoir l'opinion inverse (ils gagnaient alors cinquante dollars s'ils étaient crus).

Dans nos plus récents travaux, nous avons donné à nos sujets le choix entre dire la vérité ou mentir, comme c'est le cas dans la vie réelle. Il y a plusieurs raisons pour lesquelles certains individus choisissent de ne pas mentir, l'une d'elles étant qu'ils savent, d'expérience, qu'ils sont presque toujours démasqués. Inclure dans notre échantillon d'aussi mauvais menteurs – ceux qui choisissent de ne pas mentir, sauf s'ils y sont forcés par l'expérimentateur – pouvait augmenter le taux de détection. Dans presque toutes les études précédentes, soit sur la tromperie entre individus, soit sur le décodeur, les sujets n'avaient pas le choix.

Un autre trait unique en son genre de nos récentes expériences est que nous avons dit aux sujets qu'ils recevraient un châtiment considérable si l'interrogateur jugeait qu'ils mentaient, qu'il s'agisse d'individus sincères jugés à tort menteurs ou de véritables menteurs. Donc, pour la première fois dans les recherches sur le mensonge, individu sincère comme menteur pouvaient avoir peur – de ne pas être crus alors qu'ils disaient la vérité, ou d'être démasqués comme menteurs. Si le menteur est le seul à craindre d'être accusé de mensonge, la situation est trop facile pour le détecteur et non pertinente pour la vie réelle. Et si ni menteur ni individu sincère ne redoutent un châtiment, cela n'aurait que peu de pertinence pour les mensonges dans le cadre de la justice ou de la sécurité nationale, sans parler des disputes conjugales, conflits parents-enfants, etc.

Bien que nos récentes expériences puissent prétendre à une validité écologique supérieure aux précédentes ou à la majorité de la littérature sur la tromperie interpersonnelle, ou encore au décodeur, les découvertes sur la détectabilité n'ont pas été très différentes. La plupart de ceux qui ont visionné les vidéos et prononcé leur jugement ont fonctionné au hasard ou obtenu des résultats à peine supérieurs. Nous avons dorénavant testé des milliers de personnes, sauf les membres du système judiciaire (police, avocats, juges), du renseignement et les psychothérapeutes qui ont des résultats à peine supérieurs au hasard. Une exception est un groupe de policiers choisis par leurs services comme experts en interrogatoire, chacun ayant déjà reçu une formation d'une semaine sur les indices comportementaux de tromperie. Ils se sont montrés excellents dans la détection du mensonge sur les opinions.

Avant de commencer à se demander pourquoi les gens sont d'aussi mauvais détecteurs, considérons certaines limitations de nos recherches qui auraient pu nous amener à sous-estimer la capacité de déceler le mensonge d'après le comportement. Pour la plupart, les observateurs qui jugeaient qui mentait et qui disait la vérité n'avaient en jeu aucun intérêt vital à être exacts. Ils ne percevaient pas un meilleur salaire s'ils réussissaient. Et détecter des menteurs n'était pas en soi gratifiant, car la plupart de ces individus ne gagnaient pas leur vie de cette manière. Cette limitation a été prise en compte dans nos études[4] et dans d'autres travaux[5] étudiant des professionnels concernés par la détection des menteurs. Nous avons découvert que les enquêteurs du FBI, de la CIA, du Bureau des alcools, tabacs et armes à feu, de l'Agence de lutte contre les stupéfiants, ainsi que les psychiatres légistes, officiers des douanes, policiers, juges et avocats n'avaient pas de résultats supérieurs au hasard.
L'exactitude aurait peut-être été meilleure si ceux qui prononçaient le jugement, au lieu d'être des observateurs passifs, avaient pu poser des questions. Je ne peux écarter cette possibilité, bien que j'en doute. L'exigence de formuler des questions pourrait très bien compromettre la faculté de gérer l'information fournie par l'individu à juger. C'est pour cette raison que, dans de nombreux interrogatoires, une personne pose les questions pendant qu'une autre se contente d'observer les réactions du suspect. Il serait intéressant durant nos expériences de faire poser des questions par des interrogateurs professionnels, puis de déterminer si ceux qui visionnent les vidéos obtiennent des résultats supérieurs à ceux observés jusque-là.

Nos observateurs n'étaient pas familiers avec ceux qu'ils devaient juger, et on pourra arguer qu'une certaine familiarité aurait permis une plus grande exactitude. Il y a bien sûr de nombreuses situations dans lesquelles le jugement sur le mensonge est fait sans que l'on connaisse l'individu évalué, et nos expériences sont donc pertinentes pour de telles situations. Mais je doute que la familiarité soit toujours un avantage pour la détection du mensonge. Alors qu'elle devrait fournir une base pour écarter les comportements particuliers au sujet, elle pourrait présenter un inconvénient : nous avons tendance à nous investir dans nos amitiés et relations de travail, et le désir de les préserver peut nous conduire à un certain aveuglement devant des comportements qui peuvent les compromettre. La confiance nous rend vulnérables à la tromperie, puisque notre circonspection diminue et qu'accorder le bénéfice du doute est courant. L'implication dans une relation peut également laisser croire à sa propre capacité de détecter la tromperie, et une telle assurance peut rendre l'individu vulnérable. La familiarité ne devrait être un avantage incontestable que lorsqu'elle existe avec un individu dont on a des raisons de se méfier et dont on sait comment et quand il trahit une relation.

Dans nos expériences, les observateurs ne voyaient que quelques minutes de chaque entretien avant de se prononcer. Mais des échantillons plus longs n'auraient pas nécessairement représenté un avantage pour la détection du mensonge. Nous avons effectivement mené une étude dans laquelle les échantillons étaient deux fois plus longs et n'avons pas constaté d'amélioration dans l'exactitude. En outre, nous savons d'après les mesures comportementales que nous avons effectuées qu'il y a des indices de tromperie dans les échantillons courts. Cependant, nous ne pouvons pas écarter cette limitation. Si les sujets visionnaient des échantillons beaucoup plus longs – d'une heure ou deux – leur exactitude pourrait s'améliorer.

On pourrait également se demander si l'exactitude était si faible parce qu'il y avait peu d'indices comportementaux de tromperie, mais, comme je l'ai dit, ce n'était pas le cas dans nos expériences. Les mesures effectuées par notre équipe sur les mouvements faciaux, la voix et les paroles montraient que de hauts niveaux d'exactitude étaient possibles – plus de 80 % de classification correcte. Alors que ces mesures exigeaient un visionnage au ralenti, nous savons également que des jugements exacts étaient possibles si l'on visionnait les vidéos à vitesse normale. Un faible pourcentage de nos sujets a atteint 80 % d'exactitude ou plus, et cela en jugeant plus d'un scénario, ce qui écarte toute possibilité de hasard. Nous avons découvert quelques groupes professionnels qui étaient d'une grande exactitude. Les membres des Services secrets étaient très exacts pour le mensonge sur l'émotion ; aucun n'a eu de résultat inférieur ou égal au hasard, et un tiers a obtenu un taux d'exactitude de 80 %. Des interrogateurs spécifiquement choisis pour leurs capacités reconnues et ayant reçu une semaine de formation ont obtenu des résultats d'une exactitude similaire dans le cas du mensonge sur l'opinion.

Bien que les enjeux des mensonges que nous avons étudiés aient été beaucoup plus élevés que dans d'autres études, ils ne l'étaient évidemment pas autant que dans de nombreuses affaires criminelles ou de sécurité nationale. Peut-être que si les enjeux avaient été supérieurs, les vidéos auraient contenu plus d'indices évidents de tromperie, débouchant sur une plus grande exactitude. Je ne peux disputer cette possibilité, mais comme je l'ai décrit, nous avons eu certains groupes professionnels qui ont obtenu de très bons résultats en visionnant nos vidéos. Pourquoi les autres groupes étaient-ils moins performants ? La question demeure.

L'information est là et elle peut être détectée par certains, mais pas par la plupart. Avant de nous demander pourquoi une majorité si écrasante d'individus ont des résultats aussi médiocres, voyons un dernier aspect de nos études qui a probablement constitué un avantage pour la précision et pourrait nous avoir amenés à surestimer plutôt que sous-estimer l'exactitude. Dans toutes nos études récentes, nous avons déclaré à nos sujets que 40 à 60 % des individus qu'ils voyaient mentaient. Au départ, cette information n'était pas donnée, et nous avons découvert qu'un groupe de policiers jugeait tout le monde menteur, expliquant ensuite que tout le monde ment, surtout à la police. Connaître le taux de mensonges est un avantage dont on ne bénéficie pas toujours et qui devrait augmenter le taux de détection.

Il est bien entendu que nos preuves ne sont pas concluantes, mais nos vidéos contiennent effectivement des indices comportementaux de tromperie que certains individus peuvent reconnaître, contrairement à la majorité. Dans l'intérêt de notre débat, considérons que ces preuves impliquent que dans la vie réelle la plupart des gens – une majorité écrasante – ne détectent pas des mensonges à enjeu élevé d'après le comportement. La question que je pose est: pourquoi ne sommes-nous pas capables de meilleurs résultats? Ce n'est pas que nous nous en moquions. Régulièrement, les sondages indiquent que l'honnêteté fait partie des cinq premières caractéristiques que les gens souhaitent chez un dirigeant, un ami ou un conjoint. Et le monde est rempli de films, romans et chansons qui racontent les tragiques conséquences de la trahison.

Ma première explication est que nous ne sommes pas préparés par notre évolution à être de bons menteurs ou détecteurs. Je soupçonne que notre environnement préhistorique ne débordait pas d'occasions de mentir à bon compte et que le prix à payer était élevé en cas de détection. Si cette hypothèse est juste, aucune sélection ne se serait opérée entre les individus exceptionnellement doués pour mentir ou détecter. Les fossiles ne nous donnant guère d'informations sur la vie sociale, nous ne pouvons que spéculer sur ce que pouvait être la vie du chasseur-cueilleur. J'ajoute à cela mon expérience de travail en Papouasie-Nouvelle-Guinée au sein d'une culture qui était encore prélittéraire et proche de l'âge de pierre. Aucune pièce n'était munie de porte; il n'y avait que très peu d'intimité dans ce petit village, où tout le monde connaissait et voyait tout le monde chaque jour. Les mensonges étaient le plus souvent détectés par la cible ou un tiers observant des actes contredisant le mensonge, ou par d'autres preuves matérielles. L'adultère était une activité que le mensonge visait souvent à dissimuler dans le village où je séjournais. De tels mensonges étaient découverts non pas en lisant le comportement de l'infidèle protestant de son innocence, mais en le surprenant en flagrant délit.

Il se peut que les mensonges sur les croyances, émotions et projets puissent mieux échapper à la détection dans un tel environnement. Mais certains de ces mensonges conduisaient finalement à une action ou une autre, et dès lors s'applique l'argument selon lequel il est difficile de dissimuler ou feindre des actions dans un environnement où il existe peu d'intimité.

Dans une société où la survie de l'individu dépend des efforts collaboratifs avec d'autres membres de la communauté, une mauvaise réputation due à un mensonge à enjeu élevé détecté peut être fatale. Personne ne collaborerait plus avec un individu connu pour avoir fait de graves mensonges. Il serait impossible de changer facilement d'épouse, de travail ou de village.

Cheney et Seyfarth, dans leur chapitre sur la tromperie chez l'animal, tirent des conclusions très similaires. Une importante contrainte à l'encontre du mensonge «est produite par la structure sociale d'une espèce. Les animaux qui vivent en groupe social stable affrontent des problèmes particuliers dans toute tentative de communication trompeuse. Chez les animaux sociaux, pour passer inaperçus, les signaux de tromperie devront probablement être plus subtils et se produire à une fréquence plus faible. Tout aussi important, si des animaux vivent en groupes sociaux où un certain degré de coopération est essentiel pour la survie, le besoin de coopération peut réduire le taux auquel les signaux non fiables sont émis[6]. »

Posséder un talent particulier dans la détection du mensonge (ou en l'occurrence dans le mensonge) n'aurait guère eu de valeur adaptative dans de telles circonstances. Les mensonges graves à enjeu élevé ne se produisaient probablement pas souvent, en raison des opportunités limitées et des conséquences élevées. Quand des mensonges étaient soupçonnés ou découverts, ce n'était probablement pas grâce à un jugement sur le comportement. Notons que je me concentre ici sur le mensonge endogène : certains mensonges pouvaient se faire entre groupes, et leur coût et leur détection être tout à fait différents.

Alors qu'il existe des mensonges altruistes, ma discussion porte sur des mensonges qui se produisent quand un individu y trouve un avantage, souvent aux dépens de la cible. Quand l'avantage est obtenu par le viol d'une règle ou une attente, nous appelons cela tricher. Le mensonge peut être parfois nécessaire pour tricher, et des mensonges sont toujours requis pour dissimuler le fait d'avoir triché. Les victimes de la tricherie n'apprécient généralement pas et sont motivées pour mettre au jour tout mensonge impliqué dans la tricherie. Mais la tricherie ne devait probablement pas survenir fréquemment dans notre environnement ancestral pour conférer un avantage à ceux qui auraient été exceptionnellement doués pour la repérer. Et, comme je l'ai avancé plus haut, il y avait probablement si peu d'intimité qu'elle aurait été dévoilée par d'autres moyens que l'observation du comportement. Les découvertes de Cosmides et Tooby[7] laissent à penser que nous avons acquis une sensibilité aux infractions à la règle et que nous ne récompensons pas les tricheurs, ce qui expliquerait pourquoi la tricherie ne se produit pas souvent. Cependant, nos découvertes indiquent que nous avons peu de probabilités de démasquer les tricheurs en nous fondant sur notre capacité à détecter leurs mensonges d'après leur comportement.

Pour résumer mon argument, notre environnement ancestral ne nous a pas préparés à être des détecteurs habiles. Ceux qui pouvaient être les plus doués pour identifier un menteur d'après son comportement auraient eu un avantage minime dans les circonstances où vivaient probablement nos ancêtres. Les mensonges graves ne devaient pas survenir souvent, en raison du manque d'intimité qui augmentait le risque d'être démasqué. Un tel manque d'intimité implique également que les mensonges auraient été découverts par observation directe ou tout autre preuve matérielle, plutôt qu'en s'appuyant sur un jugement du comportement. Enfin, dans une petite société fermée et collaborative, quand les mensonges sont découverts, le coût de réputation de l'individu est élevé et inévitable.

Dans les sociétés industrielles modernes, la situation est pratiquement l'inverse. Les occasions de mentir sont abondantes ; l'intimité est facile à obtenir, les portes fermées sont nombreuses. Quand l'individu est démasqué, les conséquences sociales ne sont pas nécessairement désastreuses, car il est toujours possible de changer de travail, de conjoint ou de lieu d'habitation. Une mauvaise réputation ne poursuit pas nécessairement l'individu. Avec ce raisonnement, nous vivons désormais dans des circonstances qui encouragent plus qu'elles ne dissuadent de mentir ; les preuves et l'activité sont plus facilement dissimulées et le besoin est plus grand de s'appuyer sur le comportement pour juger. Et notre évolution ne nous a pas préparés à être très sensibles aux indices comportementaux pertinents dans le mensonge.

Si nous acceptons l'idée que l'évolution ne nous a pas préparés à détecter le mensonge d'après le comportement, pourquoi n'apprenons-nous pas à le faire à mesure que nous grandissons ?

Une possibilité, et c'est ma deuxième explication, est que nos parents nous enseignent à *ne pas* identifier leurs mensonges. Leur vie privée peut souvent exiger qu'ils induisent en erreur leurs enfants sur ce qu'ils font, quand et pourquoi. Si l'activité sexuelle est l'un des objets évidents de tels mensonges, il peut en exister d'autres.

Une troisième explication est que nous préférons généralement ne pas démasquer les menteurs, parce qu'une attitude confiante plutôt que soupçonneuse est plus enrichissante pour la vie, malgré les coûts éventuels. Douter constamment, accuser à tort n'est pas seulement déplaisant pour celui qui doute : cela sape les possibilités de respecter l'intimité avec le partenaire, les amis ou dans des relations de travail durables. Nous ne pouvons nous permettre de douter d'un ami, d'un enfant ou de notre conjoint quand ils disent effectivement la vérité, et nous risquons ainsi de croire le menteur. Faire confiance à autrui n'est pas seulement nécessaire, cela rend la vie plus facile. Peu importe si le prix à payer est de ne pas détecter ceux qui profitent de cette confiance, car il est possible que nous ne le sachions jamais. C'est uniquement le paranoïaque qui renonce à cette tranquillité d'esprit et ceux dont l'existence est réellement en danger s'ils baissent leur garde. En cohérence avec cette formulation, nous (Burgental, Shennum, Frank et Ekman)[8] avons obtenu des preuves préliminaires que les enfants victimes d'abus vivant dans un environnement institutionnel étaient plus compétents que les autres pour détecter le mensonge d'après le comportement.

Pour le moment, j'ai exposé **les trois raisons pour lesquelles nous ne détectons pas les menteurs : notre évolution ne nous y a pas préparés ; nos parents ne nous enseignent pas à détecter le mensonge ; nous préférons faire confiance plutôt qu'être soupçonneux. Ma quatrième explication est que nous désirons souvent être induits en erreur**, nous nous rendons complices du mensonge à notre insu, parce que ne pas connaître la vérité représente un enjeu pour nous. Il peut ne pas être dans l'intérêt d'une mère qui a de nombreux enfants de détecter le mensonge d'un époux qui dissimule ses infidélités, particulièrement si sa liaison ne détourne pas les ressources destinées à l'épouse et aux enfants. L'infidèle ne voulant pas être démasqué, tous les deux ont intérêt à ce que le mensonge ne soit pas découvert. Une logique similaire est à l'œuvre dans cet autre exemple de mensonge altruiste et de croyance complice : une épouse demande à son mari : « As-tu trouvé à cette soirée une autre femme plus séduisante que moi ? » Le mari prétend qu'elle était la plus belle, alors que c'est faux. Il ne veut pas la rendre jalouse ni subir cette jalousie, et elle peut vouloir croire qu'elle était la plus séduisante.

Dans certaines collusions implicites, la cible qui désire croire le menteur peut ne pas tirer avantage du mensonge ou n'en bénéficier qu'à court terme. Revoyons ce qui reste peut-être le plus ignoble exemple en date d'une cible croyant un menteur qui lui veut du mal. Il s'agit bien sûr de l'entrevue entre Chamberlain et Hitler décrite au début de cet ouvrage. Pourquoi Chamberlain a-t-il cru Hitler ? Tout le monde ne le croyait pas ; dans l'opposition en Angleterre et ailleurs dans le monde, bon nombre ne le considéraient pas comme un homme de parole. Selon moi, Chamberlain se fit complice à son insu du mensonge de Hitler, parce qu'il était obligé de le croire. S'il avait reconnu le mensonge de Hitler, il lui aurait fallu reconnaître que sa politique d'apaisement avait mis son pays en grave danger. Étant donné qu'il fut forcé de le reconnaître quelques semaines plus tard, on peut se demander pourquoi il n'en fit rien durant son entrevue avec le dirigeant nazi. Ce serait rationnel, mais pas psychologique. La plupart d'entre nous fonctionnent selon le principe tacite consistant à reculer le moment où nous devons reconnaître un fait tout fait désagréable, et il nous arrive de le faire en nous rendant complices et en fermant les yeux sur les erreurs d'un menteur.

Chamberlain n'est pas le seul dans ce cas. Les cibles des mensonges, souvent à leur insu, se rendent complices et désirent croire le menteur. Le même mobile – ne pas vouloir reconnaître un désastre imminent – explique pourquoi l'homme d'affaires qui a malencontreusement engagé un individu qui détourne des fonds continue de fermer les yeux sur tout ce qui signale le méfait. D'un point de vue rationnel, plus vite il découvre le détournement, mieux cela vaudra, mais d'un point de vue psychologique, cette découverte impliquera qu'il devra non seulement supporter les pertes de son entreprise, mais aussi reconnaître son erreur d'avoir engagé un voleur. De la même manière, tout le monde sauf le conjoint cocufié est au courant. Ou encore, l'adolescent qui se drogue peut être convaincu que ses parents savent forcément ce qu'il fait, alors que ses parents s'efforcent à leur insu d'éviter de détecter des mensonges qui les contraindraient à reconnaître qu'ils ont échoué dans leur devoir de parents et ont désormais un grave problème. Il vaut presque toujours mieux à court terme coopérer avec un mensonge, même si cela signifie que les conséquences seront pires plus tard.

Les mobiles qui conduisent la cible du mensonge à ne pas démasquer le menteur étaient évidents dans le récit de l'arrestation pour espionnage d'Aldrich Ames, employé de la CIA, en 1994. Durant les neufs années précédentes, Ames fournissait au KGB des informations sur tous les Russes qui avaient coopéré avec la CIA, dont bon nombre furent exécutés. Il n'était pas du genre subtil, il avait dépensé tout l'argent reçu des Soviétiques en achetant une maison et une voiture bien au-delà de ses moyens. Sandy Grimes, l'agent du contre-espionnage de la CIA qui finit par le démasquer, décrit son travail ainsi : « Vos plus grands coups, vos plus magnifiques victoires sont vos pires défaites. Quand vous attrapez un espion, cela signifie, évidemment, que votre agence a un problème. Pourquoi ne l'avez-vous pas pincé plus tôt ? »

Une cinquième explication se fonde sur les écrits d'Erving Goffman[9].

Nous sommes éduqués à nous comporter poliment dans nos relations, pas à voler une information qui ne nous est pas donnée.

Exemple assez remarquable : nous détournons inconsciemment notre regard quand notre interlocuteur se cure le nez ou l'oreille. Goffman avance également que le message faux peut parfois être socialement plus important que la vérité. C'est l'information reconnue, l'information pour laquelle l'individu qui la donne est prêt à endosser la responsabilité. Quand la secrétaire malheureuse à cause d'une dispute avec son mari la veille répond « Très bien » lorsque son patron lui demande comment elle va aujourd'hui, ce message faux lui signifie qu'elle va faire son travail. Le message vrai – « Je suis malheureuse » –, le patron peut très bien ne pas en avoir cure du moment que la performance de la secrétaire ne s'en ressentira pas.

Aucune des explications que j'ai proposées jusqu'à présent ne justifie pourquoi la plupart des membres du milieu judiciaire et du renseignement sont aussi médiocres dans l'identification du mensonge d'après le comportement. Les interrogateurs de la police et du contre-espionnage n'adoptent pas une attitude confiante envers leurs suspects, ils ne se rendent pas complices du mensonge et ils sont prêts à voler l'information qui ne leur est pas donnée. Pourquoi n'identifient-ils pas mieux les menteurs par leur comportement? Je pense qu'ils sont handicapés par un taux de référence élevé et un feed-back inadéquat. La plupart des individus auxquels ils ont affaire leur mentent probablement. Ceux avec lesquels je me suis entretenu estiment le taux de référence à plus de trois quarts. Un taux aussi élevé n'est pas optimal pour apprendre à guetter les subtils indices comportementaux de tromperie. Ils s'attachent, bien trop souvent, à la manière non pas de détecter le menteur mais d'obtenir la preuve qui l'incriminera. Et, quand ils commettent une erreur et apprennent qu'un suspect a été puni à tort, le feed-back arrive trop tard et est trop distant du jugement dans le temps pour avoir un effet correcteur.

Cela laisse à penser que si l'on expose des individus à un taux de référence plus bas, environ 50 %, et qu'on leur donne un feed-back correctif après chaque jugement prononcé, ils pourraient bien apprendre à identifier correctement le mensonge d'après le comportement. C'est une expérience que nous avons en projet actuellement. Je ne pense pas atteindre un taux d'exactitude de 100 %, et c'est pourquoi je ne crois pas que les jugements sur le mensonge ou la sincérité puissent être recevables au tribunal. Cependant, ces jugements peuvent fournir une base plus solide pour décider, au moins initialement, sur qui enquêter plus profondément, et quand poser d'autres questions afin de savoir pourquoi quelque chose d'inhabituel survient dans un comportement.

Chapitre 9

Macro-expressions faciales, expressions subtiles et expressions dangereuses

Depuis 2001, nous avons identifié grâce à nos recherches les indices de tromperie les plus importants et nous avons développé des outils pour former les gens à les reconnaître. Cela a été possible parce que, pour la première fois, nos recherches sur le mensonge ont été financées, ce qui nous a permis d'étudier plus d'individus qu'auparavant et d'effectuer des analyses plus sophistiquées et subtiles.

Pendant quarante ans, j'ai bénéficié de bourses du gouvernement pour mes recherches sur le comportement non verbal et l'émotion. Cependant, je n'ai pu obtenir de soutien pour mes recherches sur le comportement qui peut trahir le mensonge et j'ai dû m'appuyer sur mes ressources personnelles. Dans les années quatre-vingt dix, Mark Frank, ancien videur de bar dont la thèse à l'université Cornell portait sur le mensonge dans le cadre des jeux, se joignit à moi et passa trois ans comme assistant de recherches dans mon laboratoire.

Tout a changé après le Onze Septembre. Pour la première fois, une branche du ministère de la Défense a financé nos recherches sur la tromperie, nous permettant de mesurer le comportement de centaines de sujets. Rien de ce que nous avons découvert ne contredit les premiers chapitres de ce livre, mais nos connaissances se sont étendues.

Je savais que la recherche appliquée menée par les universitaires ne parvient pas à intéresser les utilisateurs finaux, en l'occurrence le gouvernement. Je voulais éviter de voir nos découvertes échouer dans ce que le milieu de la défense appelle « la vallée de la mort », dernier repos de découvertes qui ne sont utilisées par personne. Selon moi, la clé était d'impliquer les clients dès le début pour nous aider à concevoir l'étude. J'ai invité des membres des forces de l'ordre et des agents de renseignements des États-Unis, de Grande-Bretagne et d'Israël à nous rencontrer, Mark Frank et moi, ainsi que notre consœur Maureen O'Sullivan[1] à Washington, pendant deux jours afin de planifier notre nouvelle étude sur la tromperie.

Les expériences que nous avons conçues ensemble sont uniques en leur genre dans l'histoire de la recherche sur la tromperie, qu'elle s'attache à la physiologie, comme dans le cas du décodeur, ou au comportement de l'individu. Nous avons lié l'étude de nos sujets à des expériences vitales qu'ils avaient vécues ou qui pourraient leur arriver. Dans ma première étude, ce lien était présent, étant donné que nos élèves infirmières étaient confrontées à des situations difficiles qu'elles savaient devoir vivre dans leur future carrière. Nous avons rendu la situation pertinente pour leur vie passée et future dans l'une des expériences suivantes, où des sujets mentaient ou disaient la vérité concernant une opinion, puisqu'il fallait qu'il s'agisse d'un point de vue qui leur tenait à cœur. Mais dans une autre expérience dans laquelle ils mentaient ou disaient la vérité sur un vol d'argent, l'acte était totalement sans relation avec leur vie passée ou future, comme c'était le cas dans la majorité des études sur la tromperie menées par d'autres scientifiques. Nous n'avons pas sélectionné un échantillon de population au hasard, mais plutôt des individus qui étaient fortement impliqués par leur rôle dans l'expérience et qui attachaient de l'importance à l'opinion qu'ils auraient d'eux-mêmes et qu'aurait leur entourage proche selon leurs résultats. En fait, la majorité des recherches psychologiques ne se fait pas sur un échantillon pris au hasard, mais sur des étudiants qui se portent volontaires au titre des travaux requis pour compléter un cursus. Nous n'avons pas demandé aléatoirement aux sujets de mentir ou de dire la vérité.

Ceux qui choisissent d'enfreindre une règle et de mentir ont confiance dans leur capacité à réussir impunément. Ceux qui ne sont pas assurés ne transgressent pas la règle parce qu'ils s'attendent à être démasqués s'ils essaient de couvrir leurs méfaits par des mensonges.

Nous avons laissé nos sujets faire le choix : mentir ou dire la vérité, exactement comme dans la vie réelle, avec toutes les conséquences psychologiques que cela entraînait.

Les enjeux, notamment en termes de punition, étaient aussi élevés qu'il était possible selon les comités universitaires dont la tâche est de protéger les sujets humains de tout danger. Contrairement aux expériences précédentes (hormis les nôtres), chaque participant savait qu'il serait puni si le policier qui les interrogeait le jugeait coupable. Comme dans la vie, l'individu sincère jugé menteur recevait le même traitement que le menteur qui est démasqué. Nous avons recruté des sujets membres de groupes politiques militants. Il ne leur était pas demandé s'ils avaient enfreint la loi, mais ils devaient croire fortement à la cause du groupe – jusqu'à justifier des comportements extrêmes pour atteindre les objectifs du groupe. Nous leur avons donné l'occasion d'ouvrir une enveloppe cachetée adressée à un groupe politique ennemi. Ils pouvaient choisir de prendre l'argent qui était destiné à leur rival. S'ils étaient capables de convaincre un policier qui les interrogeait ensuite qu'ils n'avaient pas pris l'argent, leur groupe le conservait et ils recevaient une somme supplémentaire pour leur usage personnel. Ils pouvaient aussi choisir de ne pas prendre l'argent : s'ils convainquaient le policier qu'ils l'avaient pris, leur groupe recevrait une partie de la somme, le groupe rival une autre partie, et eux-mêmes une somme pour leur usage personnel – mais inférieure à celle qu'ils auraient reçue s'ils avaient réellement pris l'argent. Cependant, si l'interrogateur jugeait qu'ils mentaient, quel qu'ait été leur acte, ils ne recevaient aucun argent ; le groupe adverse en recevait une partie, et eux-mêmes subissaient une punition corporelle extrêmement déplaisante.

La totalité du comportement observable sur plus d'une centaine de sujets a été mesurée : mouvements faciaux, regard, mouvements de la tête, gestes, ainsi que discours et intonation. Mark Frank a dirigé le recueil des données et leur analyse ; une fois l'étude conçue, mon rôle a été davantage celui d'un consultant ou d'un assistant. Les réactions du système nerveux autonome ont été également mesurées, mais seule la température de l'épiderme a pu être incluse dans l'analyse à cause d'une défaillance de notre équipement. L'analyse statistique a apporté deux importantes découvertes absentes de nos précédentes études : premièrement, un très haut niveau d'exactitude – environ 90 % – a été atteint dans l'identification des menteurs, mais seulement quand de multiples mesures comportementales étaient en jeu. Aucune source – visage, corps, voix, discours, température de l'épiderme – considérée seule n'a fourni de résultat élevé. En second lieu, l'unique source comportementale importante, qui à elle seule a permis plus de 70 % d'exactitude, était l'expression faciale. Cela a été vérifié dans une autre étude de même type. Comme dans nos précédents travaux, beaucoup d'entre elles étaient des micro-expressions – c'est-à-dire d'une durée de moins d'une demi-seconde. Le découverte de l'existence de micro-expressions et de leur apparition lorsque l'individu ment a été confirmée par un groupe de recherches indépendant[2]. Fait intéressant : certains des menteurs qui ont affiché ces micro-expressions durant notre étude ont ensuite déclaré qu'ils avaient essayé de dissimuler leurs expressions faciales afin de duper leur interrogateur.

Les micro-expressions faciales

Ces très fugaces expressions faciales – entre une demi-seconde et un vingt-cinquième de seconde – sont si rapides que vous pouvez les manquer si vous clignez des yeux. Même sans cela, notre étude a démontré que la plupart des individus ne remarquent pas les informations qu'elles contiennent. Nous avons découvert les micro-expressions quand nous étudiions au ralenti le film de la patiente Mary. À vitesse réelle, elle paraissait tout à fait normale : c'est seulement au ralenti qu'étaient visibles les micro-expressions qui la trahissaient.

Les micro-expressions peuvent survenir pour deux raisons liées, mais très différentes : comme dans le cas de Mary, elles peuvent être le résultat d'une dissimulation délibérée et consciente ; ou bien elles peuvent être le produit du refoulement, auquel cas l'individu est inconscient de l'émotion qu'il éprouve. Haggard et Isaacs ont été les premiers à faire état de micro-expressions résultant d'un refoulement ; nous avons été les premiers à faire état de celles qui résultent d'une répression volontaire. Je n'ai découvert aucune différence d'apparence entre les micro-expressions, qu'elles résultent d'un refoulement ou d'une répression volontaire.

Souvent, mais pas toujours, la micro-expression est très intense et s'affiche complètement sur tout le visage. Dans la première édition de cet ouvrage, j'ai décrit nos tentatives initiales pour enseigner aux gens comment reconnaître les micro-expressions en temps réel. J'ai été stupéfait qu'ils acquièrent cette compétence en moins d'une heure.

L'outil d'entraînement aux micro-expressions – METT (Micro Expression Training Tool) – que j'ai inventé fournit deux types d'entraînement. Au ralenti, il compare et met en contraste les émotions qui sont le plus souvent confondues l'une avec l'autre – colère et dégoût, peur et surprise, peur et tristesse – avec un commentaire sur leurs différences. Il fournit également un entraînement à la reconnaissance des micro-expressions. Dans chaque module, une personne différente apparaît. Elle n'a d'abord aucune expression ; puis, brusquement, une expression faciale de l'une des sept émotions apparaît très brièvement, immédiatement suivie d'un retour au visage impassible. L'utilisateur doit choisir laquelle des sept émotions a été affichée : colère, peur, dégoût, mépris, tristesse, surprise ou joie. L'écran indique si le résultat est correct. Sinon, l'utilisateur choisit de nouveau jusqu'à trouver la réponse. Avant de passer à l'expression suivante, l'utilisateur est encouragé à figer l'expression, puis à la répéter plusieurs fois jusqu'à ce qu'il se sente capable de la reconnaître lors d'une apparition très courte. Dans la version standard du METT, vingt et un modules sont proposés ; dans la version complète, quarante-deux.

Le METT comprend également des tests de reconnaissance des micro-expressions avant et après formation. Typiquement, l'utilisateur gagne trente à quarante points d'exactitude, beaucoup parvenant à un taux de 80 % ou plus en une heure et parfois moins. Cette amélioration a été constatée dans des groupes aussi divers que des étudiants américains, des hommes d'affaires japonais, du personnel de sécurité américain, des policiers australiens, etc.

Une version antérieure du METT, similaire, montrait les expressions de seulement deux des six groupes ethniques de la version actuelle (appelée METT2). Elle fournissait moins d'entraînement et de formation. Cependant, elle permettait des améliorations. La plupart des recherches ayant démontré les bénéfices du METT ont utilisé la première version.

Dans une série d'études que nous avons entreprises, Mark Frank, Maureen O'Sullivan et moi-même avons utilisé le METT comme test pour montrer les micro-expressions et demander à des sujets de juger les émotions affichées très brièvement, mais sans leur fournir de formation. Les sujets ont également visionné des vidéos d'individus mentant ou disant la vérité sur les émotions qu'ils éprouvaient, leurs opinions ou un vol d'argent. L'unique test corrélé à l'exactitude dans l'identification des mensonges – et nous en avons utilisé plusieurs – était celui de l'exactitude sur les micro-expressions. La corrélation n'était pas très prononcée – environ 20 à 30 % – mais elle a été remarquée systématiquement et était statistiquement significative. Nos travaux ont découvert que les étudiants d'université et les membres des gardes-côtes américains qui étaient formés pendant moins d'une heure avec le METT étaient significativement meilleurs dans le repérage des micro-expressions montrées par les individus menteurs[3].

Dans une étude différente, Russell[4] forma avec le METT des patients schizophrènes et un groupe de contrôle normal. Comme on pouvait s'y attendre, le groupe d'individus normaux eut des résultats supérieurs aux schizophrènes sur le pré-test. Les deux groupes eurent de meilleurs résultats après la formation, mais là encore les non-schizophrènes furent meilleurs. Fait remarquable, après formation, les schizophrènes furent aussi exacts que les non-schizophrènes avant formation ! Et l'utilisation d'une caméra repérant ce qu'observaient les sujets sur un visage a permis de constater que les schizophrènes formés par le METT regardaient désormais les zones du visage contenant l'information, ce qu'ils ne faisaient pas auparavant[5].

Dans les dernières années, David Matsumoto m'a rejoint pour la plupart des recherches qui vont suivre. Il avait fait sa thèse sous ma direction plus de vingt-cinq ans auparavant sur les similitudes et différences culturelles dans la reconnaissance des expressions faciales. Ceinture noire et professeur de judo dans son école, ancien entraîneur de l'équipe olympique américaine, David est un individu très dynamique, et pas seulement dans la recherche.

Dans nos travaux encore non publiés, David et moi avons découvert que le personnel de vente formé avec le METT2 quelques semaines auparavant était meilleur dans son travail que le personnel de vente qui n'avait pas suivi la formation[6].

Les macro-expressions faciales

N'importe laquelle des sept émotions qui ont une expression universelle – colère, peur, dégoût, mépris, tristesse, surprise et joie – peut être importante dans la détection du mensonge quand, mais seulement quand elle contredit ce qui est dit ou la ligne suivie par l'individu. Si l'expression correspond au discours ou à la ligne générale, elle n'a aucune signification dans la détection d'un mensonge. **J'utilise le terme « *macro-expression* » pour les expressions qui restent assez longtemps sur le visage pour être facilement vues et interprétées** – généralement entre une demi-seconde et plusieurs secondes. Personne n'a besoin d'apprendre comment repérer et interpréter ces macro-expressions, à moins d'être victime d'un handicap mental comme l'autisme ou la schizophrénie. Mais la plupart des individus, comme nous l'avons découvert, ont tendance à ignorer les expressions faciales contredisant les paroles prononcées[7]. Nous ne savons pas si ces individus ne remarquent littéralement pas ces expressions faciales ou bien s'ils les remarquent, mais ne leur accordent aucun poids dans leur jugement. La plupart des gens sont principalement influencés par les paroles et ne tiennent pas compte de tous les comportements non verbaux qui sont en contradiction.

Les expressions subtiles

Les *expressions subtiles* sont de minuscules expressions qui s'affichent soit sur une seule partie du visage, soit sur la totalité du visage, mais très légèrement. Elles se produisent pour plusieurs raisons. L'émotion éprouvée peut être très légère. Elles peuvent également survenir quand l'émotion commence, et prendre de l'importance à mesure qu'elle devient plus intense. Enfin, elles peuvent apparaître quand des émotions intenses sont éprouvées mais activement réprimées, et qu'elles fuitent seulement un fragment d'émotion. Nous ignorons s'il est possible de discerner d'après l'expression elle-même pourquoi elle s'est produite (émotion légère, début d'émotion ou fuite d'une émotion intense).

J'ai développé un outil de formation aux expressions subtiles – SETT (Subtle Expression Training Tool) – pour améliorer la faculté des individus à repérer ces minuscules signaux. Une étude récente d'une équipe de recherche indépendante a démontré que l'exactitude dans les modules SETT est corrélée à l'exactitude dans la détection des mensonges émotionnels similaires à ceux de l'expérience des infirmières dissimulant des émotions[8]. Mark Frank et moi venons de terminer une version actualisée du SETT (SETT2).

La détection du comportement dangereux

Il y a plus de vingt ans, les Services secrets américains m'ont prêté un film de montage de tentatives d'assassinats du monde entier, composé de plans de foule (filmés par un amateur ou un professionnel) attendant un dirigeant politique. Parfois, j'ai pu repérer l'expression de l'assassin durant cinq à vingt secondes avant qu'il ne sorte son arme et tire. Le plan le plus net était celui de John Hinckley, qui tenta d'assassiner le président Reagan en 1981, mais dans quelques autres j'ai également pu discerner l'expression sur le visage de l'assassin.

La violence (j'utilise ce terme pour qualifier les agressions physiques dans le but de blesser ou tuer) survient avec préméditation dans les assassinats, et dans d'autres circonstances où il y a planification, mais où la cible n'est ni un personnage politique ni une célébrité. Bien que la violence préméditée existe entre membres d'une même famille, les agressions se produisent également quand il n'y a aucune planification ni intention préalable. Dans ce cas, une dispute s'envenime et l'un des interlocuteurs ou les deux perdent leur sang-froid.

N'ayant aucun échantillon de violence provoquée par une perte de sang-froid, j'ai demandé à des acteurs professionnels de rejouer une scène de leur vie personnelle où ils avaient effectivement perdu leur sang-froid et frappé quelqu'un. Avant qu'ils ne commencent, je leur ai donné l'instruction de se figer – « Ne me frappez pas ! » – au tout dernier instant avant qu'ils ne perdent leur sang-froid.

Presque quatre-vingt-dix acteurs – avec une répartition homogène entre hommes et femmes de six groupes ethniques, dont quelques immigrés – produisirent tous la même expression faciale.
J'ai demandé à un acteur de rendre les expressions de préméditation et de perte de sang-froid, ainsi que plusieurs expressions de colère, mépris et dégoût. Je les ai organisées en un ensemble de douze clichés qui ont été montrés à des policiers chargés de crimes graves originaires de cinq pays différents – deux d'entre eux n'étant pas occidentaux. Il leur a été demandé s'ils avaient déjà été victimes ou témoins d'une agression physique : c'était le cas de presque tous. Il leur a été demandé s'ils avaient pu voir l'expression faciale de l'agresseur avant l'acte de violence et s'ils s'en souvenaient : c'était le cas dans 85 %. Il a été demandé à ceux qui se rappelaient l'expression de cocher parmi les douze photos qui leur avaient été présentées une ou plusieurs expressions correspondant à une agression préméditée et une ou plusieurs correspondant à une perte de sang-froid. Quelle que soit leur origine, les réponses ont été convergentes.
Nous avons présenté nos découvertes à d'autres policiers de même type qui ont confirmé que nous avions bien identifié ce qu'ils avaient constaté. David Matsumoto et moi venons de terminer notre première version de l'outil en ligne de détection du comportement dangereux.

Les précautions

Bien que les micro-expressions montrent toujours des émotions dissimulées, deux précautions sont nécessaires. Premièrement, il n'y a aucun moyen de savoir d'après la micro-expression si la dissimulation est délibérée ou si l'individu présentant l'expression ignore sincèrement ce qu'il éprouve. Deuxièmement, une émotion dissimulée ne prouve pas en elle-même que l'individu a déjà commis ou a l'intention de commettre un délit. Comme avec toutes les autres expressions émotionnelles, elle ne nous indique pas sa source, l'événement qui l'a déclenchée. Par exemple, une colère dissimulée peut se produire chez quelqu'un qui est totalement innocent, mais a été soupçonné à tort et est interrogé. Reconnaître et chercher grâce à des questions pourquoi une émotion dissimulée apparaît peut permettre d'éviter l'erreur Othello – présumer qu'il n'y a qu'un déclencheur à cette émotion, le déclencheur qui confirme le préjugé de l'interrogateur.

Une utilisation très intéressante des micro-expressions peut être faiblement dangereuse. Le premier épisode de la série télévisée *Lie To Me*, pour laquelle je suis consultant scientifique, montre l'interrogatoire d'un membre du parti nazi aryen américain. L'interrogateur sait que le prisonnier a déposé une bombe dans une église fréquentée par des Afro-Américains, mais il ignore quelle église et son prisonnier ne répond pas à ses questions. Mais la micro-expression de plaisir quand il entend le nom de l'église que le FBI s'apprête à fouiller suggère que ce n'est pas la bonne. Sa micro-expression de fureur quand le nom d'une autre église est prononcé suggère que c'est celle qu'il faut perquisitionner. J'ai appris que la même procédure est utilisée au Moyen-Orient quand un suspect est interrogé sur l'emplacement d'une arme ou d'une bombe.

Dans l'interprétation des expressions subtiles, le premier problème est de savoir s'il s'agit d'une émotion légère, d'une émotion intense qui commence ou d'un fragment d'une émotion que l'individu tente de dissimuler. Si l'expression subtile est la fuite d'une peur, d'une colère ou d'un dégoût dissimulé, l'évaluateur doit écarter la possibilité que ces émotions soient une réaction à l'évaluation et non la preuve d'un mensonge sur l'événement sur lequel porte l'enquête.

Un ensemble de précautions différentes doivent être prises dans l'utilisation des expressions de comportement dangereux. Ce sont des *avertissements* d'intention de nuire : ce ne sont pas des preuves définitives. Il est très possible que prêter attention à l'individu qui montre une expression dangereuse puisse décourager un acte de violence, du moins provisoirement. Un autre problème est qu'il existe peut-être d'autres expressions tout aussi dangereuses que nous n'avons pas encore identifiées : nous savons comment les découvrir, mais nous n'avons pas encore reçu de financement pour nos recherches. Nous ignorons également si les expressions dangereuses que nous avons identifiées peuvent être observées sur un djihadiste ou un individu préparant un attentat-suicide : là encore, nous devons le découvrir.

L'utilisation la plus importante des micro-expressions, expressions subtiles, et peut-être même des expressions dangereuses est d'établir un rapport et une coopération réussie. Je pense que tout individu a une histoire qu'il désire raconter s'il pense que son interlocuteur a l'esprit ouvert et souhaite la comprendre. La voie pour gagner cette confiance consiste au moins en partie à être sensible aux émotions de l'individu, surtout celles dont il n'est peut-être pas conscient ou qu'il a peur de révéler.

Si vous désirez apprendre comment reconnaître les micro-expressions, expressions subtiles ou expressions dangereuses, consultez le site www.ekmangroup.com.

Épilogue

Cet ouvrage devrait aider les détecteurs plus que les menteurs. Je pense qu'il est plus facile d'améliorer la capacité à détecter la tromperie que la faculté de la perpétrer. Aucun talent particulier n'est nécessaire pour comprendre mes idées sur les différences de mensonges. Quiconque est assez consciencieux peut utiliser la liste de vérification (tableau 4 en appendice) afin d'estimer si un menteur a des chances de commettre des erreurs. Améliorer sa capacité à repérer les indices de tromperie exige plus qu'une simple compréhension de ce que j'ai décrit : un savoir-faire doit être développé grâce à l'entraînement. Mais quiconque y consacre du temps en écoutant et observant attentivement et en guettant les indices décrits aux chapitres 3 et 4 peut s'améliorer. Nous avons formé des gens à écouter et observer plus attentivement et ils en ont tiré des bénéfices pour la plupart. Même sans cette formation, **n'importe qui peut s'entraîner soi-même à repérer les indices de tromperie.**

Si l'existence d'une école pour les détecteurs serait envisageable, une école pour les menteurs n'aurait aucun sens. Les menteurs-nés n'en ont pas besoin, et le reste d'entre nous ne possède pas le talent pour en tirer profit. Les premiers savent et utilisent déjà la majeure partie de ce que j'ai écrit, même s'ils n'en sont pas toujours conscients. Bien mentir est un talent particulier qui ne s'acquiert pas facilement. La plupart des gens en ont besoin, mais comme il leur manque la capacité naturelle de jouer, ils ne seront jamais capables de bien mentir. Ce que j'ai expliqué sur ce qui trahit un mensonge et ce qui le rend plus crédible ne les aidera guère. Cela pourra même faire empirer les choses. Il ne suffit pas de savoir quoi faire et ne pas faire pour améliorer sa capacité à mentir. Et je doute sérieusement que l'entraînement puisse présenter le moindre bénéfice. Un menteur conscient de ses actes, qui planifie chaque étape, serait comme un skieur qui réfléchit à chaque mouvement alors qu'il descend la piste.

Il y a deux leçons sur le mensonge qui peuvent aider tout le monde.
Les menteurs devraient s'attacher davantage à développer entièrement et mémoriser leurs versions fausses. La plupart n'anticipent pas toutes les questions qui peuvent leur être posées et tous les incidents inattendus qui peuvent survenir. Un menteur doit avoir des réponses préparées et répétées pour plus de situations qu'il n'en rencontrera probablement. Inventer une réponse dans l'instant, rapidement et de manière convaincante, une réponse cohérente avec ce qui a déjà été dit et doit être maintenu par la suite exige des capacités mentales et un sang-froid dans l'urgence que peu de gens possèdent. L'autre leçon sur le mensonge, que tout lecteur aura apprise entre-temps, est qu'il est difficile de mentir sans commettre aucune erreur. **La plupart des gens échappent à la détection seulement parce que les cibles de leurs tromperies ne se donnent**

pas la peine de les détecter. Il est très difficile d'empêcher la fuite ou les indices de tromperie.
Je n'ai jamais vraiment essayé d'apprendre à quiconque à mieux mentir. C'est en me fondant sur le raisonnement et non sur les preuves que j'estime ne pas pouvoir être très utile en la matière. J'espère ne pas me tromper, car je préfère que mes travaux bénéficient au détecteur plutôt qu'au menteur. Ce n'est pas que je croie que mentir est un mal inhérent. Beaucoup de philosophes ont posé de manière convaincante qu'au moins certains mensonges peuvent être moralement justifiés, et que la franchise est parfois brutale et cruelle[1]. Pourtant, ma sympathie va plus au détecteur qu'au menteur. Peut-être est-ce parce que mes travaux scientifiques consistent à chercher des indices de ce qu'éprouvent vraiment les gens. Le déguisement m'intéresse, mais le défi est de dévoiler l'émotion réelle et éprouvée qu'il recouvre. Découvrir ce qui distingue l'émotion feinte de l'émotion éprouvée, découvrir que la dissimulation n'est pas parfaite, que le faux diffère des expressions réelles de l'émotion est satisfaisant.

Sous cet angle, **l'étude de la tromperie recouvre bien plus que la tromperie elle-même. Elle permet d'assister à l'extraordinaire lutte intérieure entre les aspects volontaires et involontaires de la vie, d'apprendre dans quelle mesure nous pouvons délibérément contrôler les signes apparents de notre vie intérieure.**
Malgré ma sympathie pour la détection plus que pour le mensonge, je me rends compte qu'elle n'est pas toujours plus vertueuse. L'ami qui dissimule aimablement son ennui serait à juste titre offensé d'être démasqué. Le mari qui prétend rire quand son épouse raconte maladroitement une blague, l'épouse qui feint l'intérêt quand son mari lui explique ses travaux de bricolage, tous pourraient être blessés si leur comédie était remise en question. Et

bien sûr, dans la tromperie militaire, les intérêts nationaux pourraient légitimement être du côté du menteur et non du détecteur. Durant la Deuxième Guerre mondiale, par exemple, qui, dans les pays alliés, ne désirait pas qu'Hitler ait de fausses informations sur le lieu du débarquement ? Alors qu'Hitler avait manifestement parfaitement le droit de démasquer le mensonge des Alliés, la détection du mensonge n'est pas toujours justifiée.

La détection du mensonge viole souvent la vie privée, le droit de garder pour soi des pensées ou des émotions. S'il y a des situations où elle est justifiée – enquête criminelle, achat d'une voiture, négociation d'un contrat, etc. – il existe des domaines où les gens estiment être en droit de garder pour eux, s'ils le veulent, leurs sentiments et pensées personnels et d'attendre que ce qu'ils expriment soit accepté comme tel.

Ce n'est pas simplement l'altruisme ou le respect de la vie privée qui devraient faire réfléchir le détecteur empressé. Parfois, il vaut mieux être trompé. L'hôtesse sera plus heureuse si elle pense que ses invités se sont amusés ; l'épouse, si elle se croit capable de bien raconter une blague. Le message faux du menteur peut non seulement être plus agréable, mais aussi plus utile que la vérité. Il y a bien sûr un prix à payer quand on vous ment, même dans ces exemples positifs. L'épouse pourrait apprendre à mieux raconter les blagues ou se résoudre à s'abstenir si elle percevait l'hypocrisie de son mari. Pourtant, je crois qu'il vaut la peine de remarquer que *parfois* le détecteur viole une relation, trahit une confiance ou vole une information qui n'était pas, et à juste raison, donnée. Le détecteur doit au moins se rendre compte que déceler les indices de tromperie est une présomption : on prend sans permission, malgré le désir de l'autre.

Quand j'ai entrepris d'étudier la tromperie, je n'avais aucun moyen de savoir ce que je découvrirais. Les thèses étaient contradictoires. Freud déclarait: « Celui qui a des yeux pour voir et des oreilles pour entendre peut se convaincre qu'aucun être ne peut garder un secret. Si les lèvres sont muettes, il parle avec le bout de ses doigts: la trahison suinte par tous ses pores[2]. » Pourtant, je connaissais de nombreux exemples de mensonge tout à fait réussis, et mes premières études avaient découvert que les gens n'obtenaient pas de résultats supérieurs au hasard dans la détection de la tromperie. Psychiatres et psychologues n'étaient pas mieux lotis que les autres. Je suis heureux des réponses que j'ai obtenues. Nous ne sommes ni parfaits ni imparfaits comme menteurs, détecter la tromperie n'est ni aussi facile que le prétendait Freud ni impossible. Cela rend la question plus complexe et d'autant plus intéressante. **Notre capacité imparfaite à mentir est fondamentale – et peut-être nécessaire – pour notre existence.** Imaginez ce que serait la vie si tout le monde pouvait mentir parfaitement ou si tout le monde en était totalement incapable. J'ai songé à cela surtout par rapport aux mensonges sur les émotions, puisque ce sont les plus difficiles et que ce sont elles qui m'intéressent. Si nous ne pouvions jamais savoir ce qu'éprouve réellement autrui, et si nous avions conscience de cette ignorance, la vie serait plus hasardeuse [moins intense?]. Certains que toute expression d'émotion ne serait qu'un simple affichage destiné à faire plaisir, manipuler ou tromper, les individus seraient privés d'ancrage, les relations, moins solides. Songez un instant au dilemme d'un parent si l'enfant d'un mois pouvait déguiser ses émotions et feindre aussi bien que la plupart des adultes. Ce serait toujours « l'enfant qui crie au loup ». Nous menons notre vie en croyant qu'il existe un noyau de vérité émotionnelle, que la plupart des gens ne peuvent pas nous mentir sur ce qu'ils éprouvent ou ne le feront pas. Si la tricherie était aussi facile avec les émotions qu'avec les idées, si les expressions et les gestes pouvaient être déguisés ou feints aussi facilement que les paroles, notre vie affective serait appauvrie et remplie de réserve.

Et si nous ne pouvions jamais mentir, si un sourire était fiable, toujours présent quand on éprouve du plaisir, toujours absent quand on n'en éprouve aucun, la vie serait plus dure, et les relations plus difficiles à entretenir. La politesse, les tentatives pour arrondir les angles, dissimuler des sentiments que l'on regrette d'éprouver, tout cela nous manquerait. Il n'y aurait aucun moyen de ne pas être connu, aucune possibilité de bouder ou de panser ses blessures autrement que dans la solitude. Imaginez avoir comme ami, collègue ou conjoint un individu qui, en termes de contrôle émotionnel et de feinte, est comme un enfant de trois mois, mais qui est à tous autres égards – intelligence, compétence, etc. – comme un adulte. C'est une bien douloureuse perspective.

Nous ne sommes ni transparents comme l'enfant qui vient de naître ni parfaitement déguisés. Nous pouvons mentir ou dire la vérité, repérer la tromperie ou ne pas la voir, être trompés ou connaître la vérité. Nous avons le choix : c'est notre nature.

Appendice

Les tableaux 1 et 2 résument les informations concernant tous les indices de tromperie décrits dans les chapitres 3 et 4. Le tableau 1 est organisé par indices comportementaux, le tableau 2, par informations véhiculées. Pour apprendre ce que peut révéler une information sur un comportement particulier, le lecteur consultera le tableau 1, et pour apprendre quel type particulier d'information peut révéler un comportement, il consultera le tableau 2.

Rappelez-vous qu'il existe deux manières principales de mentir : dissimuler et feindre. Les tableaux 1 et 2 traitent de la dissimulation. Le tableau 3 décrit les indices comportementaux de feinte. Le tableau 4 donne la liste de vérification des mensonges.

Tableau 1
Dévoilement d'information dissimulée
(classé par indices comportementaux)

Indice de tromperie	Information révélée
Lapsus verbal	Peut être spécifique à une émotion ; peut fuiter une information non liée à une émotion.
Tirade	Peut être spécifique à une émotion ; peut fuiter une information non liée à une émotion.
Discours indirect Attribuer à d'autres ses pensées ou émotions	Réplique non préparée ; ou émotions négatives, très probablement la peur
Pause et erreur de langage	Réplique non préparée ; ou émotions négatives, très probablement la peur
Élévation de la tonalité	Émotion négative, probablement colère et/ou peur
Abaissement de la tonalité	Émotion négative, probablement tristesse
Débit accéléré, volume augmenté	Probablement colère, peur et/ou excitation
Débit ralenti, volume diminué	Probablement tristesse et/ou ennui
Emblème	Peut être spécifique à une émotion ; peut fuiter une information non liée à une émotion.
Diminution des illustrants	Ennui ; réplique non préparée ; ou choix réfléchi de la formulation
Augmentation des manipulatoires	Émotion négative
Respiration rapide ou saccadée	Émotion, non spécifique
Sudation	Émotion, non spécifique
Déglutition fréquente	Émotion, non spécifique
Micro-expression	N'importe quelle émotion spécifique
Expression coupée	Émotion spécifique ; ou bien peut montrer qu'une émotion a été coupée, sans préciser laquelle.
Muscles faciaux fiables	Peur ou tristesse
Augmentation des clignements d'yeux	Émotion, non spécifique
Dilatation des pupilles	Émotion, non spécifique
Larmes	Tristesse, détresse, fou rire
Rougissement facial	Gêne, honte ou colère ; peut-être culpabilité
Blêmissement facial	Peur ou colère

Tableau 2
Dévoilement d'information dissimulée
(classé par type d'information)

Type d'information	Indice comportemental
Réplique non préparée	Discours indirect, pauses, erreurs de langage, diminution des illustrants
Information non émotionnelle (par exemple : faits, projets, fantasmes)	Lapsus verbaux, tirades, emblèmes (les emblèmes ne peuvent pas véhiculer autant de messages différents que les lapsus ou les tirades).
Peur	Discours indirect, pauses, erreurs de langage, élévation de la tonalité, augmentation du débit et du volume, muscles faciaux fiables, blêmissement facial
Colère	Élévation de la tonalité, augmentation du débit et du volume, rougissement facial, blêmissement facial
Tristesse (peut-être culpabilité et honte)	Abaissement de la tonalité, diminution du débit et du volume, muscles faciaux fiables, larmes, abaissement du regard, rougissement
Gêne	Rougissement, abaissement ou détournement du regard
Excitation	Augmentation des illustrants, élévation de la tonalité, augmentation du débit et du volume
Ennui	Diminution des illustrants, diminution du débit et du volume
Émotion négative	Discours indirect, pauses, erreurs de langage, élévation de la tonalité, abaissement de la tonalité, augmentation des manipulatoires
Apparition de toute émotion	Modification du rythme respiratoire, sudation, déglutition, expressions coupées, augmentation des clignements d'yeux, dilatation de la pupille

Tableau 3
Indices d'une expression feinte

Émotion feinte	Indice comportemental
Peur	Absence d'expression fiable du front
Tristesse	Absence d'expression fiable du front
Joie	Muscles de l'œil non impliqués
Enthousiasme ou implication dans le discours	Absence de diminution des illustrants ou synchronisation incorrecte des illustrants
Émotion négative	Absence de sudation, modification du rythme respiratoire, augmentation des manipulatoires
Toute émotion	Expression asymétrique, déclenchement trop brutal ou saccadé, localisation incorrecte dans le discours

Tableau 4
Liste de vérification du mensonge

	DIFFICILE À DÉTECTER	FACILE
QUESTIONS SUR LE MENSONGE		
1. Le menteur peut-il anticiper exactement le moment où il doit mentir?	OUI: réplique préparée et répétée	NON: réplique non préparée
2. Le mensonge implique-t-il seulement une dissimulation sans nécessité de feindre?	OUI	NON

	DIFFICILE À DÉTECTER	FACILE
3. Le mensonge implique-t-il des émotions éprouvées sur le moment ?	NON	OUI : particulièrement si : A. des émotions négatives comme colère, peur ou détresse doivent être dissimulées ou feintes. B. le menteur doit apparaître sans émotion et ne peut utiliser une autre émotion pour masquer les émotions éprouvées qui doivent être dissimulées.
4. Une indulgence est-elle accordée si le menteur avoue le mensonge ?	NON : renforce la motivation à réussir du menteur.	OUI : possibilité de susciter un aveu
5. En termes de punition ou de récompense, l'enjeu est-il élevé ?	Difficile à prédire : alors qu'un enjeu élevé peut augmenter l'appréhension de détection, il peut aussi motiver le menteur à faire des efforts.	
6. La découverte du mensonge entraîne-t-elle une punition sévère ?	NON : faible appréhension de détection ; mais peut induire des imprudences.	OUI : renforce l'appréhension de détection, mais peut-être aussi la peur de ne pas être cru, produisant des erreurs de faux-positifs.
7. Le simple fait d'avoir menti entraîne-t-il une punition sévère en dehors de la perte encourue suite à l'échec du mensonge ?	NON	OUI : renforce l'appréhension de détection ; l'individu peut être dissuadé de se lancer dans le mensonge s'il sait que la punition pour la tentative de mensonge est pire que la perte encourue en ne mentant pas.

	DIFFICILE À DÉTECTER	FACILE
8. La cible est-elle non lésée par le mensonge ou en tire-t-elle profit ? S'agit-il d'un mensonge altruiste qui ne profite pas au menteur ?	OUI : moins de culpabilité de tromperie si le menteur en est convaincu.	NON : augmente la culpabilité de tromperie.
9. S'agit-il d'une situation où la cible a des chances de croire le menteur et de ne pas soupçonner qu'elle est trompée ?	OUI	NON
10. Le menteur a-t-il déjà réussi à tromper la cible ?	OUI : diminue l'appréhension de détection ; et si la cible a honte ou souffre de devoir reconnaître qu'elle a été trompée, elle peut devenir une victime consentante.	NON
11. Le menteur et la cible partagent-ils des valeurs ?	NON : diminue la culpabilité de tromperie.	OUI : augmente la culpabilité de tromperie.
12. Le mensonge est-il autorisé ?	OUI : diminue la culpabilité de tromperie.	NON : augmente la culpabilité de tromperie.
13. La cible est-elle anonyme ?	OUI : diminue la culpabilité de tromperie.	NON
14. La cible et le menteur se connaissent-ils personnellement ?	NON	OUI : le détecteur sera plus capable d'éviter des erreurs dues aux particularités individuelles.
15. Le détecteur doit-il cacher ses soupçons au menteur ?	OUI : le détecteur peut être absorbé par la nécessité de dissimuler et être moins attentif au comportement du menteur.	NON

	DIFFICILE À DÉTECTER	FACILE
16. Le détecteur détient-il une information que seul un coupable et non un innocent peut également détenir ?	NON	OUI : peut essayer d'exploiter le test du savoir coupable si le suspect est interrogé.
17. Existe-t-il un auditoire qui sache ou soupçonne que la cible est trompée ?	NON	OUI : peut renforcer le plaisir de duper, l'appréhension de détection ou la culpabilité de tromperie.
18. Le menteur et le détecteur partagent-ils la même langue et le même horizon culturel et national ?	NON : plus d'erreurs de jugement des indices de tromperie	OUI : meilleure possibilité d'interprétation des indices de tromperie
QUESTIONS SUR LE MENTEUR		
19. Le menteur a-t-il la pratique du mensonge ?	OUI : en particulier s'il est spécialisé dans ce type de mensonge.	NON
20. Le menteur est-il inventif et habile ?	OUI	NON
21. Le menteur a-t-il bonne mémoire ?	OUI	NON
22. Le menteur est-il beau parleur, avec des manières convaincantes ?	OUI	NON
23. Le menteur utilise-t-il les muscles faciaux fiables comme renforcements du discours ?	OUI : meilleure capacité à dissimuler ou feindre des expressions faciales	NON
24. Le menteur est-il un acteur doué capable d'utiliser la technique Stanislavski ?	OUI	NON

	DIFFICILE À DÉTECTER	FACILE
25. Le menteur a-t-il des chances de se convaincre lui-même de son mensonge au point de croire que ce qu'il dit est vrai?	OUI	NON
26. Est-ce un menteur-né ou un psychopathe?	OUI	NON
27. La personnalité du menteur le rend-il susceptible de peur, culpabilité ou plaisir de duper?	NON	OUI
28. Le menteur a-t-il honte de ce qu'il dissimule?	Difficile à prédire: alors que la honte contribue à empêcher l'aveu, une fuite de honte peut trahir le mensonge.	
29. Le suspect de mensonge peut-il éprouver peur, culpabilité, honte ou plaisir de duper même s'il est innocent et ne ment pas ou s'il ment à propos d'autre chose?	OUI: impossibilité d'interpréter les indices d'émotion	NON: les signes de ces émotions sont des indices de tromperie.
QUESTIONS SUR LE DÉTECTEUR		
30. Le détecteur a-t-il la réputation d'être difficile à tromper?	NON: en particulier si le menteur a déjà réussi à tromper le détecteur.	OUI: augmente l'appréhension de détection; peut également augmenter le plaisir de duper.
31. Le détecteur a-t-il la réputation d'être méfiant?	Difficile à prédire: une telle réputation peut renforcer la culpabilité de tromperie mais aussi augmenter l'appréhension de détection.	
32. Le détecteur a-t-il la réputation d'être juste?	NON: le menteur a moins de chance d'éprouver de la culpabilité à tromper le détecteur.	OUI: augmente la culpabilité de tromperie.

	DIFFICILE À DÉTECTER	FACILE
33. Le détecteur est-il dans le déni, évite-t-il les problèmes et a-t-il tendance à toujours voir le meilleur chez autrui ?	OUI : ne remarquera probablement pas les indices de tromperie, vulnérable aux erreurs de faux-négatifs.	NON
34. Le détecteur est-il exceptionnellement doué pour interpréter les comportements expressifs ?	NON	OUI : bien que le détecteur soit attentif aux indices de tromperie, il sera susceptible d'erreurs de faux-positifs.
36. Le détecteur tire-t-il un bénéfice à ne pas détecter le mensonge ?	OUI : le détecteur ignorera délibérément ou inconsciemment les indices de tromperie.	NON
37. Le détecteur est-il incapable de tolérer de ne pas savoir s'il est trompé ?	Difficile à prédire : peut provoquer des erreurs faux-positifs ou faux-négatifs.	
38. Le détecteur est-il saisi d'un embrasement émotionnel ?	NON	OUI : les menteurs seront démasqués, mais des innocents seront jugés comme menteurs (erreur de faux-positifs).

Notes

INTRODUCTION

1. I am indebted to Robert Jervis's book *The Logic of Images in International Relations* (Princeton, N.J.: Princeton University Press, 1970) for much of my thinking about international deceit and for bringing to my attention the writings of Alexander Groth. This quote was analyzed in Groth's article "On the Intelligence Aspects of Personal Diplomacy", *Orbis* 7 (1964): 833-49. It is from Keith Feiling, *The Life of Neville Chamberlain* (London: Macmillan, 1947, p. 367).
2. Speech to the House of Commons, September 28, 1938. Neville Chamberlain, *In Search of Peace* (New York: Putnam and Sons, 1939, p. 210, as cited by Groth).
3. This work was reported in a series of articles in the late 1960s and in a book I edited entitled *Darwin and Facial Expression* (New York: Academic Press, 1973).
4. This work is reported in my first article on deception: Paul Ekman and Wallace V. Friesen, "Nonverbal Leakage and Clues to Deception", *Psychiatry* 32 (1969): 88-105.
5. Roberta Wohlstetter, "Slow Pearl Harbors and the Pleasures of Deception", in *Intelligence Policy and National Security,* ed. Robert L. Pfaltzgraff, Jr., Uri Ra'anan, and Warren Milberg (Hamden, Conn.: Archon Books, 1981), pp. 23-34.

CHAPITRE 1. MENSONGE, FUITES ET INDICES DE TROMPERIE

1. *San Francisco Chronicle,* October 28, 1982, p. 12.
2. See Paul F. Secord, "Facial Features and Inference Processes in Interpersonal Perception", in *Person Perception and Interpersonal*

Behavior", ed. R. Taguiri and L. Petrullo (Stanford: Stanford University Press, 1958). Also, Paul Ekman, "Facial Signs: Facts, Fantasies and Possibilities", in *Sight, Sound and Sense,* ed. Thomas A. Sebeok (Bloomington: Indiana University Press, 1978).

3. Argument persists about whether or not animals can deliberately choose to lie. See David Premack and Ann James Premack, *The Mind of an Ape* (New York: W. W. Norton & Co., 1983). Also, Premack and Premack, "Communication as Evidence of Thinking", in *Animal Mind–Human Mind,* ed. D. R. Griffin (New York: Springer-Verlag, 1982).
4. I am grateful to Michael I. Handel for citing this quote in his very stimulating article "Intelligence and Deception", *Journal of Strategic Studies* 5 (March 1982): 122-54. The quote is from Denis Mack Smith, *Mussolini's Roman Empire,* p. 170.
5. This distinction is used by most analysts of deceit. See Handel, "Intelligence", and Barton Whaley, "Toward a General Theory of Deception", *Journal of Strategic Studies* 5 (March 1982): 179-92 for discussions of the utility of this distinction in analyzing military deceits.
6. Sisela Bok reserves the term *lying* for what I call falsification and uses the term *secrecy* for what I call concealment. The distinction she claims to be of moral importance, for she argues that while lying is *"prima facie* wrong, with a negative presumption against it, secrecy need not be" (Bok, *Secrets* [New York: Pantheon, 1982], p. xv.
7. Eve Sweetser, "The Definition of a Lie", in *Cultural Models in Language and Thought,* ed. Naomi Quinn and Dorothy Holland, (1987), p. 56.
8. David E. Rosenbaum, *New York Times,* December 17, 1980.
9. John Updike, *Marry Me,* (New York: Fawcett Crest; 1976), p. 90.
10. Ezer Weizman, *The Battle for Peace* (New York: Bantam Books, 1981), p. 182.
11. Alan Bullock, *Hitler* (New York: Harper & Row, 1964, rev. ed.), p. 528. As cited by Robert Jervis, *The Logic of Images in International Relations* (Princeton, N.J.: Princeton University Press, 1970).
12. Robert Daley, *The Prince of the City* (New York: Berkley Books, 1981), p. 101.
13. Weizman, *Battle,* p. 98.
14. Jon Carroll, "Everyday Hypocrisy—A User's Guide", *San Francisco Chronicle,* April 11, 1983, p. 17.
15. Updike, *Marry Me*, p. 90.

CHAPITRE 2. POURQUOI LE MENSONGE PEUT ÉCHOUER

1. John J. Sirica, *To Set the Record Straight* (New York: New American Library, 1980), p. 142.
2. James Phelan, *Scandals, Scamps and Scoundrels* (New York: Random House, 1982), p. 22.
3. Terence Rattigan, *The Winslow Boy* (New York: Dramatists Play Service Inc. Acting Edition, 1973), p. 29.
4. This story is contained in David Lykken's book *A Tremor in the Blood: Uses and Abuses of the Lie Detector* (New York: McGraw-Hill, 1981).
5. Phelan, *Scandals, Scamps and Scoundrels,* p. 110.

6. Robert D. Hare, *Psychopathy: Theory and Research* (New York: John Wiley, 1970), p. 5.
7. Michael I. Handel, "Intelligence and Deception", *Journal of Strategic Studies* 5 (1982): 136.
8. *San Francisco Chronicle,* January 9, 1982, p. 1.
9. William Hood, *Mole* (New York: W.W. Norton & Co., 1982), p. 11.
10. Bruce Horowitz, "When Should an Executive Lie?" *Industry Week,* November 16, 1981, p. 81.
11. *Ibid*, p. 83.
12. Alan Dershowitz, *The Best Defense* (New York: Random House, 1982), p. 370.
13. Shakespeare, Sonnet 138.
14. Roberta Wohlstetter, "Slow Pearl Harbours and the Pleasures of Deception", in *Intelligence Policy and National Security,* ed. Robert L. Pfaltzgraff, Jr., Uri Ra'anan, and Warren Milberg (Hamden, Conn.: Archon Press, 1981).

CHAPITRE 3. DÉTECTION DE LA TROMPERIE DANS LES PAROLES, LA VOIX OU LES INDICES CORPORELS

1. In "Facial Signs: Facts, Fantasies and Possibilities", in *Sight, Sound, and Sense,* ed. Thomas A. Sebeok (Bloomington: Indiana University Press, 1978), I describe eighteen different messages conveyed by the face, one of which is the mark of unique individual identity.
2. See J. Sergent and D. Bindra, "Differential Hemispheric Processing of Faces: Methodological Considerations and Reinterpretation", *Psychological Bulletin* 89 (1981): 554-554.
3. Some of this work was reported by Paul Ekman, Wallace V. Friesen, Maureen O'Sullivan, and Klaus Scherer, "Relative Importance of Face, Body and Speech in Judgments of Personality and Affect", *Journal of Personality and Social Psychology* 38 (1980): 270-77.
4. Bruce Horowitz, "When Should an Executive Lie?" *Industry Week,* November 16, 1981, p. 83.
5. S. Freud, The Psychopathology of Everyday Life (1901), in James Strachey, tr. and ed., *The Complete Psychological Works*, vol. 6 (New York: W. W. Norton, 1976), p. 86.
6. Freud gave many interesting, briefer examples of slips of the tongue, but they are not as convincing as the one I selected, because they had to be translated from the original German. Dr Brill was an American, and Freud quoted this example in English. *Ibid.*, pp. 89-90.
7. S. Freud, Parapraxes (1916), in James Strachey, tr. and ed., *The Complete Psychological Works,* vol. 15 (New York: W. W. Norton, 1976), p. 66.
8. John Weisman, "The Truth Will Out", *TV Guide*, September 3, 1977, p. 13.
9. These results are reported by Paul Ekman, Wallace V. Friesen, and Klaus Scherer, "Body Movement and Voice Pitch in Deceptive Interaction", *Semiotica* 16 (1976): 23-27. The findings have been replicated by Scherer and by other investigators.

10. John J. Sirica, *To Set the Record Straight* (New York: W. W. Norton, 1979), pp. 99-100.
11. Richard Nixon, *The Memoirs of Richard Nixon,* vol. 2 (New York: Warner Books, 1979), p. 440.
12. Sirica, *To Set the Record Straight,* pp. 99-100.
13. *Ibid.*
14. John Dean, *Blind Ambition* (New York: Simon & Schuster, 1976), p. 304.
15. *Ibid.*, pp. 309-10.
16. For critical reviews of these various voice stress lie detection techniques, see David T. Lykken, *A Tremor in the Blood* (New York: McGraw-Hill, 1981), chap. 13 and Harry Hollien, “The Case against Stress Evaluators and Voice Lie Detection”, (unpub. mimeograph, Institute for Advanced Study of the Communication Processes, University of Florida, Gainesville).
17. A description of our method for surveying emblems and the results for Americans is contained in Harold G. Johnson, Paul Ekman, and Wallace V. Friesen, “Communicative Body Movements: American Emblems”, *Semiotica* 15 (1975): 335-53. For comparison of emblems in different cultures, see Ekman, “Movements with Precise Meanings”, *Journal of Communication* 26 (1976): 14-26.
18. For a discussion of manipulators, see Paul Ekman and Wallace V. Friesen, “Nonverbal Behavior and Psychopathology”, in *The Psychology of Depression: Contemporary Theory and Research* ed. R. J. Friedman and M. N. Katz (Washington, D.C.: J. Winston, 1974).
19. For a current exponent of this view, see George Mandler, *Mind and Body: Psychology of Emotion and Stress* (New York: W. W. Norton & Co., 1984).
20. Paul Ekman, Robert W. Levenson, & Wallace V. Friesen, “Autonomic Nervous System Activity Distinguishes between Emotions”, *Science 1983*, vol. 221, pp. 1208-10.

CHAPITRE 4. LES INDICES FACIAUX DE TROMPERIE

1. The descriptions of the impairment of voluntary and involuntary systems with different lesions is taken from the clinical literature. See, for example, K. Tschiassny, «Eight Syndromes of Facial Paralysis and Their Significance in Locating the Lesion”, *Annals of Otology, Rhinology, and Laryngology* 62 (1953): 677-91. The description of how these different patients might have difficulty or success in deception is my extrapolation.
2. For a review of ail the scientific evidence, see Paul Ekman, *Darwin and Facial Expression: A Century of Research in Review* (New York: Academic Press, 1973). For a less technical discussion, and photographs illustrating universals in an isolated, preliterate, New Guinea people, see Ekman, *Face of Man: Expressions of Universal Emotions in a New Guinea Village* (New York: Garland STMP Press, 1980).
3. Ekman, *Face of Man,* pp. 133-36.
4. *The Facial Action Coding System,* Paul Ekman and Wallace V. Friesen (Palo Alto: Consulting Psychologists Press, 1978), is a

self-instructional package–containing a manual, illustrative photographs and films, and computer programs–that teaches the reader how to describe or measure any expression.

5. See E. A. Haggard and K. S. Isaacs, "Micromomentary Facial Expressions", in *Methods of Research in Psychotherapy,* ed. L. A. Gottschalk and A. H. Auerbach (New York: Appleton Century Crofts, 1966).
6. *Unmasking the Face,* Paul Ekman and Wallace V. Friesen (Palo Alto: Consulting Psychologists Press, 1984), provides the pictures and instructions on how to acquire this skill.
7. Friesen and I developed a Requested Facial Action Test, which explores how well someone can deliberately move each muscle and also pose emotion. See by Paul Ekman, Gowen Roper, and Joseph C. Hager, "Deliberate Facial Movement", *Child Development* 51 (1980): 886-91 for results on children.
8. Column by William Safire, "Undetermined", in the *San Francisco Chronicle,* June 28, 1983.
9. "Anwar Sadat–in his own words", in the *San Francisco Examiner,* October 11, 1981.
10. Ezer Weizman, *The Battle for Peace* (New York: Bantam, 1981), p. 165.
11. Margaret Mead, *Soviet Attitudes toward Authority* (New York: McGraw-Hill, 1951), pp. 65-66. As cited by Erving Goffman, *Strategic Interaction* (Philadelphia: University of Pennsylvania Press, 1969), p. 21.
12. *San Francisco Chronicle,* January 11, 1982.
13. Harold Sackeim, Ruben C. Gur, and Marcel C. Saucy, "Emotions Are Expressed More Intensely on the Left Side of the Face", *Science* 202 (1978): 434.
14. See Paul Ekman, "Asymmetry in Facial Expression", and Sackeim's rebuttal in *Science* 209 (1980): 833-36.
15. Paul Ekman, Joseph C. Hager, and Wallace V. Friesen, "The Symmetry of Emotional and Deliberate Facial Actions", *Psychophysiology* 18/2 (1981): 101-6.
16. Joseph C. Hager and Paul Ekman, "The Asymmetry of Facial Actions Is Inconsistent with Models of Hemispheric Specialization", *Psychophysiology* 49 (5) (1985): 1416-26.
17. I am grateful to Ronald van Gelder for his help in this unpublished study.
18. See Paul Ekman and Joseph C. Hager, "Long Distance Transmission of Facial Affect Signals", *Ethology and Sociobiology* 1 (1979): 77-82.
19. Paul Ekman, Wallace V. Friesen, and Sonia Ancoli, "Facial Signs of Emotional Experience", by *Journal of Personality and Social Psychology* 39 (1980): 1125-34.

CHAPITRE 5. DANGERS ET PRÉCAUTIONS

1. David M. Hayano, "Communicative Competence among Poker Players", *Journal of Communication* 30 (1980): 117.
2. *Ibid.*, p. 115.
3. William Shakespeare, *Othello,* act 5, scene 2.
4. Richards J. Heuer, Jr, "Cognitive Factors in Deception and

Counterdeception", in *Strategic Military Deception,* ed. Donald C. Daniel and Katherine L. Herbig (New York: Pergamon Press, 1982), p. 59.
5. Ross Mullaney, "The Third Way–The Interroview", unpublished mimeograph, 1979.
6. Schopenhauer, "Our Relation to Others", in *The Works of Schopenhauer,* ed. Will Durant (Garden City; N.Y.: Garden City Publishing Company, 1933).
7. See Lykken's book *Tremor in the Blood* (New York: McGraw-Hill, 1981) for a full description of how to use the Guilty Knowledge Technique with the polygraph in criminal interrogations.
8. *Scientific Validity of Polygraph Testing: A Research Review and Evaluation A Technical Memorandum* (Washington D.C.: U. S. Congress, Office of Technology Assessment, OTA-TM-H-15, November 1983).

CHAPITRE 6. VÉRIFIER LE MENSONGE

1. Randall Rothenberg, "Bagging the Big Shot", *San Francisco Chronicle,* January 3, 1983, pp. 12-15.
2. *Ibid.*
3. *Ibid.*
4. Agness Hankiss, «Games Con Men Play: The Semiosis of Deceptive Interaction", *Journal of Communication* 3 (1980): pp. 104-112.
5. Donald C. Daniel and Katherine L. Herbig, "Propositions on Military Deception", in *Strategic Military Deception,* ed. Daniel & Herbig (New York: Pergamon Press, 1982) p. 17.
6. I am indebted for this example to John Phelan's fascinating account in chapter 6 of his book *Scandals, Scamps and Scoundrels* (New York: Random House, 1982), p. 114. I have only reported part of the story. Anyone interested in detecting lies among people suspected of crimes should read this chapter to learn about other pitfalls that may occur in interrogation and lie detection.
7. I am indebted for my knowledge about interrogations to Rossiter C. Mullaney, an FBI agent from 1948 to 1971, and then coordinator of Investigation Programs, North Central Texas Regional Police Academy, until 1981. See his article "Wanted! Performance Standards for Interrogation and Interview", *The Police Chief,* June 1977, pp. 77-80.
8. Mullaney began a very promising series of studies training interrogators in how to use clues to deceit and evaluating the usefulness of that training, but he retired before completing that work.
9. Alexander J. Groth, "On the Intelligence Aspects of Personal Diplomacy", *Orbis* 7 (1964): 848.
10. Robert Jervis, The Logic of Images in International Relations (Princeton, N.J.: Princeton University Press, 1970), pp. 67-78.
11. Henry Kissinger, *Years of Upheaval* (Boston: Little, Brown and Company, 1982), pp. 214, 485.
12. As quoted by Jervis, *Logic,* pp. 69-70.
13. *Ibid.*, pp. 67-68.
14. Michael I. Handel, "Intelligence and Deception", *Journal of Strategic Studies* 5 (1982): 123-53.
15. Barton Whaley, "Covert Rearmament in Germany, 1919-1939:

Deception and Mismanagement", *Journal of Strategic Studies* 5 (1982): 26-27.
16. Handel, "Intelligence", p. 129.
17. This quote was analyzed by Groth, "Intelligence Aspects."
18. As cited by Groth, "Intelligence Aspects."
19. Telford Taylor, *Munich* (New York: Vintage, 1980), p. 752.
20. *Ibid.*, p. 821.
21. *Ibid.*, p. 552.
22. *Ibid.*, p. 629.
23. Graham T. Allison, *Essence of Decision: Explaining the Cuban Missile Crisis* (Boston: Little, Brown and Company, 1971), p. 193.
24. Arthur M. Schlesinger, Jr., *A Thousand Days: John F. Kennedy in the White House* (New York: Fawcet Premier Books, 1965). p. 734.
25. Theodore C. Sorensen, *Kennedy* (New York: Harper & Row, 1965), p. 673.
26. Robert F. Kennedy, *Thirteen Days: A Memoir of the Cuban Missile Crisis* (New York: W. W. Norton, 1971), p. 5.
27. Roger Hilsman, To Move a Nation (Garden City, N.Y.: Doubleday & Co., 1967), p. 98.
28. David Detzer, *The Brink* (New York: Thomas Crowell, 1979).
29. Sorensen, *Kennedy,* p. 690.
30. Detzer, *Brink, p.* 142.
31. Robert F. Kennedy, *Thirteen Days, p.* 18.
32. Elie Abel, *The Missile Crisis* (New York: Bantam Books, 1966), p. 63.
33. Sorensen, *Kennedy,* p. 690.
34. Abel, *Missile,* p. 63.
35. Detzer, *Brink,* p. 143.
36. Kennedy, *Thirteen Days, p.* 20.
37. Detzer, *Brink,* p. 143.
38. *Ibid.*, p. 144.
39. Allison, *Essence,* p. 135.
40. Abel, *Missile,* p. 64.
41. Allison, *Essence,* p. 134.
42. Daniel and Herbig, "Propositions", p. 13.
43. Herbert Goldhamer, reference 24 cited by Daniel and Herbig, "Propositions".
44. Barton Whaley, reference 2 cited by Daniel and Herbig, "Propositions".
45. Maureen O'Sullivan, "Measuring the Ability to Recognize Facial Expressions of Emotion", in *Emotion in the Human Face,* ed. Paul Ekman (New York: Cambridge University Press, 1982).
46. Groth, "Intelligence Aspects", p. 847.
47. Jervis, *Logic,* p. 33.
48. Winston Churchill, *The Hinge of Fate* (Boston: Houghton Mifflin, 1950), pp. 481, 493, as cited by Groth, *ibid.*, p. 841.
49. Lewis Broad, *The War that Churchill Waged* (London: Hutchinson and Company, 1960), p. 356, as cited by Groth, "Intelligence Aspects", p. 846.
50. Broad, *War,* p. 358, as cited by Groth, "Intelligence Aspects", p. 846.
51. Milovan Djilas, *Conversations with Stalin* (New York: Harcourt, Brace, Jovanovich, 1962), p. 73, as cited by Groth, *ibid.*, p. 846.

CHAPITRE 7. LES MENSONGES DANS LA VIE PUBLIQUE

1. My colleague and friend Maureen O'Sullivan, at the University of San Francisco, has worked with me for many years to develop this test, collaborated in the research on professional lie catchers, and also gave some of the workshops.
2. "Who Can Catch a Liar" by Paul Ekman and Maureen O'Sullivan appeared in the September 1991 issue of the journal *American Psychologist.*
3. Those findings were reported in "The Effect of Comparisons on Detecting Deceit" by M. O'Sullivan, P. Ekman, and W. V: Friesen, *Journal of Nonverbal Bebavior* 12 (1988): 203-15.
4. Udo Undeutsch from Germany developed a procedure called Statement Analysis, and a number of American researchers are testing its validity in evaluating children's testimony.
5. These findings are reported in "Face, Voice, and Body in Detecting Deceit" by Paul Ekman, Maureen O'Sullivan, Wallace V. Friesen, and Klaus C. Scherer in the *Journal of Nonverbal Behavior*, vol. 15 (1991): pp. 203-15.
6. "The Duchenne Smile: Emotional Expression and Brain Physiology II" by P. Ekman, R. J. Davidson, and W. V. Friesen. *Journal of Personality and Social Psychology* 58 (1990).
7. M. G. Frank, P. Ekman, and W V. Friesen, «Behavioral Markers and Recognizability of the Smile of Enjoyment,» *Journal of Personality and Social Psychology.* 64 (1993): 83-93.
8. M. G. Frank and P. Ekman, "The Ability to Detect Deceit Generalizes across Different Types of High-Stake Lies", *Journal of Personality and Social Psychology* 72 (1997) 1429-39.
9. *Time* magazine, July 27, 1987, p. 10.
10. In earlier chapters I used the phrase *natural liar,* but that I have found implies that these people may lie more often than others, when I have no evidence that is so. The phrase *natural performer* better describes what I mean, which is that if they lie they do flawlessly.
11. Not having met North nor had the opportunity to question him directly I cannot be certain my judgment is correct. His performance on television, however, certainly fits my description.
12. Oliver L. North, *Under Fire* (New York: HarperCollins, 1991), p. 66.
13. For a recent discussion of the constitutional issues in this case see an article by Edwin M. Yoder, Jr, entitled "A Poor Substitute for an Impeachment Proceeding", *International Herald Tribune,* July 23, 1991.
14. Stansfield Turner, "Purge the CIA of KGB Types", *New York Times,* October 2, 1991, p. 21.
15. *Ibid.*
16. *Ibid.*
17. Jimmy Carter, *Keeping Faith: Memoirs of a President* (New York: Bantam Books, 1982), p. 511.
18. See reference 3.
19. For a recent discussion of the various views on this topic see *Self-Deception: An Adoptive Mechanism?* edited by Joan S. Lockard and Delroy L. Paulhus (Englewood Cliffs, N.J.: Prentice-Hall, 1988).

20. Richard Feynman, *What Do You Care What Other People Think? Further Adventures of a Curious Character* (New York: W.W. Norton, 1988).
21. *Ibid.*, p. 214.
22. *Time,* August 19, 1974, p. 9.

CHAPITRE 8. NOUVELLES DÉCOUVERTES ET IDÉES SUR LE MENSONGE ET SA DÉTECTION

1. C. Bok, *Secrets* (New York Pantheon, 1982).
2. P. Ekman, W. V. Friesen, and M. O'Sullivan, "Smiles When Lying", Journal of Personality and Social Psychology 54 (1988): 414-20; P. Ekinan, M. O'Sullivan, W. V. Friesen, and K. R. Scherer, "Face, Voice and Body in Detecting Deception", *Journal of Nonverbal Behavior,* 15 (1991): 125-35.
3. P. Ekman, *Why Kids Lie* (New York Charles Scribner's Sons), 1989.
4. P. Ekman and M. O'Sullivan, "Who Can Catch a Liar", *American Psychologist* 46 (1991): 913-20.
5. R. E. Kraut and E. Poe, "On the Line: The Deception Judgments of Customs Inspectors and Laymen", *Journal of Personality and Social Psychology* 39 (1980): 784-98; B. M. Depaulo and R. L. Pfeifer, "On-the-job Experience and Skill at Detecting Deception", *Journal of Applied Social Psychology* 16 (1986): 249-67; G. Kohnken, "Training Police Officers to Detect Deceptive Eye-witness Statements: Does It Work?" *Social Behaviour* 2 (1987): 1-17.
6. D. L. Cheney and R. M. Seyfarth, *How Monkeys See the World* (Chicago and London: University of Chicago Press, 1990), p. 189.
7. L. Cosmides and J. Tooby, "Cognitive Adaptations for Social Exchange", in *The Adapted Mind,* ed. J. Barkow, L. Cosmides, and J. Tooby, (New York: Oxford University Press, 1992).
8. D. B. Bugental, W. Shennum, M. Frank, and P. Ekman, "True Lies': Children's Abuse History and Power Attributions as Influences on Deception Detection", ms. submitted.
9. E. Goffman, *Frame Analysis* (New York: Harper & Row, 1974).

CHAPITRE 9. MACRO-EXPRESSIONS FACIALES, EXPRESSIONS SUBTILES ET EXPRESSIONS DANGEREUSES

1. Maureen O'Sullivan, Ph.D., is a professor at the University of San Francisco.
2. S. Porter and L. Ten Brinke, "Reading Between the Lies: Identifying Concealed and Falsified Emotions in Universal Facial Expressions", *Psychological Science* 19, no. 5 (2008): 508-14.
3. M. G. Frank, D. Matsumoto, P. Ekman, S. Kang, and A. Kurylo, "Improving the Ability to Recognize Micro Expressions of Emotion", manuscript submitted for publication.
4. T. A. Russell, E. Chu, and M. L. Phillips; "A Pilot Study to Investigate the Effectiveness of Emotion Recognition Mediation in Schizophrenia Using the Micro-Expression Training Tool", *British Journal of Clinical Psychology* 45 (2006): 579-83.
5. T. A. Russell, M. J. Green, I. Simpson, and M. Coltheart, Remediation of Facial Emotion Perception in Schizophrenia: Concomitant Changes

in Visual Attention, "*Schizophrenia Research* 103, nos. 1-3 (2008): 248-56.

6. D. Matsumoto, H-S. Hwang, and P. Ekman, "Training the Ability to Read Micro-expressions of Emotion Improves Emotional Competence on the Job", manuscript currently submitted for publication, 2008.
7. P. Ekman, W. V. Friesen, M. O'Sullivan, and K. Scherer, "Relative Importance of Face, Body and Speech in Judgments of Personality and Affect", *Journal of Personality and Social Psychology* 38 (1980): 270-77.
8. G. Warren, E. Scheider, and P. Bull, "Detecting Deception from Emotional and Nonemotional Clues", *Journal of Nonverbal Behavior,* in press, 2009.

ÉPILOGUE

1. For the arguments against falsification, see Sisela Bok, *Lying: Moral Choice in Public and Private Life* (New York: Pantheon, 1978). For an argument in favor of concealment in private, not public life, see Bok, *Secrets* (New York: Pantheon, 182). For the opposite view, advocating the virtues of lying, see Robert L. Walk and Arthur Henley, *The Right to Lie: A Psychological Guide to the Uses of Deceits in Everyday Life* (New York: Peter H. Wyden, 1970).
2. Sigmund Freud, Fragment of an analysis of a case of hysteria (1905), *Collected Papers,* vol. 3.; (New York: Basic Books, 1959), p. 94.

Remerciements

Je remercie le service de recherche clinique de l'Institut national pour la santé mentale d'avoir soutenu mes recherches sur la communication non verbale de 1963 à 1981. Le Research Scientist Award Program de l'Institut national pour la santé mentale a participé au développement de mon programme d'études au cours des vingt dernières années et à la rédaction de cet ouvrage. Je souhaite aussi remercier la Fondation Harry F. Guggenheim et la Fondation John D. et Catherine T. MacArthur d'avoir financé une partie des recherches décrites aux chapitres 3 et 4. C'est à Wallace V. Friesen, avec qui je collabore depuis plus de vingt ans, que je dois les découvertes que je rapporte dans ces chapitres ; la plupart des idées développées dans ce livre sont issues de ces vingt années de dialogue.

Je remercie Silvan S. Tomkins, ami, collègue et professeur, pour ses encouragements dans la rédaction de cet ouvrage et pour ses commentaires et suggestions sur le manuscrit. J'ai bénéficié des critiques de nombreux amis qui l'ont lu selon différents points de vue : Robert Blau, médecin; Stanley Caspar, avocat; Jo Carson, romancier; Ross Mullaney, ancien agent du FBI; Robert Pickus, politologue; Robert Ornstein, psychologue; et Bill Williams, consultant en management. Mon épouse et première lectrice, Mary Ann Mason, m'a accordé sa patience et ses critiques constructives.

J'ai débattu de nombre d'idées présentes dans ce livre avec Erving Goffman, qui s'intéressait à la tromperie selon un angle tout à fait différent et a apprécié nos opinions contrastées mais non contradictoires. Je devais bénéficier de ses commentaires sur le manuscrit, mais il est décédé prématurément avant que je ne puisse le lui faire parvenir. Le lecteur et moi-même devrons regretter que nos échanges ne soient plus qu'un souvenir.

Composition PCA
44400 Rezé

Imprimé chez Imprimerie Lebonfon Inc.
pour le compte des Éditions Michel Lafon

Imprimé au Canada
Dépôt légal: Août 2010
ISBN : 978-2-7499-1296-7
LAF : 1366